LE GUIDE
de la BONNE BIÈRE
du QUÉBEC

DU MÊME AUTEUR

Le Guide de la bière, Éditions du Trécarré, 2004.
Atlas mondial de la bière, Éditions du Trécarré, 2003.
Bière philosophale, Éditions du Trécarré, 2001.
Carnet bière, Éditions du Trécarré, 2001.
Carnet fromage, Éditions du Trécarré, 2001.
Les Épousailles bières et fromages, guide d'accords et de dégustation,
  Éditions du Trécarré, 2000.
L'Agenda 1999 de la bière, Éditions du Trécarré, 1998.
Ales, lagers et lambics : la bière, Bièremag/Éditions du Trécarré, 1998.
Le Papillomètre, le carnet de la dégustation des bières, Éditions du
  Trécarré, 1997.
Guide de la bonne bière, Éditions du Trécarré, 1991.

En collaboration avec Alain Geoffroy
404 bières à déguster, Éditions du Trécarré, 2000, 2001.

MARIO D'EER

LE GUIDE
de la BONNE BIÈRE
du QUÉBEC

TRÉCARRÉ
Une compagnie de Quebecor Media

Catalogage avant publication de Bibliothèque
et Archives nationales du Québec et Bibliothèque et Archives Canada

D'Eer, Mario

    Le guide de la bonne bière du Québec
    Comprend un index.

    ISBN 978-2-89568-340-7

    1. Bière. 2. Bière - Dégustation. 3. Brasseries - Québec (Province). 4.
    Bière - Québec (Province). I. Titre.

TP577.D43 2009   641.2'3   C2009-940210-6

Édition : Julie Simard
Révision linguistique : Anik Charbonneau
Correction d'épreuves : Céline Bouchard
Couverture et maquette intérieure : Louise Durocher
Mise en pages : Louise Durocher

Remerciements
Les Éditions du Trécarré reconnaissent l'aide financière du gouvernement du Canada par
l'entremise du Programme d'aide au développement de l'industrie de l'édition (PADIÉ)
pour ses activités d'édition. Gouvernement du Québec – Programme de crédit d'impôt
pour l'édition de livres – gestion SODEC.

Les Éditions du Trécarré
Groupe Librex inc.
Une compagnie de Quebecor Media
La Tourelle
1055, boul. René-Lévesque Est
Bureau 800
Montréal (Québec) H2L 4S5
Tél. : 514 849-5259
Téléc. : 514 849-1388
www.edtrecarre.com

Dépôt légal – Bibliothèque et Archives nationales du Québec et Bibliothèque et Archives Canada,
2009

ISBN 978-2-89568-340-7

Distribution au Canada
Messageries ADP
2315, rue de la Province
Longueuil (Québec) J4G 1G4
Tél. : 450 640-1234
Sans frais : 1 800 771-3022
www.messageries-adp.com

Diffusion hors Canada
Interforum
Immeuble Paryseine
3, allée de la Seine
94854 Ivry-sur-Seine Cedex
Tél. : 33 (0)1 49 59 10 10
www.interforum.fr

Table des matières

MONTRÉAL/LAVAL

OUTAOUAIS

RÉGION DE QUÉBEC

SAGUENAY

JE DÉDIE CE LIVRE À MICHAEL JACKSON, LE CHASSEUR DE BIÈRES

Michael Jackson a été le premier explorateur à s'aventurer dans la grande jungle des bières étranges et mystérieuses. Il a débroussaillé la forêt et a identifié les premières espèces autochtones. Il a aussi tracé les chemins de leurs découvertes. Plusieurs auteurs ont marché dans les sentiers qu'il a tracés. Des sentiers? Il a plutôt pavé de prestigieuses autoroutes : les *autobahns* du monde de la bière.

J'ai eu le privilège de déguster des bières en sa compagnie, et de partager la même scène. Ses encouragements et sa générosité m'ont permis de grandir et de tracer quelques routes francophones en suivant ses guides. La confiance qu'il m'a donnée m'a permis de contribuer à l'acquisition de connaissances et même, en bon adolescent que j'étais à cette époque, de contester certaines de ses affirmations. Il m'a fourni les outils nécessaires pour construire un cadre de référence québécois sur la bière. En voici le résultat. Je lui en serai toujours reconnaissant.

Je lui souhaite du bon temps en compagnie de Noëlla, ma maman, cette grande buveuse de bière devant l'Éternel. Chanceuse, va! Que saint Arnould emplisse la chope de leur félicité afin qu'ils veillent sur nos gorgées terrestres.

Santé !

SILVER SPRING ALE

WHITE CAPSULE

Select EXPORT ALE

SILVER SPRING BREWERY CO. LIMITED
Select EXPORT
SHERBROOKE, QUE.

"CANADA'S BEST"

PRÉSENTATION

Le Québec est le véritable paradis de la bière sur terre!
Nulle part ailleurs autant de variétés
de bières de si bonne qualité sont offertes.

A u Québec, il fut une époque où seules trois brasseries proposaient une dizaine de marques de bières désinvoltes. Mon choix de bière était alors dicté par «mon» équipe de hockey. Dans la chope de ma passion, je versais mon attachement aux Nordiques de Québec. Mes gorgées contribuaient à payer l'impayable Buddy Cloutier, que j'avais fréquenté à la polyvalente de L'Ancienne-Lorette. Les bulles de mes réflexions explosaient devant celles des buveurs de Molson Export. Mes souvenirs de jeunesse sont imbibés de joyeux moments biérophiles. Que goûtaient ces bières? Nous nous en foutions royalement. Les verres se dressaient comme des cierges illuminant nos palabres, célébrant notre joie de vivre.

Labatt, Molson et O'Keefe brassaient plusieurs versions d'un produit semblable. Plus ils retiraient du goût à la bière, plus il leur était facile de cibler leurs marchés en associant des valeurs sociales à leurs produits. Le goût n'avait rien à voir avec celui de la cervoise: on parlait alors du goût au sens propre. Les pêcheurs faisaient remuer un ver en buvant une O'Keefe, les rockers dansaient en buvant de la Budweiser, les partisans du Canadien de Montréal honoraient leur équipe avec de la Molson Ex et les *mononcles* restaient fidèles à la Labatt 50. Le grand mystère de l'époque était de déterminer ce que buvaient les *mononcles*, partisans du célèbre CH, lorsqu'ils faisaient danser un lombric au bout de leur hameçon en écoutant du Bruce Springsteen! Du fort ou de la bière? L'image de la bière transcendait son contenu. Encore une fois, cette caractéristique reflétait – et reflète toujours – la nature de notre civilisation où le paraître détrônait l'être. C'est d'abord l'étiquette que l'on dégustait. Je dois confesser que c'est aussi ce désir d'originalité qui m'a d'abord incité à tremper mes lèvres dans des bières étranges, lors d'un voyage en Europe.

Mon premier voyage motivé par la bière m'a amené en Belgique en 1983. La rumeur affirmait qu'il existait plus de cent bières différentes dans le pays de mon paternel! Les racontars étaient faux! Il y en avait cinq fois plus! Autant de raisons pour y retourner l'année suivante. Et tant qu'à y être, pourquoi ne pas faire un petit détour par l'Allemagne? J'ai constaté là-bas que je pouvais goûter à plus de mille bières. Un trop grand nombre pour les découvrir en trois semaines. Je louais Dieu! J'avais une raison pour y retourner l'été suivant. Les détours se sont allongés. Le Royaume-Uni, la République tchèque, la Suisse, les Pays-Bas, la France, et aussi les États-Unis et partout au Canada. Mon insatiable besoin de faire des voyages s'est généreusement abreuvé à la fontaine *Bière*.

Le développement des transports et des communications permettait la croissance des grandes brasseries, car elles pouvaient alors vendre leurs bières partout en les acheminant notamment vers les ports, ce qui permettait l'exportation. Ces brasseries ont connu de formidables progrès grâce aux acquisitions et aux fusions. La fusion de Molson et Coors, ensuite vendue à SAB-Miller, en est l'exemple le plus récent. Suivre la trace des brasseurs avalés est parfois ardu… Il n'existait presque plus de brasseries intermédiaires en Amérique du Nord dans les années 1980. Il n'en fallait pas davantage pour qu'émergent d'on ne sait où quelques illuminés prêts à fonder de petites brasseries. On a alors assisté à la naissance de microbrasseries et de bistros-brasseries qui offraient à une clientèle locale un choix personnalisé de nouvelles bières.

Lorsque les premiers microbrasseurs décidèrent de se lancer dans la grande aventure, en 1986, le Québec possédait une tradition brassicole bien pauvre sur le plan gustatif. Pour le plus grand des bonheurs, les fondateurs des petites brasseries s'inspirèrent de partout. Les trois grandes influences brassicoles mondiales ont alors été implantées au Québec. Ces microbrasseurs inventèrent également des produits originaux mis au point ici et impossibles à trouver ailleurs! À la même époque, les importateurs cueillaient des bières partout dans le monde. Les consommateurs québécois ont ainsi été exposés à tous les grands styles.

Depuis quelques années, des microbrasseries et des bistros-brasseries s'installent dans des régions rurales. De jeunes diplômés universitaires décident de demeurer dans leurs contrées en fondant des brasseries. Celles-ci contribuent à l'économie régionale non seulement en créant des emplois, mais aussi en participant au développement de circuits touristiques agroalimentaires. L'utilisation

de céréales indigènes est de plus en plus populaire. En moins de vingt ans, le Québec est devenu le plus pétillant des paradis de la bière sur terre! Il n'est pas nécessaire de faire le tour du monde pour s'initier à la découverte des grandes bières: il suffit de visiter le Québec! Il existe bien sûr d'autres oasis de la bière, pensons à la Belgique, à l'Allemagne, au Royaume-Uni. Il n'y a pas meilleur endroit que la Belgique pour découvrir les bières belges. Mais n'y cherchez pas trop de bières britanniques ou allemandes. Et n'essayez pas de dénicher des trésors anglais en Allemagne. En revanche, tous les styles hérités de ces grands paradis sont offerts au Québec.

Le Québec, petit paradis de la bière, n'en est qu'à ses premiers balbutiements et possède un grand potentiel de développement.

J'ai rédigé cet ouvrage afin de vous permettre de vous initier aux plaisirs divins de la dégustation de cette merveilleuse boisson.

J'espère vous être utile.

MARIO D'EER

PARTIE 1

APPRIVOISER LA BIÈRE

Son histoire, son évolution

Partout dans le monde, la bière fait partie des us et coutumes. Jusqu'au début du siècle dernier, la bière était généralement considérée comme un aliment!

L'origine de la bière précède celle de l'écriture. La bière s'inscrit dans la mémoire des peuples comme un reflet unique de cette soif insatiable de perfectionnement. Il serait possible d'écrire l'histoire des civilisations à travers celle de la bière. En étudiant cette dernière, j'ai découvert l'histoire de l'Europe, de l'Amérique du Nord et du Québec.

J'ai pris conscience du rôle de la bière dans mes lectures sur les *saloons* pendant la Révolution américaine et dans les *bierhalls* de la chevauchée de Hitler. J'ai également compris comment les inventions de la révolution industrielle ont été appliquées en tenant compte des héritages historiques en Bohême, en Belgique et en Angleterre, et j'en passe. Mes annales brassicoles abreuvent abondamment mes conférences et mes présentations. J'ai recueilli au fil des ans de multiples histoires grivoises. Avant même l'apparition de la prostitution, le véritable plus vieux métier sur cette planète est sans aucun doute celui de brasseur. Il est notoire que, en échange d'une chope de *sikaru*, certaines femmes consentaient, par exemple, à émettre quelques exclamations immatérielles.

La bière accompagne l'homme depuis belle lurette. Cette particularité fondamentale nous empêche de situer exactement le moment où Dieu créa la bière. Impossible de connaître ses origines de façon précise!

Interprétations spéculatives

L'histoire de l'humanité débute en Afrique, bien longtemps avant Jésus-Christ. Un homme préhistorique dévore un lambeau de viande, mâchonne quelques graminées. Il éprouve une agréable sensation lorsqu'il écrase cette petite graine pleine d'amidon. Quelques siècles plus tard, un de ses descendants constate l'action bénéfique de la salive sur le goût. Cela l'incite à faire tremper les graines avant de se les mettre sous la dent.

Un homme invite son ami à prendre un bon bol de céréales. Pour rigoler, il lui sert les restants que la petite avait refusé de gober le matin. Il importe de souligner qu'il s'agit du même bol que sa fillette avait rejeté la veille, l'avant-veille… Une semaine, de fait, s'était écoulée depuis qu'elle n'avait rien mangé pour son déjeuner. Imaginez la tête de l'hôte devant les exclamations de satisfaction de son invité, qui en redemande encore et encore. Il devient même spirituel! La bouillie avait eu le temps de fermenter grâce aux levures naturellement présentes dans l'air ambiant.

Ce «gaspacho» devient rapidement populaire. Tellement qu'une famille décide d'en faire le commerce à Summer, en Mésopotamie. C'est le début du Néolithique. Le groupe décide de cultiver les précieuses céréales qui permettent la production de cette boisson divine : le blé et l'orge. La tribu se sédentarise et développe l'agriculture. La gestion et la distribution des céréales l'obligent à inventer une autre mémoire pour bien contrôler les échanges commerciaux : l'écriture! Plusieurs hypothèses expliquant la sédentarisation accordent un rôle déterminant au besoin qu'a l'homme de brasser.

La bière connaît dès lors une expansion prodigieuse et une consommation universelle. Chaque peuple baptise ce breuvage à sa façon : *aca*, *bouza*, *bruton*, *chicha*, *kerbèsia*, *korma*, *sabaium*, *tsiou*, *zythos*, *sikaru*, et j'en passe. Dans les livres d'histoire, c'est le nom *sikaru* qui est employé pour désigner l'ancêtre des bières.

La *sikaru*

La bière de cette époque n'est tout au plus qu'une soupe défraîchie, renfermant très peu d'alcool. Épaisse, elle est particulièrement nourrissante, car elle est avant tout un aliment. Le grain utilisé varie en fonction de la disponibilité des récoltes : orge, maïs, avoine, blé, etc.

La bière fermente de façon spontanée sous l'action de levures naturelles contenues dans l'air ou dans la salive. On peut en déduire que la *sikaru* possède un goût acidulé, puisqu'elle n'est pas à l'abri de l'air lors de la fermentation. D'autres ingrédients y sont ajoutés afin d'en adoucir le goût : sucre, miel, épices.

Pour calmer les enfants qui s'excitent un peu trop après avoir abusé de leurs céréales préférées, on remplace peu à peu l'eau du bol par du lait (la céréale du petit déjeuner telle que nous la connaissons n'est toutefois inventée qu'en 1892 par Henry Perky, du Colorado : ce sont les Shredded Wheat).

La première innovation majeure concernant la dégustation de la *sikaru* consiste en la mise au point d'un système révolutionnaire de séparation du liquide et des drêches : on boit à l'aide d'une paille ! L'une des premières techniques d'exportation est aussi développée dans le but de permettre aux guerriers d'apporter leur pitance essentielle. Le grain est germé (malté), empâté avec de l'eau et ensuite cuit. Au moment voulu, ces pâtes sont émiettées dans de l'eau et mises à fermenter. L'histoire du pain se détache dès lors de celle de son ancêtre, la *sikaru*.

La cervoise

Les ingrédients qui composent la *sikaru* sont les mêmes que ceux de la bière contemporaine, à une exception près : au lieu d'utiliser du houblon, on aromatise avec un grand nombre d'épices. La force (*vis*) que la boisson leur procure est très appréciée des peuples gaulois, qui la nomment en l'honneur de la déesse des moissons, Cérès. L'union de ces deux mots donne *CérèsVis* ou encore *cerevisia*, «cervoise» en français. Un village d'irréductibles Gaulois résiste d'ailleurs vaillamment aux envahisseurs romains grâce à sa cervoise. Tout adepte des bandes dessinées signées Goscinny et Uderzo sait fort bien que la potion magique n'est en réalité que de la cervoise à laquelle Panoramix ajoutait du houblon d'une grande finesse !

La bière

Le mot «bière» est adopté au moment où l'utilisation du houblon se généralise. L'introduction du houblon est imputable à une religieuse allemande, sœur Hildegarde. Herboriste, elle découvre que le houblon contribue non seulement à relever le goût de la bière, mais aussi à l'enrichir : elle se conserve mieux, elle mousse plus généreusement, elle exerce un effet plus bénéfique sur la santé. On nomme cette boisson *bier*, qui tire son origine du germanique ancien *beor* ou *bior*, termes eux-mêmes inspirés du latin *bibere*, signifiant tout simplement «boire». Pendant un certain temps, en France, on nomme la boisson «cervoise houblonnée», puis «bière». À mon sens, le mot «cervoise» convient drôlement mieux pour nommer ce breuvage divin.

Pendant ce temps, on brasse en Angleterre une boisson semblable à la cervoise, mais qui est fade, aigre et aromatisée au romarin, et qu'on appelle *ale* (mot dérivé du scandinave *ole*). C'est un dénommé Hagar du Nord qui y aurait introduit l'élixir lors de sa conquête des îles. En 1522, l'Angleterre interdit officielle- ment l'emploi du houblon dans la boisson. Les lobbyistes du temps prétextent que le houblon serait à l'origine de plusieurs problèmes de santé pouvant même causer la mort !

Cette fleur aromatique supplante néanmoins toutes ses rivales dans l'aromatisation des bières à compter du XVIIe siècle. Les Britan- niques continuent de se servir d'une terminologie différente pour différencier les *ales* (de fermentation haute) des *beers* (signifiant pour eux une bière blonde de type lager). Ils se distinguent également en employant des fleurs fécondées, alors que partout ailleurs on n'emploie que des fleurs vierges !

Rappelons que la bière est associée à deux dimensions fon- damentales du développement des civilisations : l'impôt – rien de nouveau sous le soleil – et la religion.

L'impôt

La bière nourricière alimente aussi les coffres de l'État. Chez les Su- mériens, l'impôt est d'abord appliqué au règlement des successions. Les premières ordonnances imposent aux familles le versement de 10 hectolitres de *sikaru* au roi lors du décès d'un de leurs mem- bres. Plus tard, le roi Urukagina s'assure une renommée à toute épreuve lorsqu'il réduit cette quantité à 450 litres. Quatre mille ans avant Jésus-Christ, Hammourabi promulgue à Babylone une loi qui régente la vente de la bière et du vin, tout en y prélevant une cote. Tous les ministres des Finances l'imitent, et la ponction est ainsi inversée.

Beaucoup plus tard, aux États-Unis, l'exemption de la taxe sur la bière dans plusieurs États, au cours des années qui ont suivi la guerre de Sécession, a contribué à favoriser son essor en Amérique du Nord. Fait cocasse, le recteur de Harvard fut congédié en 1639 pour incompétence. À son dossier, on notait qu'il n'avait pas res- pecté l'engagement de l'université à fournir aux étudiants, à chaque repas, deux pintes de bière.

La religion

Dès sa découverte, la bière est considérée comme une boisson des dieux. Elle est étroitement liée à la fécondité. Les dieux à qui on la destine le plus souvent sont Isis, déesse égyptienne des céréales, et son époux, Osiris, patron des brasseurs.

Au chapitre de la sainteté, trois saints homonymes se sont dis- tingués : un Français, Arnou, et deux Belges du nom d'Arnould.

Le miracle du Français fut d'avoir exaucé les vœux des fidè- les qui assistaient à son service funèbre. En juillet 641, la canicule frappe la région de Champigneulles et une seule cruche de cervoise s'offre aux gosiers asséchés.

Le premier Belge, Arnould, a transformé un brassin raté en flots de cervoise désaltérante à la suite de l'incendie de son monastère. Le second conseille à ses braves concitoyens de ne pas boire l'eau de la rivière, car à l'époque, les cours d'eau sont de véritables égouts.

Un nombre considérable de saints sont associés à la bière : Augustin, Benoît, Boniface, Florian, Laurent, Léonard, Vitus... mais le plus important à mes yeux est bien celui qui honore le jour de mon anniversaire, au mois de novembre, saint Martin, patron des taverniers et des buveurs.

La religion contribue à la création d'une cervoise de qualité au sein des monastères. Il n'y a rien d'étonnant à cela puisque les abbayes transmettent le savoir-faire. Les moines sont en mesure de déchiffrer les recettes, de les réécrire et d'échanger de l'information avec leurs confrères cénobites. Les rites de la vie monacale sont d'ailleurs subordonnés aux impératifs du brassage. Je vous laisse imaginer le titre des psalmodies les plus récitées. Les moines brassent plusieurs types de bières : celles qu'ils destinent à la consommation domestique, dites *prima melior*, sont plus alcoolisées ; les bières courantes, dites *secunda melior*, sont réservées au marché de l'extérieur ; celles que, dans leur générosité, ils offrent aux mendiants sous forme de boisson tout à fait personnalisée portent le nom de *tertia melior*, une *light*.

Non seulement la bière jouit d'une dispense pendant le carême, mais on en prépare une dite « du salut » (Salvator), un peu plus forte, pour aider à traverser cette pénible période d'« abstinence ». Deux abbayes trappistes en Belgique brassent toujours aujourd'hui en respectant le rythme liturgique : Notre-Dame de Saint-Sixte, à Westvleteren, et Notre-Dame de Saint-Rémy, à Rochefort. La plus ancienne brasserie au monde encore en activité est d'origine monastique : c'est la Bayerische Staatsbraueri Weihenstephan en Allemagne, fondée en 1040 ! Elle est devenue une école de brasserie rattachée à l'Université de Munich. Elle fait toujours autorité en matière de techniques brassicoles. Notons au passage que la plus importante beuverie houblonnée sur terre, l'Oktoberfest, se déroule dans le plus grand monastère du monde : Munich. Le nom de la ville signifie en effet « maison des moines ».

Ce sont des moines allemands qui ont fortuitement été à l'origine de la *revolution lager*. Par une journée plutôt frisquette d'hiver, ils brassent cette bière destinée à être entreposée dans des grottes à l'arrière de l'abbaye. Ils « lagernent » (du verbe allemand *lagern*, entreposer) plusieurs brassins de première qualité pour désaltérer leurs gosiers pendant la saison estivale. Ils découvrent alors que ces bières sont plus douces au palais. Ce nouveau goût allait conquérir le marché et inciter plusieurs brasseries commerciales à maintenir ce mouvement évolutif vers la douceur.

Les levures

Les recherches d'un jeune universitaire français sur la bière révolutionnent le brassage vers 1830. Louis Pasteur identifie en effet les responsables de la fermentation : des champignons microscopiques, que l'on désigne dans les universités sous le nom de *Saccharomyces*.

Pasteur étudie l'action de la levure et en conclut qu'il faut protéger les brassins des bactéries afin de maintenir la pureté de la levure utilisée. Pasteur découvre qu'en faisant chauffer la bière après sa fabrication, on détruit les ferments pathogènes. Cela assure sa fraîcheur pour une plus longue période. Pour cette contribution, il est également reconnu comme le père des brasseries modernes.

C'est un Danois employé de Carlsberg qui identifie une grande variété de levures, dont le célèbre *Saccharomyces carlsbergensis* et le renommé *Saccharomyces uvarum* (ovale), très efficace à basse température.

La réfrigération

L'utilisation du refroidissement exerce une influence considérable sur la fabrication des bières, et ce, de trois façons : d'abord pour refroidir rapidement le moût après ébullition, ensuite pour maintenir la fermentation à basse température, ce qui procure un goût plus doux, et finalement, pour conserver adéquatement les stocks.

Avant la réfrigération artificielle, les bières étaient surtout brassées en hiver. La saison se terminait généralement par l'élaboration d'une bière plus forte en alcool pouvant se conserver tout l'été. On nommait habituellement ces brassins «bières de mars».

Le désir de brasser une bière de type lager a conduit à l'élaboration de l'une des meilleures bières américaines : la Steam Beer. La glace étant rare à San Francisco en 1860, un avide entrepreneur de la fameuse mission espagnole utilisait des levures dites basses. Pour éviter que les levures ne montent trop haut, il faisait fermenter le brassin dans de larges cuves peu profondes... Pressé d'empocher ses profits, il mettait trop rapidement ses brassins en *tonneau*. Au moment de servir la bière, la trop forte pression expulsait violemment le liquide, qui faisait alors un bruit semblable aux trains à vapeur, d'où son nom si réputé. La Steam Beer a connu par la suite un déclin constant au profit de la véritable lager.

En 1965, Fritz Maytag, un actionnaire de la firme d'appareils électroménagers du même nom, est stupéfait d'apprendre à son bureau, temporairement installé dans un estaminet chic du Golden Gate, que sa brasserie préférée allait fermer ses portes. Il achète alors l'unique brasserie californienne qui brasse encore une Steam, la Anchor Brewing Company. Il s'ingénie ensuite à mettre au point une bière tout à fait originale à partir d'ingrédients de première qualité qui n'ont rien à voir avec le produit initial. Il en fait protéger le nom par un brevet.

La contribution allemande

Guillaume IV, électeur de Bavière, promulgue en 1516 la très célèbre *Bayerisches Reinheitsgebot* (Décret sur la pureté de la bière). En résumé, la loi stipule que les seuls ingrédients autorisés dans la fabrication de la bière sont l'orge, l'eau et le houblon. On y ajoute la levure à partir du moment où son action fut découverte. Les Bavarois font de l'application de la *Reinheitsgebot* une condition *sine qua non* de leur réunion à la République de Weimar. Des pays voisins adoptent par la suite des lois semblables. Il est légitime de se questionner sur la pureté des intentions du célèbre Guillaume. Il importe de souligner que cette loi poursuit des fins strictement économiques : enrichir le trésor bavarois. Cette proclamation aide effectivement à améliorer la qualité générale des bières, mais aussi la valeur de leurs ventes (le principal objectif était alors atteint : les impôts, mes amis, les impôts…). En restreignant l'usage des arômes à celui du houblon, elle donne également un précieux coup de main aux producteurs locaux. Cette loi est plus tard utilisée pour protéger le marché allemand de l'importation des bières étrangères, dont la qualité était pourtant excellente.

Le Nouveau Monde

La première brasserie commerciale d'Amérique du Nord ouvre ses portes à Mexico en 1544. L'honneur de la première *cerveceria* – de *cerveza*, signifiant «cadeau de Cérès» – brassée dans le Nouveau Monde revient à Alonso de Herrera. La première brasserie américaine était en réalité hollandaise : c'était la New Amsterdam (1612), du nom de la ville dans laquelle elle fut implantée et qui devint New York en 1664. C'est l'intendant Jean Talon qui fonde la première brasserie commerciale de la Nouvelle-France en 1668, la Brasserie du Roy. On brassait toutefois de la bière domestique depuis la fondation de Québec par Champlain. La plus ancienne brasserie nord-américaine encore en activité est lancée à Montréal en 1786 par John Molson. Les archéologues n'ont eu aucune difficulté à en déterminer le site original puisqu'il n'a jamais changé. L'industrialisation des brasseries a connu un essor considérable au début du XXe siècle.

BIERE

CARLING

ALE

Histoire de la bière au Québec

Le Québec a connu trois grandes époques dans son histoire du brassage : l'ère de la boisson domestique, l'ère industrielle britannique et, depuis un quart de siècle, la révolution microbrassicole.

On brasse au Québec depuis que François Ier a mandaté Jacques Cartier pour trouver le passage du Nord-Ouest en direction de l'Asie! Parmi les vivres que le navigateur malouin apporte sur ses bateaux, on note du bouillon, une boisson légèrement fermentée fabriquée avec des céréales. D'origine picarde et normande, ce bouillon est préparé avec une boule de pâte fermentée dans une solution d'eau épicée. Consommé en grande quantité, il peut «entêter», c'est-à-dire enivrer! Le premier style de bière typiquement québécoise se développe à la suite de la rencontre avec des autochtones : la bière d'épinette. Celle-ci constitue une boisson importante pour la santé, surtout l'hiver, alors qu'elle apporte les vitamines nécessaires pour combattre le scorbut. On la dit toutefois moins spiritueuse.

Louis Hébert, apothicaire parisien, tente sa chance et s'établit à Québec en 1617. Il sème tout ce dont il a besoin pour brasser : des céréales diverses (dont l'orge) et du houblon, une plante aux vertus médicinales. Sa femme, Marie Rollet, devient la première «faiseur de bière» de la jeune colonie. Sa «grande chaudière» à brasser peut préparer un tonneau. Notons le brassin particulier élaboré à la demande de Champlain pour le baptême de Naneogauchit, fils du chef montagnais Chomina. Dans la stratégie d'évangélisation des «sauvages», il pense que le nectar contribuera à convertir plusieurs âmes. Au décès du couple, la brasserie devient communale, c'est-à-dire propriété collective. Avec une population d'une soixantaine de personnes, chaque famille est alors en mesure de brasser ses propres décoctions. Pour communiquer avec les êtres supérieurs, les habitants préfèrent cependant l'eau-de-vie ou le vin, deux boissons importées de France.

Les Jésuites construisent une première brasserie à Sillery dès 1634. Les frères Charron installent une brasserie dans leur hôpital (devenu l'Hôpital général de Montréal) afin de nourrir les pauvres. Les brasseurs communaux se nomment Pierre Dufresne, Pierre Blondel (Trois-Rivières), Louis Prudhomme (Montréal), Pierre Lemoyne (Longueuil). On peut regrouper les bières de l'époque en quatre styles : la bière d'orge, la petite bière, la bière d'épinette et le bouillon.

La Brasserie du Roy

Sous l'administration de la Compagnie des Cent-Associés, la colonisation piétine: 2 500 personnes habitent l'immense territoire de la Nouvelle-France. À la même époque, la Nouvelle-Angleterre compte déjà 80 000 âmes. Louis XIV accède au trône en 1651. Il entreprend de grandes réformes visant à enrichir la royauté et la puissance de la France en Europe. Il instaure un système d'intendants. En 1663, il annule le contrat de la Compagnie des Cent-Associés et prend le contrôle direct de la Nouvelle-France en y établissant un gouvernement royal. La petite colonie est élevée au statut de «province française».

En 1665, Louis XIV mandate l'intendant Jean Talon pour administrer la colonie française. Investi d'un pouvoir considérable, Talon injecte des fonds dans plusieurs secteurs névralgiques. Sa stratégie prévoit l'établissement d'une brasserie. En offrant un breuvage sain, inoffensif et bon marché, il veut faire cesser les désordres attribuables à l'usage immodéré de liqueurs fortes. D'après les autorités de l'époque, l'enivrement favorise la débauche de plusieurs habitants, les divertit du travail et ruine leur santé. Le vice d'ivrognerie ne sera plus l'occasion de scandales.

La brasserie de Jean Talon commence ses activités en 1670. Elle dispose de deux chaudières en cuivre: l'une de 40 barriques, l'autre de 60. La production annuelle souhaitée est de 4 000 barriques. Une barrique contient environ 220 litres, ce qui signifie que les cuves pouvaient produire respectivement 8 800 et 13 200 litres de bière. Soulignons que la colonie compte moins de 3 000 âmes. Seulement 800 colons habitent Québec. La cervoiserie stimule l'économie locale. Le volume important de céréales et de houblon qu'elle exige dynamise l'agriculture. Elle favorise également les métiers périphériques comme celui de la fabrication de tonneaux.

Mais la bière produite coûte cher. La brasserie ferme ses robinets après cinq ans d'existence. Talon retourne en France en 1672.

Jusqu'à la conquête britannique, le brassage est essentiellement de nature domestique ou communale. Un contrat de mariage du 22 octobre 1650 indique que le sieur de Maisonneuve offre aux nouveaux mariés «une terre contiguë à la propriété de la brasserie». En 1690, le sieur de Longueuil installe une brasserie sur ses terres. Retenons que de toutes les brasseries en activité entre 1500 et 1786, aucune n'a survécu.

L'arrivée des brasseurs britanniques

En 1759, 65 000 personnes habitent la Nouvelle-France, un territoire de traite s'étendant du golfe Saint-Laurent jusqu'à la Louisiane. À l'est, deux millions et demi d'anglophones habitent un véritable pays le long de la côte atlantique. Le 17 septembre 1759, l'Angleterre remporte une victoire surprise après un combat d'à peine quinze minutes sur les plaines d'Abraham. Pour son siège de Québec, Wolfe avait fait provision d'une grande quantité de bière d'épinette. Quelques années plus tard, les colonies anglaises proclament leur indépendance et fondent les États-Unis d'Amérique. Les loyalistes, fidèles à la couronne britannique, se réfugient dans la *Province of Quebec*. Cet exode contribue à la forte croissance de la population anglophone au Canada et au besoin de brasser de l'ale et du porter.

Un jeune entrepreneur originaire du Lincolnshire, John Molson, s'installe à Montréal en 1781, à l'âge de 19 ans. Il s'associe au brasseur Thomas Loid. Deux ans plus tard, il achète et modernise la brasserie, car nouvel immigrant, il connaît les innovations anglaises de la révolution industrielle qui vient de s'amorcer, ce qui lui confère un avantage considérable sur ses concurrents. Sa croissance est fulgurante. Les profits de sa brasserie lui permettent d'investir dans plusieurs autres secteurs économiques : une banque, un chemin de fer, une flotte de bateaux à vapeur…

Au début du XIXe siècle, le port de Québec est le troisième port en importance en Amérique du Nord. Entre 1830 et 1865, une trentaine de milliers d'immigrants y transitent annuellement. C'est l'âge d'or de l'industrie brassicole dans la vieille capitale : St. Roc Brewery (aussi connue sous le nom de Quebec and Halifax Company Brewery ainsi que Lloyd and Lepper Brewery), McCallum's Brewery, St. Charles Brewery, Jameson's Brewery, Fox-Head Brewery, Proteau et Carignan, Brasserie Champlain, Cape Diamond Brewery. Cette dernière deviendra Thomas Dunn, puis Racey's Brewery. Elle sera vendue à J. K. Boswell en 1843. La production de la bière Boswell cessera en 1952, au moment où la brasserie montréalaise Dow s'en portera acquéreur. Elle fermera ses portes dans la controverse en 1968 (voir encadré p. 31).

Les grands noms de l'industrie brassicole canadienne des années 1980 avaient eux aussi installé leurs cuves au XIXe siècle. Les frères Dow s'associent à Thomas Dunn en 1818. Carling s'établit en 1840. L'Irlandais John Labatt en 1847 et O'Keefe en 1862.

La dévolution du goût

La révolution industrielle permet aux brasseurs de produire une bière pâle et scintillante! Elle offre également aux consommateurs l'accès à des verres translucides. Ils peuvent maintenant admirer l'objet de leur soif. La bière pâle devient une norme de qualité supérieure. «Pâle» signifie rousse en Grande-Bretagne, alors qu'elle est traduite par blonde sur le continent européen.

À l'ombre des grandes brasseries, des entrepreneurs rêvent d'offrir leurs décoctions maison au grand public. Dans les Cantons de l'Est, deux entrepreneurs souhaitent créer des *brewpubs* comme on en retrouve partout au Royaume-Uni. Sauf que depuis le début du xxe siècle, la tendance n'est pas d'ouvrir de nouvelles brasseries, mais bien d'en fermer! Les formulaires de permis de brassage sont désuets. Lorsque Stan Groves et Rob Barnet (Golden Lion, à Lennoxville) ainsi que Peter Provencher et D. Fleishner (Massawippi, à North Hatley) font une demande afin d'obtenir chacun leur autorisation légale, la seule possibilité qui s'offre est le permis industriel. Ces derniers doivent ainsi construire, en 1986, leurs unités de production dans un immeuble adjacent à leur entreprise respective. Ils livrent leur production à l'aide d'un diable. Cette façon de procéder est toutefois contraire aux lois qui gouvernent les grandes brasseries. Elles doivent faire appel à un distributeur (c'est-à-dire demander un permis différent, une source de revenus additionnels pour l'État). Les compagnies portent plainte et gagnent leur cause. On crée alors un nouveau permis artisanal afin de permettre à de petites entreprises de brasser et vendre de la bière strictement pour une consommation sur place. Le premier permis fait sur mesure pour la révolution microbrassicole est alors émis à la Taverne du Cheval Blanc de Montréal, en 1987.

À cette époque, la couleur rousse est synonyme de microbrasserie. Une petite entreprise qui souhaite être considérée comme telle devait offrir une boisson rousse ou brune. Le trio Grenier-Martineau-Trépanier (Brasseurs GMT) reçoit un accueil mitigé lorsqu'ils proposent d'abord une bière blonde. Ils donnent une cure de rajeunissement à la Belle Gueule en l'habillant d'un voile légèrement ambré. Parmi la première génération de microbrasseurs, Brasal-Brasserie allemande mise avec insistance sur une bière blonde: Hopps Braü, l'une des meilleures lagers blondes au monde.

Malgré sa qualité supérieure, elle ne réussit pas à s'imposer au palais des amateurs de nouvelles bières.

Les grandes brasseries ont réagi, Molson la première avec sa Rousse. Elle crée ensuite une brasserie sur papier, Capilano Brewery de Vancouver, pour concocter la Rickard's Red. Fabriquée dans les grandes cuves de la maison, elle n'est alors servie qu'en fût. La brasserie échappe ainsi aux lois de l'étiquetage. Dans les pubs, les consommateurs n'y voient qu'une bière de microbrasserie et la conquête d'un nouveau marché s'amorce. Sous les papilles, voilà une bière plutôt désinvolte que nous pouvons facilement confondre avec une Molson Export dans une dégustation à l'aveugle.

Première vague de microbrasseries (1987-1990)

Une dizaine de brasseries ouvrent leurs robinets sur une période de trois ans : Mon Village (Hudson, disparue), les Brasseurs du Nord (Sainte-Thérèse, déménagée à Blainville), Portneuvoise (Saint-Casimir-de-Portneuf, disparue), l'Inox (Québec). À Montréal, ce sont la Taverne du Cheval Blanc, les Brasseurs GMT (ces deux dernières sont devenues les Brasseurs RJ), le Crocodile (disparue), la Cervoise (disparue), McAuslan et Brasal-Brasserie allemande (LaSalle, disparues). En 1990, le tandem André Dion et Serge Racine fonde la Brasserie Broubec. Ensemble, ils achètent la Brasserie Massawippi et fusionnent ensuite leurs entreprises sous le nom d'Unibroue. L'arrivée de Robert Charlebois comme actionnaire insufflera une crédibilité effervescente sur le marché de la bière microbrassée. Au moment d'écrire ces lignes, en 2008, j'entends encore fréquemment des amateurs parler des «bières à Charlebois». Il a pourtant vendu ses actions il y a plusieurs années. L'accroissement du marché est néanmoins réel et d'autres passionnés souhaitent lancer leurs petites brasseries.

Deuxième vague (1990-2000)

Les petites brasseries de la deuxième vague se heurtent à la concurrence que leur livrent leurs aînées. Celles-ci viennent d'accroître leurs capacités de production. Elles ont également développé des stratégies ambitieuses de mise en marché et de distribution. La nouvelle génération, qui pense marcher paisiblement sur les sentiers tracés par les premières microbrasseries, rencontre une série d'embûches accompagnée de la méfiance des aînées qui, elles, étaient à développer un mécanisme de communication réciproque et de concertation, tout en demeurant des concurrentes. Beauce-Broue, les Brasseurs de la Capitale, la Brasserie Brasse-Monde, les Brasseurs Maskoutains, la Brasserie aux 4-Temps, la Brasserie Seigneuriale, entre autres, s'échouent sur le rivage de la concurrence.

Seigneuriale a la vie sauve grâce à l'intervention de Sleeman, qui s'en porte acquéreur.

L'Accord sur le commerce intérieur (ACI) entre en vigueur le 1er juillet 1995. Il permet aux brasseries situées dans d'autres provinces de vendre leurs produits dans le réseau des épiceries et des dépanneurs. Il leur suffit d'ouvrir un siège social au Québec. La Brasserie Sleeman de l'Ontario saisit l'occasion et devient rapidement très visible dans le paysage du marché de la bière au Québec. En 1997 suit une démarche menée habilement par la Brasserie Orval et son distributeur d'alors. Soulignons que les barrières interprovinciales existent toujours. La Loi sur l'importation des boissons enivrantes exige que toutes les importations de boissons alcoolisées passent par une régie provinciale des alcools. La SAQ perçoit toujours des droits sur ces produits.

Troisième vague (depuis 2001)

La prudence est de mise pour la MicroBrasserie Charlevoix, les Brasseurs de la Nouvelle-France, Broue-Chope (devenue les Trois Mousquetaires), la Ferme Brasserie Schoune, Kamour et autres, qui réussissent toutes à s'implanter. Plusieurs bistros-brasseries sont aussi fondés dans des villes de taille moyenne comme Chicoutimi (devenu Saguenay).

Depuis 2005, le marché des bistros-brasseries connaît une croissance continue, notamment dans les régions où de nombreux bistros-brasseries deviennent autant d'ambassadeurs de la noble boisson. Nous observons que la majorité des nouveaux entrepreneurs n'ont pas 30 ans. Lancer une petite brasserie, surtout un bistro-brasserie, fait maintenant partie d'une option d'affaires aussi normale que n'importe quelle entreprise régionale! Voilà d'ailleurs une façon d'enrichir la vie économique d'une région et de freiner l'exode des jeunes.

Ces nouvelles entreprises contribuent maintenant aux possibilités de dégustation des bières partout au Québec. Le potentiel important de développement démontre que l'avenir de la bière de goût scintille d'optimisme au Québec.

La Brasserie Frontenac

Joseph Beaubien lance en 1911 la première brasserie québécoise à capital francophone : la Brasserie Frontenac. La marque étendard, la Frontenac Bleue, est annoncée comme « la bière nouvelle » et la « fierté du Canada ». Il brasse également la White Cap Ale, la Olde Brew Special Reserve Ale et la Export Ale. La maison profite de la prohibition aux États-Unis et connaît une croissance importante. En 1925, elle insère des coupons de réduction sous le bouchon. Cette campagne obtient un succès des plus effervescents. Molson et National unissent leurs armées. Elles vendent en deçà du prix de production, elles font du *dumping*. Leur capitalisation leur permet de faire perdre temporairement des revenus à leur concurrente. Affaiblie, la Brasserie Frontenac rend les armes et passe sous le contrôle de National Breweries en 1926. Ses équipements demeurent en activité jusqu'à la prise de possession par Canadian Breweries.

Canadian Breweries

L'Ontarien Edward Plunket Taylor n'est pas brasseur. Cet homme d'affaires jouit d'une grande réputation dans le domaine de l'élevage de chevaux de course. Il s'inspire du succès de National Breweries au Québec dans la consolidation d'actifs. Achetant d'abord la petite brasserie Brading d'Ottawa, il lance ensuite la Brewing Corporation of Ontario en 1930. Deux des grands noms de la bière suivent : Carling Breweries de London en 1930 et O'Keefe en 1934. Il ferme les usines désuètes et cesse de produire les marques non rentables. En 1952, il achète National Breweries, qui est rebaptisée Dow Brewery, une marque qui deviendra prestigieuse. En 1974, il ferme l'unité de Québec, et la raison sociale devient Carling O'Keefe Breweries. Celle-ci « s'associera » avec Molson en 1989, qui deviendra, le temps de quelques gorgées, la Brasserie Molson-O'Keefe. Le deuxième patronyme sera retiré un peu plus tard.

LA FUNESTE HISTOIRE DE DOW

En 1966, Dow est la marque la plus vendue au Québec. Seize personnes meurent de façon mystérieuse à Québec. Un médecin avance que les décès sont liés à une consommation de bière de marque Dow. C'est la crise! Pour rassurer ses clients, la brasserie retire ses bouteilles du marché, sacrifie l'ensemble de sa production et nettoie de fond en comble ses équipements. Elle suspend sa production dans la ville de Québec en attendant les conclusions d'une enquête des gouvernements fédéral et provincial. Le docteur Yves Morin, de l'Institut de cardiologie du Québec, émet l'hypothèse que ces nombreux décès soient dus à l'utilisation du cobalt dans la bière Dow (produit utilisé dans le but de favoriser la formation et le maintien de la mousse). Il ne fait aucune mention des autres brasseries qui utilisent le même ingrédient, Molson (Canadian) et Labatt (India pale ale). Les rapports du comité d'enquête blanchiront plus tard la brasserie, mais le mal est fait. Les ventes de Labatt et de Molson grimpent. Dow est irrémédiablement stigmatisée – et l'est toujours –, ce qui n'empêche pas Molson de se porter acquéreur de la marque. En 1998, la bière Dow est définitivement retirée du marché.

La Brasserie Jean-Talon et l'Îlot des Palais

Îlot des Palais / Palais de l'Intendant
8, rue Vallière
Québec (Québec) G1R 5M1
Tél. : 418 691-6092

Jean Talon fonde une première brasserie industrielle en Nouvelle-France en 1668. Elle ne survira pas à son mandat et sera fermée par Frontenac. Le site de la brasserie a connu une longue histoire et diverses occupations, dont celle de la célèbre Brasserie Boswell. D'après les archéologues, le plancher de béton coulé par la Brasserie Boswell a permis de protéger les objets qu'on y a trouvés. Les vestiges et les traces matérielles des occupations qui s'étaient succédé depuis le XVIIe siècle étaient toujours en bonne condition. Les fondations de la brasserie de Jean Talon ont été mises au jour de façon précise : l'emplacement de la touraille, du germoir, une citerne, des cheminées et même un égout qui contenait encore des restes de houblon du XVIIe siècle ! On avait construit tout près un deuxième palais. Les voûtes en pierre de celui-ci tiennent toujours. On y présente un spectacle multimédia d'une vingtaine de minutes qui raconte les 300 ans d'histoire du site. Ce lieu historique est l'un des plus importants dans l'histoire du Québec. Les vestiges découverts témoignent non seulement de l'histoire de la brasserie, mais également de celle de la Nouvelle-France. On y a trouvé d'importantes informations sur le commerce des fourrures, les échanges avec les autochtones, l'urbanisation, l'industrialisation, l'exercice du pouvoir, les grands événements qui l'ont marquée et même l'invasion américaine de 1775. Pour célébrer le 400e anniversaire de la fondation de la ville de Québec, la mairesse Andrée Boucher avait fait entreprendre la revitalisation de l'édifice historique, y compris la construction d'une réplique authentique. Après son décès subit, ses successeurs ont abandonné le projet. Un rendez-vous manqué avec l'histoire.

s malt

B ®

MALT
Since 1876

SS MALTING COMPANY
LTON, WI 53014 USA
(920) 849-7711

www.briess.com

NET 50.5 LBS. GROSS
NET 22.00 KG. GROSS

nverness

CARA
SPE
MALTING
ESTABLIS

MK2

Le bouillon et la bière d'épinette

1534 à 1760

À l'exception du bref épisode de la Brasserie Jean-Talon, le brassage est de nature domestique ou communautaire.

1608 – Fondation de Québec par Champlain. «L'Abitation» est équipée d'une chaudière à brasser.

1617 – Établissement de la brasserie de Marie Rollet, épouse de Louis Hébert.

1620 – Établissement de brasseries communales dans quelques bourgades. L'équipement de brassage est mis à la disposition de tous; chaque groupe (habituellement religieux) ou famille fabrique sa propre bière.

1648 – Première brasserie jésuite à Sillery.

1650 – Première brasserie communale à Ville-Marie: brasserie de Louis Prud'homme.

1668 – Fondation de la Brasserie du Roy (par Jean Talon).

1673 – Fermeture de la Brasserie du Roy (par Frontenac, celui-là même qui sera choisi en 1911 pour porter le nom de la première brasserie industrielle francophone au Québec!).

Industrialisation de la bière

1760 à 1900

1760 – Début du régime anglais. Fondation de plusieurs petites brasseries, surtout à Québec et à Montréal.

1785 – Début de l'industrialisation de la bière.

1786 – John Molson devient le seul propriétaire de la brasserie de Thomas Loid, avec qui il est associé depuis 1782. Elle devient la Brasserie Molson.

1821 – Fondation de la brasserie de Beauport.

1818-1862 – Les grands noms de la bière au Canada s'installent: William Dow (Brasserie Dunn, 1818); Thomas Dawes (1825); Ekers (1825); Labatt (1847), Thomas Carling (1840) Boswell (1844), O'Keefe (1862).

1860 – Louis Pasteur fait des recherches sur la fermentation alcoolique. Début de la révolution scientifique du brassage. Élaboration du processus de pasteurisation.

Début de la réfrigération artificielle

1900 à 1987

1900 – Les conditions permettant la croissance des géants sont réunies.

1909 – Première consolidation de brasseries : la National Breweries Ltd., fondée par Andrew Dawes[1], fils de William. Elle absorbe six brasseries montréalaises (William Dow & Co., Union Brewing Co., Montreal Brewing Co., G. Reinhardt & Sons, Ekers Brewery et Imperial Brewery), cinq québécoises (Georges E. Amyot's Fox Head Brewery, Proteau & Carignan Brewery, Gauvin & Co.'s Royal Brewery, Boswell & Brother et Beauport Brewing Co.), et une de Terrebonne (Douglas and Co.). Les grandes brasseries québécoises sont alors National Brewing (Montréal), Molson (Montréal) et Champlain (Québec).

1911 – Fondation de la Brasserie Frontenac, première brasserie industrielle francophone au Québec.

1918-1921 – Prohibition. La bière peut malgré tout contenir 2,5 % alc./vol.

1921 – Abolition de la prohibition au Québec. Conditions favorables grâce à la contrebande avec avec les provinces voisines et les États-Unis.

1926 – National Breweries achète la Brasserie Frontenac.

1952 – Canadian Breweries achète National Breweries.

1960-1982 – Essor des réclames télévisées. Naissance de la mise en marché par segmentation, qui vise des groupes cibles reléguant aux oubliettes le goût de la bière.

1982 – Début de la révolution microbrassicole.

1982 – Fondation de la Brasserie Massawippi à North Hatley et du Golden Lion à Lennoxville.

Première vague de microbrasseries

1987 à 1990

Fondation de la Brasserie **Mon Village** (Hudson), des **Brasseurs du Nord** (Sainte-Thérèse), des **Brasseurs GMT**, du bistro-brasserie **Le Crocodile** et du bistro-brasserie **La Taverne du Cheval Blanc McAuslan.** Fondation de **Brasal-Brasserie allemande,** du bistro-brasserie **La Cervoise** à Montréal et de la **Brasserie Portneuvoise** (Saint-Casimir-de-Portneuf).

1989 – Molson acquiert et englobe O'Keefe.

1990 – Fondation d'Unibroue. Robert Charlebois joue un rôle fondamental dans la popularisation des bières de spécialité au Québec.

---

1. Andrew Dawes est aussi le cofondateur du Club automobile CAA.

Deuxième vague de microbrasseries

Fondation de **Brasseurs de l'Anse inc.** à L'Anse-Saint-Jean, de **La Barberie** (la Coopérative brassicole de Saint-Roch) à Québec, des **Brasseurs Maskoutains** à Saint-Hyacinthe, de la **Brasserie seigneuriale** à Boucherville, de la **Microbrasserie Le Cheval Blanc** à Montréal, de la **Brasserie Beauce-Broue** à Saint-Odilon de Cranbourne, de la **Micro-Brasserie Charlevoix**, de la **Microbrasserie Le Chaudron** à Montréal, de la **Ferme Brasserie Schoune** à Saint-Polycarpe et de **L'Alchimiste** à Joliette.

1995 – Vente de la Brasserie Labatt à Interbrew, alors compagnie privée. Il s'agit de l'une des premières acquisitions majeures d'Interbrew, qui allait faire de la compagnie belge le plus important producteur au monde (avec l'acquisition récente du géant américain Anheuser-Bush, la brasserie se nomme maintenant Anheuser-Bush InBev).

1998 – Première consolidation de microbrasseries avec la formation des **Brasseurs RJ**, qui absorbent les Brasseurs GMT, la Microbrasserie du Cheval Blanc et les Brasseurs de l'Anse.

1998 – Sleeman achète la **Brasserie seigneuriale**.

2000 – Moosehead, du Nouveau-Brunswick, devient partenaire de McAuslan.

Troisième vague de microbrasseries

2001 – Fondation de la **Microbrasserie du Lièvre** à Mont-Laurier et établissement d'un nombre grandissant de brasseries dans la plupart des régions : Mont-Laurier, Granby, Saguenay, Sherbrooke, Rimouski, etc.

Des brasseries font surface partout au Québec, dans toutes les régions. Plusieurs brasseurs sont des jeunes ayant quitté la région pour aller étudier «en ville». Ils reviennent contribuer au développement régional.

2005 – Molson et Coors fusionnent. Perte de la dernière grande brasserie canadienne.

2006 – La brasserie japonaise Sapporo achète Sleeman (y compris Unibroue).

2007 – SAB-Miller (South African Breweries) achète Molson-Coors et devient le numéro 2 au monde, le troisième brasseur étant Heineken, qui contrôle 60 % du marché de la bière sur la planète.

2008 – Le numéro un mondial est maintenant Anheuser-Busch-InBev.

La fabrication de la bière

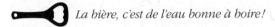 *La bière, c'est de l'eau bonne à boire!*

Dans les temps anciens, à l'époque où les royautés et l'Église gouvernaient le monde occidental, l'eau de surface était souvent souillée. Encrassée de déjections de toutes sortes, elle transportait les germes d'épidémies et de maladies mortelles. À cette époque, la bière constituait une solution de rechange salubre, saine et nourrissante à l'eau de la rivière! Les micro-organismes étaient détruits pendant sa fabrication. Sa consommation contribuait à maintenir une bonne santé; elle comportait une valeur nutritive de première nécessité. L'histoire de l'humanité regorge de campagnes de tempérance où la bière constituait la boisson substitut. Ce n'est qu'au début du xxe siècle, soit il y a cent ans, qu'elle est devenue une boisson véritablement enivrante. Cela coïncide avec la prohibition aux États-Unis.

Le principal ingrédient de la bière est une combinaison chimique essentielle à la vie. On la connaît par le symbole H_2O. Dans la vie de tous les jours, on la nomme «eau». Elle constitue généralement 94,9 % de ce que nous consommons lorsque nous buvons une cervoise. De plus, 5 % de son volume est composé d'un autre élément chimique, le C_2H_5OH. Celui-ci est mieux connu sous le vocable «alcool». Il provient des sucres décomposés par la fermentation de la levure. L'origine de ces sucres est céréalière, habituellement de l'orge germée. Celle-ci porte le nom de «malt».

Le goût de la bière est le résultat d'une combinaison d'ingrédients et de processus de transformation, qui sont aussi importants que les ingrédients dans la production des saveurs. Le brasseur est à la bière ce qu'un maestro est à son orchestre!

Mentionnons enfin que plusieurs flaveurs sont causées par les conditions d'entreposage ou même le service de la bière! Nous y reviendrons.

Ingrédients de base

Ingrédients de base	Puis...
Eau	Des minéraux
Malt	D'autres céréales ou sucres
Houblon	D'autres aromates
Levure	Et à l'occasion des bactéries

L'eau

L'eau constitue le milieu dans lequel toutes les réactions biochimiques se déroulent. Ses composantes minérales exercent une influence sur les réactions chimiques qui interviennent pendant chacune des étapes. Sa teneur en minéraux détermine son pouvoir de collage des saveurs, surtout l'amertume du houblon. Une eau douce favorise l'épanouissement des flaveurs aromatiques de la fleur. La plupart des brasseries traitent leurs eaux en dosant leur teneur en minéraux.

Le malt

Le malt, issu de la germination de l'orge dans l'eau, renferme les matières fermentescibles. Il s'agit de la céréale de premier choix pour la majorité des brasseries. Plusieurs font également appel à d'autres céréales telles que le maïs ou le riz, ou encore à différents types de sucres.

Le houblon

Le houblon de brassage est constitué de la fleur de la plante. Celle-ci comporte des huiles parfumées et des résines amères. Elles peuvent être introduites dans le moût par infusion, qui développe des arômes, ou par ébullition, qui procure l'amertume. Une multitude d'épices peuvent aussi être utilisées. Elles procurent des flaveurs d'une grande variété. La levure est un saccharomycète microscopique qui a la propriété de pouvoir digérer le sucre d'un moût, produisant ainsi du gaz carbonique, mais surtout de l'alcool. Certaines bactéries provoquent le même processus.

LES INGRÉDIENTS DE SOUCHE

L'ingrédient fondamental est l'orge. Les caractéristiques de cette plante sont influencées par la nature du sol et du climat. L'orge doit être maltée avant son emploi par le brasseur. Il s'agit tout simplement ici d'une germination suivie d'un séchage. Cet assèchement est à l'origine de la couleur de la précieuse boisson. En ajustant la température et la durée du dessèchement, le malteur produit une couleur plus ou moins foncée. Jusqu'à récemment, il existait un seul malteur commercial au Québec: Canada Maltage. Cette entreprise produit un malt spécialement conçu pour les grandes brasseries comme Labatt et Molson. Un malt qui excelle à produire… le moins de saveurs possible! C'est triste lorsqu'on pense en termes de terroir. Un champ d'orge sur l'île de Havre-Aubert est consacré à la microbrasserie À l'abri de la tempête. La céréale est maltée au sein même de la brasserie. Voilà un malt de terroir! La Malterie Frontenac de Thetford Mines propose maintenant des malts fabriqués avec de l'orge québécoise. La micromalterie sélectionne les orges de brassage cultivées au Québec de la plus haute qualité et les fait malter dans ses équipements. Un nombre grandissant de brasseurs sélectionnent des orges provenant de leur région pour les faire malter par la Malterie Frontenac. L'emploi du malt provenant du sol québécois offre bel et bien une légitimité à la bière du terroir. La Malterie Malt Broue à Cabano produit quant à elle des malts de spécialité (caramélisés, torréfiés, etc.) en employant des orges de certification biologique. Encore une fois, ce sont des céréales du terroir. Dans chacune de ces situations, nous sommes autorisés à faire usage du mot «terroir» pour la céréale récoltée.

Plusieurs petites brasseries cultivent du houblon et l'emploient dans une recette particulière l'automne venu. La première houblonnière commerciale fondée au Québec est située à Havre-Aubert. Sa timide récolte est consacrée à la microbrasserie À l'abri de la tempête. La houblonnière Houblon Québec, fondée par Dominic Roberge et Sébastien Gagnon, a commencé ses opérations en 2008. La microbrasserie La Camarine, de Kamouraska, cultive également ses houblons de brassage. Un certain nombre de petites brasseries possèdent suffisamment de plants de houblon pour produire des cuvées spéciales l'automne venu. Notons parmi celles-ci la Ferme-Brasserie La Chouape de Saint-Félicien, la Ferme Brasserie Schoune de Saint-Polycarpe et la MicroBrasserie Charlevoix.

Quelle proportion de matières premières locales une bière doit-elle employer pour mériter la certification «du terroir»? Souvenons-nous que la bière n'est pas seulement une addition d'ingrédients. Ceux-ci sont assemblés par le maître-brasseur et, comme pour les grands chefs, le savoir-faire de celui-ci est déterminant. De nobles ingrédients peuvent produire des résultats désastreux s'ils sont confiés à des mains malhabiles.

La production d'une bière

Le maltage

Cette étape importante précède le brassage. Elle se déroule habituellement dans une entreprise spécialisée. Quelques brasseries soucieuses de développer des bières du terroir maltent leurs propres céréales (voir encadré p. 39). Les étapes du maltage sont les suivantes:

– trempage;

– germination;

– touraillage (pour les malts de base) ou torréfaction (pour les malts plus foncés).

Le brassage

– empâtage (aussi nommé la «saccharification»);

– cuisson (aussi nommée le «houblonnage» ou la «stérilisation»);

La production d'alcool

– fermentation.

L'embouteillage et la distribution

– mise en bouteille, en baril, en canette;

– entreposage et livraison.

Le maltage

La céréale reine du brasseur est l'orge germée, ou malt. L'amidon qu'elle renferme sera converti en alcool. Dans les premiers jours de croissance, la germination active ses enzymes afin de digérer l'amidon. Cette opération la rend également friable et soluble dans l'eau. Ces enzymes, des amylases, assumeront une importante responsabilité lors du brassage afin de produire des sucres fermentescibles.

On fait d'abord tremper les grains dans l'eau pendant environ 40 heures. On les laisse germer pendant cinq jours. À la fin de cette étape, on désigne le malt obtenu sous le nom de malt vert. La croissance est alors stoppée par touraillage (chauffage léger). Finalement, on procède à un chauffage rapide à température plus élevée (coup de feu) pour faire ressortir l'arôme. Il arrive que l'on chauffe le malt plus longtemps ou à des températures plus élevées que la normale afin d'obtenir une coloration plus prononcée ou de produire des saveurs plus corsées.

Ce processus requiert une dizaine de jours. Le malt est ensuite dégermé et stocké : il est désormais prêt pour le brassage. Cette opération est généralement effectuée par des malteries indépendantes.

Au Canada, bien qu'il ne soit plus le seul, Canada Maltage demeure le principal malteur. Ses principaux clients sont les grandes brasseries industrielles. La configuration du malt qu'il produit répond donc à des besoins de production d'une bière désinvolte. Il est néanmoins possible de produire de grandes bières avec ce malt, notamment en y ajoutant des malts spécialisés et d'autres du terroir.

Le brassage

La préparation d'un moût sucré et aromatisé est réalisée en intégrant d'abord les sucres du malt dans de l'eau et en incorporant ensuite des herbes ou des épices.

L'amidon contenu dans le malt est un sucre complexe et infermentescible. Il est formé d'une très longue chaîne moléculaire qui résiste à la levure. L'opération de brassage a pour fonction de décomposer cette chaîne en maillons plus simples qui ne renferment qu'une, deux ou trois molécules. Il faut encore une fois utiliser de l'eau que l'on fait chauffer à des températures précises. Certaines enzymes entrent alors en action afin de briser la chaîne de molécules. Dans un premier temps, le brasseur doit concasser le grain. Il l'empâte avec de l'eau et fait chauffer le moût à des températures déterminées. Lorsque l'amidon est décomposé, le moût doit alors être filtré. Par la suite, le brasseur lave les drêches à l'eau bouillante pour en extraire le maximum de sucre et il procède à la stérilisation en faisant bouillir le tout. Pendant cette étape, il houblonne le brassin. Pour terminer, il refroidit le liquide le plus rapidement possible et procède aussitôt à la fermentation afin de minimiser tout risque de contamination.

La surveillance de la température au cours du brassage est essentielle, car le travail des enzymes en dépend. Deux types d'enzymes jouent un rôle primordial lors de la fabrication de la bière : les protéinases et les diastases.

Les protéinases décomposent les protéines contenues dans le malt. Elles produisent ainsi des acides aminés qui constituent une excellente source de nourriture pour les levures. Elles maintiennent également la bière claire lorsque celle-ci est refroidie (la présence de protéines brouille la bière froide). Ces enzymes sont actives entre 45 et 60 °C. Une pause protéolytique d'environ une demi-heure a généralement lieu au début du brassage. La température est ensuite accrue afin d'activer les diastases.

Les diastases brisent la chaîne de molécules de l'amidon. Deux enzymes se partagent ce travail : l'alpha-amylase et la bêta-amylase. L'alpha rompt la chaîne par le centre en deux parties égales. Elle poursuit son action en brisant une fois encore en deux parties égales ces demi-chaînes pour en produire quatre, et ainsi de suite. La bêta-amylase vient gruger les extrémités de ces chaînes, peu importe leur longueur. Elle n'arrache au plus qu'une, deux ou trois molécules. Ce sont ces molécules qui sont fermentescibles.

Bref, les actions combinées de ces enzymes constituent un complément parfait pour le brasseur. Toutefois, comme dans tout mariage, il y a un hic. Alpha réclame environ 65 °C, mais bêta ne se sent bien qu'entre 52 et 72 °C. Comme cette dernière a une tolérance plus élevée, c'est généralement autour de 65 °C que s'opère le brassage.

Pendant toutes les périodes où la température du brassin est augmentée, on brasse continuellement afin de conserver une température uniforme. Toute élévation subite de la température d'une partie du brassin serait alors fatale pour les enzymes, qui seraient alors automatiquement sacrifiées.

Les trois principales méthodes pouvant être employées pour la production d'un moût sont les suivantes

L'infusion à un seul palier, d'influence britannique, plus souvent utilisée par les nouvelles microbrasseries.

L'infusion à plusieurs paliers, d'influence belge, quelquefois utilisée par les nouvelles microbrasseries.

La décoction, d'influence germanique, rarement utilisée par les nouvelles microbrasseries.

L'infusion à un seul palier consiste à mélanger une proportion déterminée d'eau chaude à du malt concassé, de telle sorte qu'au moment même du contact entre les deux matières, la production de sucre se fait. La procédure requiert environ 20 minutes.

L'infusion à plusieurs paliers consiste à mélanger de l'eau et du malt concassé et à en élever graduellement la température. Plusieurs méthodes d'accroissement de la température peuvent être employées. Les deux principales sont l'adjonction d'eau chaude et l'accroissement de la température de l'empois. Cette dernière requiert environ une heure.

La décoction consiste à retirer une partie de l'empois pour l'amener à ébullition et le remettre dans la cuve afin d'accroître la température. Cette procédure, qui est répétée deux ou trois fois, requiert plus de deux heures. La décoction est un héritage des années d'expérimentations empiriques où l'action des enzymes n'était pas encore connue. Elle consiste à prélever une partie du brassin pour l'amener à ébullition. On l'ajoute ensuite à la cuve, d'où l'on prélève une autre partie pour la faire également bouillir. Cette méthode élève ainsi peu à peu la température du moût.

Si la majorité des petites brasseries favorise l'infusion à un seul palier, c'est pour des raisons économiques.

L'aromatisation du moût

Le houblonnage est important et relativement simple à effectuer. On doit faire chauffer le moût pour que les huiles contenues dans le houblon puissent être dissoutes dans la bière. La fleur renferme deux types d'ingrédients actifs : les huiles essentielles et les aromates. Les huiles essentielles lient l'amertume et doivent être ébouillantées environ 20 minutes. Les aromates ne doivent pas être infusés plus de 10 minutes.

Certains houblons communiquent plus d'amertume à la bière à cause de leur proportion élevée d'acides alpha ; d'autres sont plus riches en arômes en raison de la finesse des huiles qu'ils renferment. Vous connaissez la suite : chaque compagnie fait des mélanges et conserve comme un précieux trésor sa propre recette. Il est cependant plus prudent pour les grandes brasseries d'utiliser un grand nombre de variétés de houblons dans leurs préparations. Elles se prémunissent de ce fait contre les fluctuations du marché, qui peuvent parfois rendre inaccessibles certaines variétés. L'absence d'une variété de houblon dans une recette qui en compte dix se discerne moins que s'il n'y en a que deux !

La production d'alcool

Le moût aromatisé est une bien bonne chose, mais l'élimination du gaz carbonique emprisonné dans le sucre est encore meilleure. Le sucre est en effet composé à moitié de molécules de gaz carbonique et à moitié de molécules d'alcool. Les brasseurs aiment bien ajouter du gaz carbonique à la bière afin de lui donner une texture pétillante. Quoique la réunion de ces deux anciens tourtereaux ne produise pas de sucre, le pouvoir calorique reste inchangé.

L'élimination du CO_2 se fait par fermentation. Le principal ferment utilisé est la levure, surtout le saccharomycète. Des bactéries peuvent aussi être employées, volontairement ou accidentellement. Celles-ci provoquent un surissement. Trois grandes méthodes de fermentation peuvent être ajoutées, soit à haute température, à basse température et spontanée.

La fermentation doit débuter le plus tôt possible après le houblonnage. La période de refroidissement doit être limitée au maximum afin de prévenir les risques de contamination par des bactéries. On fait passer le moût dans des échangeurs de chaleur. Pendant ce refroidissement, le moût est oxygéné pour favoriser l'action rapide de la levure. On ensemence finalement ce liquide sucré de levures.

La durée de la fermentation est déterminée en fonction de deux variables : la température et la quantité de sucre contenue dans le moût. Plus celui-ci est froid ou sucré, plus la période requise pour convertir le sucre en alcool est longue. Selon le type de bière, le processus de fermentation dure en moyenne cinq jours. Pour certaines variétés de bières, il peut toutefois s'échelonner sur plusieurs mois. La plupart des grandes brasseries récupèrent alors les gaz des bières de fermentation basse qu'elles injecteront plus tard dans la bière au moment de l'embouteillage pour doser son effervescence.

Il existe plusieurs variétés de «convertisseurs de sucre», que l'on classe en deux grandes catégories : levures à fermentation haute et levures à fermentation basse. «Haute» et «basse» font allusion à la température à laquelle la fermentation se déroule. Les levures à fermentation haute (*Saccharomyces cerevisiæ*) fermentent à des températures supérieures à 15 °C. Les levures à fermentation basse (*Saccharomyces uvarum*, nommé anciennement *Saccharomyces carlsbergensis*) fermentent à des températures inférieures à 14 °C. De nos jours, l'utilisation de levures hybrides capables de donner d'excellents résultats à plusieurs paliers de température remet en question cette coutume. Ces levures permettent aux brasseurs de modifier la température de fermentation à diverses étapes de la fabrication. Plusieurs brasseries utilisent des levures distinctes pour les différentes étapes de la fermentation. Chaque brasserie cultive généralement ses propres levures pour ses propres bières.

On distingue trois étapes dans le cycle de la fermentation : primaire, secondaire et tertiaire. La fermentation primaire, ou principale, se déroule pendant les cinq premiers jours. La plupart des bières passent par une étape dite de garde pendant laquelle s'opère la fermentation secondaire. Celle-ci varie considérablement en fonction du type de bière. Celles des grandes brasseries industrielles subissent une fermentation de garde la plus courte possible, c'est-à-dire deux ou trois jours, rentabilisation oblige. Pendant la garde, les levures se déposent par gravité au fond des cuves. Les bières plus fortes en alcool doivent mûrir pendant des périodes allant jusqu'à un an avant leur mise en bouteille.

Certaines bières sont «krausenisées» (de l'allemand *krausen*). Il s'agit d'un processus de carbonatation par lequel une quantité de moût frais est ajoutée à la cuve de garde afin de saturer la bière de gaz naturellement produit. Si la bière est ensuite filtrée avant d'être embouteillée, elle arbore la mention *krausen* sur son étiquette ; si elle n'est pas filtrée, elle porte plutôt la mention *krausenbier*.

Pour un certain nombre de bières, le pétillement provient d'une refermentation effectuée en bouteille, comme on le fait pour le champagne. Au moment de l'embouteillage, on ajoute du sucre ou du moût pour provoquer une troisième fermentation dans la bouteille. Le gaz carbonique ainsi produit ne pourra s'échapper, conférant alors à la bière une puissante effervescence naturelle. Un dépôt de levures se déposera par conséquent au fond de la bouteille. Ce dépôt de levures est quelquefois nommé «lie» sur les étiquettes, ce qui est faux. La lie est une précipitation solide d'une grande amertume qui se forme dans certains produits alcoolisés. On en retrouve dans des vins plats. La saveur désagréable de la lie est à l'origine de l'expression «boire le calice jusqu'à la lie», qui signifie endurer une situation éprouvante jusqu'à sa conclusion.

LE BRASSAGE INDUSTRIEL À HAUTE DENSITÉ

On entend souvent les gens se moquer des grandes bières industrielles en affirmant qu'elles sont diluées dans de l'eau. Ce n'est pas faux! La période minimale nécessaire pour produire entre 3 et 8 % d'alcool est habituellement de cinq jours. Au-delà de cette teneur, le temps s'allonge de plusieurs semaines, voire des mois. Les grandes brasseries industrielles, qui visent l'efficacité, brassent ainsi la majorité de leurs bières à 8 % alc./vol. Plusieurs ne brassent pas de cuves réservées à des marques spécifiques. Elles préparent quatre ou cinq brassins numérotés possédant des caractéristiques particulières. Après la fermentation, ces brassins sont assemblés en proportions différentes et dilués avec de l'eau déminéralisée afin d'ajuster le dosage d'alcool. Pour les bières légères, on ajoute un peu plus d'eau; pour les bières fortes, on en ajoute moins. En procédant ainsi, il est possible de mettre sur le marché un nombre illimité de marques différentes en utilisant quelques recettes de base. En d'autres mots, il n'existe pas une recette spécifique de Molson Export! La St-Ambroise Pale Ale, en revanche, est issue d'une recette spécifique. Il en est ainsi de la majorité des bières microbrassées. Il arrive toutefois, à l'occasion, qu'un brassin ne répondant pas aux critères de qualité d'une petite brasserie soit recyclé en étant assemblé à une bière réussie et qu'il soit vendu sous un nom spécial comme «anniversaire».

L'embouteillage

Avant d'être embouteillée ou mise en fût, la bière est généralement filtrée. Cette opération vise à éliminer toute trace de levure. Le goût y perd, car si le filtrage supprime les levures, il amoindrit aussi chacune des qualités intrinsèques de la bière : arôme, velouté, saveur, etc.

La bière achevée est un liquide fragile qui doit être manipulé avec précaution. Elle est particulièrement vulnérable à l'oxydation et à la lumière. L'oxygène est fatal pour la bière. Une bière oxydée perd ses caractéristiques et prend un goût acidulé.

Le gaz carbonique a la propriété de se dissoudre dans le liquide sous une certaine pression. Il existe de nombreux procédés qui permettent de le faire. La plupart des brasseries utilisent un système à pression et à refroidissement par lequel la bière est versée dans les contenants.

La pasteurisation s'effectue au moment de cette étape afin d'assurer l'intégrité du produit. Il s'agit d'assurer la destruction de tout micro-organisme pouvant altérer les saveurs de la bière pendant qu'elle est dans son contenant de livraison. La bière est alors chauffée dans les tuyaux qui la conduisent aux bouteilles ou encore à l'intérieur même des bouteilles ! Plusieurs microbrasseries se font un point d'honneur de ne pas pasteuriser leurs bières. Non seulement cela leur permet d'économiser sur les coûts de production, mais leurs bières en sont plus savoureuses. Les grandes brasseries commerciales ne sont pas en mesure de se permettre ce luxe, car elles perdraient ainsi un élément crucial de contrôle du processus.

Trois principaux types de récipients servent à transporter le précieux liquide : le fût, la canette et la bouteille. La bière en fût est destinée aux débits de boisson. C'est évidemment la méthode la plus économique.

Des questions importantes pour le consommateur averti

- Combien de chopes sont en attente dans la tuyauterie qui relie le baril à la manette ? Certains systèmes conservent dans le tuyau plus d'une chope !

- À quelle fréquence sert-on la marque que je choisis ? Cette question est déterminante surtout pour les marques qui se vendent moins que les autres. Il faut être à l'affût dans les pubs qui nous proposent plusieurs dizaines de marques.

- À quel moment la bière est-elle refroidie ? L'est-elle dans la ligne de soutirage ou est-elle entreposée au froid ? Certains pubs entreposent leurs barils dans un local non refroidi. La bière est alors refroidie grâce à un système de refroidissement intégré au tuyau !

Le meilleur contenant pour la distribution et le service de la bière est le baril. Lorsque nous consommons une bière en fût, nous le faisons habituellement dans un pub. La consommation dans ces temples de rencontres conviviales contribue à améliorer considérablement le goût de la divine boisson. C'est une caractéristique de la consommation de la bière depuis la nuit des temps.

Le fût a connu deux grandes améliorations depuis son invention par les Gaulois. La première est la pompe manuelle (*beer engine*) qui déjoue les lois de la gravité en aspirant la cervoise hors du baril. La pompe manuelle fonctionne selon le même principe que les pompes classiques que nous retrouvons toujours dans certains chalets. Un vide d'air est créé afin d'aspirer le liquide. La machine permet d'entreposer le baril dans la cave du tenancier et d'en soutirer le contenu sans avoir à le transporter sur le comptoir. L'effort musculaire pour aspirer la bière est exercé par le débitant. La bière entre alors en contact avec l'air ambiant. Elle est peu pétillante et surmontée d'une mousse onctueuse produite par l'action de l'azote contenu dans l'air. Ce système existe toujours de nos jours. Il porte le nom de *cask*. On le retrouve partout au Royaume-Uni et dans certains pubs spécialisés au Québec. Au xxᵉ siècle, on a amélioré le système. On a inventé le système de poussage à la pression grâce aux bonbonnes de gaz carbonique. La bière est ainsi entièrement protégée de tout contact avec l'air ambiant jusqu'à son arrivée dans le verre. Une petite action sur un simple robinet permet au liquide de jaillir du tonneau. Au pays d'Élisabeth II, ce système porte le nom de *smoothie*. La bière qui en jaillit est légèrement plus aigre que celle du *cask*, car elle renferme une concentration plus élevée de CO_2. Notons enfin les systèmes hybrides à deux bonbonnes, l'une d'azote pour l'effet visuel de la mousse onctueuse et l'autre de gaz carbonique pour en faciliter le soutirage.

La distribution des bières

Les législateurs québécois et canadiens ont mis en place une série de lois contraignantes concernant la vente de la bière. Quoique la prohibition ne soit qu'un souvenir très lointain, les lois actuelles en sont de fières héritières. L'écoulement de la bière, de sa maison natale jusqu'à nos papilles, doit franchir les remous de législations coercitives. La plus absurde et inéquitable de celles-ci interdit aux bistros-brasseries de vendre de la bière pour emporter. Si vous visitez un vignoble québécois, vous pouvez consommer sur place et retourner chez vous avec des bouteilles de vin. Il en va ainsi lorsque vous visitez une hydromellerie ou une cidrerie. La même règle s'applique lorsque vous visitez une brasserie... à l'extérieur du Québec. Mais la chose est impossible dans la belle province.

Le système de distribution se divise en quatre canaux : les épiceries, la Société des alcools du Québec (SAQ), les importations privées et la consommation sur place (pubs, bars, restaurants...). Ensemble, ils offrent plus d'un millier de variétés de bière! Une marque ne peut pas être vendue simultanément à la SAQ et dans le réseau des dépanneurs.

Acheter la bière

À l'achat, nous devons d'abord porter attention à la boutique elle-même, à l'ordre, à l'éclairage et à la température ambiante. Plus la boutique offre de marques différentes, plus il lui est difficile d'écouler sa marchandise rapidement. Certains types de bières ne supportent pas l'entreposage de longue durée, surtout s'ils ne sont pas réfrigérés : désinvoltes, fermentations basses, bières d'assemblage (gueuze, lambics et autres bières aux fruits) et toute bière filtrée renfermant moins de 6 % alc./vol. En règle générale, plus ces bières sont fraîches, meilleures elles sont. Observez le point de contact «bière-air» dans le col de la bouteille. Tout cerne signifie que la bière est infectée par une bactérie. Comparez le niveau de remplissage d'une bouteille à une autre de la même marque. Si vous notez des variations, cela reflète un problème potentiel. Les bouteilles vertes ou translucides exposées à la lumière offrent vraisemblablement des flaveurs de mouffette.

L'entreposage de la bière

Le cellier à bières idéal

La majorité des bières sont meilleures au moment de la sortie de la brasserie. Le meilleur cellier à bières porte donc le nom de... réfrigérateur! Le froid protège ses délicates saveurs. Les bières maintenues à la température ambiante se dégradent plus vite que celles qui sont gardées au froid. L'intérêt d'une cave est de regrouper des bières rares et exclusives, et de leur offrir des conditions d'entreposage idéales pour éviter qu'elles se dégradent.

Peu de bières possèdent les qualités permettant de les considérer comme des «bières d'affinage», mais comme il s'agit d'un produit alimentaire, son profil de saveurs se transforme au fil du temps. Il est donc possible d'affiner certains styles de bière. La bonification se caractérise par une transformation du profil des saveurs: il s'agit d'une métamorphose, et non d'une amélioration *stricto sensu*. Les produits offrant un intérêt à cet égard sont les bières foncées titrant plus de 8 % alc./vol. Mieux vaut faire vieillir soi-même les bières que de profiter d'aubaines dans des établissements où elles ont été exposées aux chaleurs estivales.

Un fût à la maison

Il est possible de s'équiper d'un véritable système de service de la bière à pression à la maison. Un grand nombre de brasseurs amateurs se sont bricolé de tels systèmes en utilisant un deuxième réfrigérateur.

Il y a une dizaine d'années, plusieurs brasseurs proposaient leurs bières dans des minifûts de cinq litres. Malgré les apparences, il s'agissait tout simplement de canettes volumineuses. Ils n'étaient équipés d'aucun système de soutirage pressurisé. Heineken propose un système pressurisé… pour ses bières, naturellement!

La microbrasserie À la Fût, de Saint-Tite, a mis au point un système révolutionnaire de fût pouvant même être installé dans les véhicules récréatifs! Le système URBAD, pour «Unité de refroidissement pour la bière artisanale à domicile», a été créé alors que les complices étudiaient à l'École de technologie supérieure de l'Université du Québec. Il s'agit d'un système de refroidissement thermoélectrique muni d'un contrôle numérique, qui détermine également la pression à l'intérieur du baril. Le système fait appel à un système de connexion standard pour fûts identique à ceux des débits de boisson.

« Cette bière respecte les normes de qualité », ou encore « Cette bière est brassée sous la stricte supervision de… »

On voit souvent ce type de garantie, surtout pour les marques fabriquées «sous licence». Cela ne veut pas dire grand-chose! La supervision est surtout de nature financière.

« Brassée sans additifs chimiques »

«Sans additifs chimiques» laisse sous-entendre que la majorité des bières (surtout les grandes marques industrielles) possèdent des additifs chimiques. En fait, la bière représente la quintessence de ce que la chimie peut offrir à nos papilles. Elle est le résultat de processus chimiques naturels d'une grande complexité.

« Brassée selon une recette ancestrale »

La majorité des marques actuellement en marché sont le fruit d'un savoir-faire et de techniques brassicoles modernes. Il n'existe plus que quelques bières indigènes reproduisant plus ou moins rigoureusement des recettes ancestrales, habituellement des lambics.

La multiplication des marques

Il existe un nombre d'avides amateurs de bière qui achètent à peu près toute nouvelle bière qui est mise en vente. Des collectionneurs de saveurs, des coureurs de jupons de dentelle de bière. Vu cette réalité, la plupart des nouveaux brassins de petites brasseries sont assurés d'être vendus dans les semaines suivant leur mise en marché. Il suffit qu'une nouvelle marque revienne une deuxième fois sur les tablettes pour que déjà il s'en vende moins. Elle se défraîchit souvent au point de s'acidifier. C'est la mort certaine! Voilà comment s'est développé au Québec le marché de la «bière d'un seul brassin». Il est bien difficile de s'y retrouver. Plusieurs grandes bières émergent de cette méthode de mise en marché.

La diversification de la clientèle

Lorsque les premières microbrasseries ont vu le jour, les clients, surtout des jeunes, se trouvaient dans les grandes villes. De nos jours, une vaste clientèle de tous les âges et dans toutes les régions fréquente les petites brasseries de Tingwick à Kamouraska, en passant par Saint-Alexis-des-Monts et Havre-Saint-Pierre. Je me souviens de cette soirée au Trou du Diable où de petits groupes de jeunes adultes, de gens d'âge moyen et même d'aînés discutaient de ce qu'ils buvaient autour d'une table bien garnie de verres de toutes les couleurs. Les saveurs fortes font de moins en moins peur : on prend le temps de goûter avant de juger.

La vaste expertise québécoise

Les artisans québécois possèdent maintenant une expertise remarquable. Plusieurs amateurs utilisent des équipements professionnels. Un grand nombre d'entre eux s'inscrivent à des cours avancés, comme aux laboratoires Maska de Saint-Hyacinthe. Ils deviennent souvent des assistants de grande qualité. Quelques-uns fondent leur propre entreprise, comme Jean Lompré à l'île d'Orléans. De plus, nous sommes témoins de l'arrivée de producteurs de matières premières : des micromalteries et les microhoublonnières. À Cabano, Dany Bastille et Cindy Rivard viennent de fonder une malterie biologique. Voilà une autre façon de dynamiser les terres agricoles.

Le statut social de la bière

Lorsque les Romains-buveurs-de-vin ont conquis l'Europe, la bière est devenue la boisson des vaincus. Elle a plus tard été désignée dans le langage populaire comme le champagne des pauvres. Le nouveau marché de la bière rend cette expression obsolète. Il offre une gamme infinie de saveurs. La grande différence réside dans la dimension démocratique de la fille du soleil. Même les plus onéreuses sont accessibles aux moins fortunés.

Dans notre société où l'avoir domine souvent l'être, la dégustation offre un tremplin sur lequel les apparences cabriolent. Dans le monde du vin, l'une des variables incontournables du vocabulaire est la notion et l'importance du prix d'achat. Mais je rappelle la notion de base de la dégustation : le plaisir épicurien, la convivialité.

DATE DE PÉREMPTION PEU UTILE

La bière ne devient jamais impropre à la consommation, sauf celles qui ont connu une fermentation infectieuse que l'on reconnaît aux notes de caoutchouc ou de médicaments. De plus, la dégradation n'a pas lieu subitement dans les jours précédant la date inscrite. Des bières goûtées deux mois avant la date de péremption peuvent témoigner d'un âge déjà avancé. La logique voudrait donc qu'on inscrive la date d'embouteillage afin de donner une information utile au consommateur.

Les géants font la guerre aux petits

Lorsque les premières petites brasseries ont ouvert leurs robinets, les grandes brasseries canadiennes ont d'abord été amusées. Mais constatant l'engouement des consommateurs, elles n'ont pas eu d'autre choix que de se lancer dans ce marché. La première bière «spéciale» lancée par Molson, la Rousse, une sorte de Molson Export teinte en rousse, a connu un échec lamentable. La compagnie s'est reprise par la porte de derrière avec la Rickard's Red. D'abord proposée en fût dans les pubs, celle-ci donnait l'impression d'être microbrassée, car une brasserie sur papier du nom de Capilano et située en Colombie-Britannique avait été créée (laquelle n'a jamais existé, la bière étant brassée à Montréal). Le succès de cette imposture a poussé Molson à embouteiller la marque. La raison sociale de Capilano a été retirée à la suite de nombreuses dénonciations d'experts. La compagnie n'a plus à s'en faire, maintenant. La marque se vend bien. Cette bière est offerte dans les rayons loués par Molson dans les épiceries. Il est très facile de distinguer ces zones dans les épiceries : Labatt et Molson disposent de grandes surfaces de visibilité sur le plancher et dans le réfrigérateur. Un peu à l'écart, une ou deux étagères proposent les bières de toutes les microbrasseries réunies. C'est Labatt (InBev) qui s'est attaquée la première à cette intégrité territoriale avec le lancement de la bière Saint-Urbain, en 2007. Ses représentants incitaient les marchands à placer la Saint-Urbain à côté des produits tels que la Boréale et la St-Ambroise en affirmant que la bière était microbrassée dans Charlevoix, ce qui était un mensonge.

Maturité de la fratrie brassicole

Une grande rivalité planait sur le monde de la microbrasserie depuis le début des années 1990. Chacun voulait être le premier à avoir fait ceci ou cela. Mais je constate une grande harmonie et un esprit d'entraide tout à fait nouveau entre les brasseurs. La concurrence existera toujours, mais cette nouvelle sérénité profite à tous. Leur souci d'offrir des produits de qualité et de bien servir le public chapeaute leurs visions. L'avenir des petites brasseries nous promet des chopes moussantes. Certaines microbrasseries sont de véritables écoles. Prenons par exemple le Bilboquet, à Saint-Hyacinthe, qui a accueilli des brasseurs devenus de grands experts au Québec : Jean-Sébastien Bernier (À l'abri de la tempête, îles de la Madeleine), Nicolas Bourgault (Bedondaine et Bedons Ronds, Chambly), Miguel Heine (Loup rouge, Sorel), Martin Desautels (La Camarine, Kamouraska).

PARTIE 2

L'AIMER
ET LA SAVOURER

Aimer la bière

Avant tout, il y a lieu de considérer – comme c'est d'ailleurs le cas pour tout ce qui touche à l'art du bien manger et du bien boire – non seulement le palais ou la langue, ou encore le nez et les yeux, mais l'individu tout entier.

MARCEL GOCAR

Il importe de souligner dès le départ que toutes les bières, même les plus racées, peuvent être bues pour le simple plaisir de se désaltérer. La plupart des cervoises apaisent la soif avec efficacité. Il est également très agréable de déguster une bière comme nous dégustons un vin. Et de la même manière que nous dégustons du cidre, du whisky ou du chocolat... Voilà le plus accessible et le plus démocratique de tous les types de dégustations. La bière souffre toutefois d'un handicap majeur : elle ne permet pas l'affichage d'un statut social. Les bières les plus chères coûtent moins que les vins les plus abordables ! Dans nos sociétés, la notion de dégustation s'accompagne souvent de l'expression de sa fortune. Dans le monde du vin, l'un des sujets incontournables de la conversation est l'importance du prix d'achat. La valeur ajoutée de ces boissons en fait également un choix privilégié pour le restaurateur. Un profit de 100 % sur une bouteille de vin achetée 20 dollars est beaucoup plus intéressant que le même profit sur une bouteille de bière à 4 dollars. Le statut social révélé par le vin se reflète également dans la majorité des quotidiens et hebdomadaires qui offrent des chroniques sur les vins. Seul le *Journal de Montréal* offre une chronique hebdomadaire sur la bière, depuis 2006.

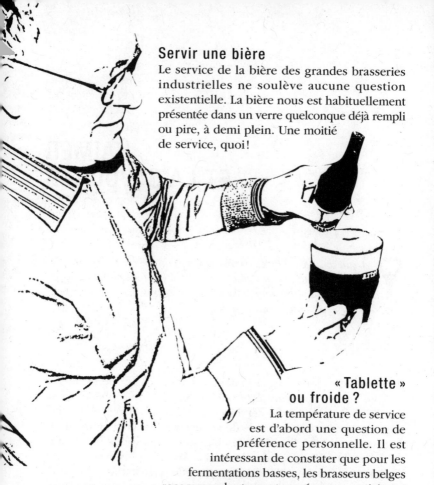

Servir une bière

Le service de la bière des grandes brasseries industrielles ne soulève aucune question existentielle. La bière nous est habituellement présentée dans un verre quelconque déjà rempli ou pire, à demi plein. Une moitié de service, quoi!

« Tablette » ou froide ?

La température de service est d'abord une question de préférence personnelle. Il est intéressant de constater que pour les fermentations basses, les brasseurs belges recommandent une température avoisinant 3 °C (lagers), alors que les brasseurs du Canada suggèrent entre 7 et 10 °C. Il n'existe pas une température idéale de service pour toutes les bières. Certaines doivent être servies froides, d'autres chambrées. Certaines gagnent à être servies très froides, notamment celles qui présentent des défauts, les bières périmées et les bières présentant peu de saveurs (les désinvoltes). À l'exception des blondes, les bières comportant moins de 7 % alc./vol. se servent généralement mieux froides. Entre 8 et 9 % alc./vol., elles possèdent deux personnalités, l'une qui se sert chambrée, en mangeant, et l'autre qui se sert froide, comme boisson. À plus de 10 % alc./vol., en règle générale, elles se servent mieux chambrées, car l'alcool peut mieux enrober ses flaveurs. Certaines bières peuvent aisément être servies à différentes températures et deviennent ainsi des produits différents. La bière «sucrée-amère» (une Boréale rousse, par exemple) servie froide sera plus amère que si elle est consommée chambrée. Cette dernière est également plus amère dans la bouteille que dans le fût! La St-Ambroise Pale Ale dégustée à différentes températures, à différentes étapes de sa vie, nous montre les nombreuses facettes de sa personnalité. La signature de sa levure est à son apogée dans les moments qui suivent son conditionnement. Plus elle vieillit, plus elle accuse son âge : plus le temps passe ou plus les conditions d'entreposage sont déficientes et plus elle est susceptible de devenir âcre.

Pour ma part, pour une cervoise à boire seule et titrant moins de 8 % alc./vol., je la préfère froide. En accompagnement de repas ou de fromages, j'opte pour «tablette» ou légèrement refroidie. À plus de 9 %, j'ai une prédilection pour la bière chambrée. L'alcool enrobe alors mieux ses flaveurs. Essayez la même bière à des températures différentes afin de déterminer vos préférences. Il s'agit d'une méthode importante d'apprentissage de dégustation.

Le verre

La bière doit être servie dans un verre étincelant de propreté afin que la mousse puisse s'épanouir. On conseille de réserver les verres à bière pour le service exclusif de la bière. N'utilisons donc pas de savon, ou alors rinçons très soigneusement. La pellicule résiduelle du détergent ordinaire efface la possibilité de formation de mousse, sans compter que la saveur de la bière en sera altérée.

La forme du verre sert d'abord à mettre en valeur ce qu'on y verse et, naturellement, à le boire… On peut classer les formes de verres dans les cinq familles suivantes : les gobelets, les tulipes, les flûtes, les coupes et les verres fantaisistes.

Les gobelets, ou verres ordinaires, sont les plus couramment utilisés. La stout y est habituellement servie. La flûte est l'apanage des fermentations basses blondes. Sa forme évasée favorise la libération rapide des arômes. Elle met aussi en valeur la brillance de ces bières. On retrouve également un style de flûte en forme de courge, dont l'extrémité se referme, spécialement développé pour le service des bières de blé (blanches et weizen). Les coupes sont particulièrement populaires en Belgique. On en trouve deux modèles de base : la tulipe et le calice. Les tulipes ont parfois, comme pour la Duvel, une écorchure au fond du verre. Cette griffe stimule et concentre la libération du gaz carbonique. Il se crée donc une véritable cheminée d'effervescence qui contribue à la formation et au maintien d'une mousse riche et épaisse. Les calices, nous nous en doutons, sont le propre des bières monastiques. Leur forme rappelle le vase sacré. Parmi les formes fantaisistes, les verres de cochers ont une base sphérique surmontée d'une tour longue de un pied (12 pouces). Ils doivent être maintenus par un support en bois. En réalité, ce type de verre n'a aucune existence ancienne liée aux cochers. Il ne répond qu'à une démarche publicitaire récente.

Il n'existe pas de verres de dégustation certifiés comme on en retrouve dans le monde du vin. Les grandes compétitions utilisent toutefois toujours le même verre afin que les résultats ne soient pas influencés par la forme.

Le service

Lors de l'ouverture de la bouteille, tout jaillissement de liquide qui sort spontanément de la bouteille (le *gushing*) est un indice de sursaturation ou plus vraisemblablement d'une fermentation bactérienne après la mise en bouteille.

Une bière bien servie doit offrir un col de mousse d'environ 3 à 4 cm. Il coiffe son corps d'une couronne unique et offre des saveurs particulières. Goûtez-y en y trempant votre doigt. Vous serez alors en mesure de bien juger du goût spécifique du houblon. La façon de verser est aussi déterminante. On incline légèrement le verre et on verse le liquide le long de la paroi en s'assurant de faire le moins de mousse possible. Une fois la bouteille à moitié vide, il faut redresser lentement le verre, éloigner la bouteille graduellement en portant attention à la formation du collet. Ajustez la distance entre le verre et la bouteille afin d'assurer la formation d'une mousse qui caresse la lèvre du verre une fois que la bière est transvidée. Un peu de pratique est nécessaire avant de vous exécuter devant vos invités.

Les bières refermentées en bouteille contiennent des levures déposées au fond de la bouteille. Il s'agit d'une importante source de vitamine B. Elles sont souvent étiquetées «sur lie» ou «sur levure», cette dernière appellation étant beaucoup plus juste. Il faut alors déterminer si la levure doit être remuée dans la bouteille pour qu'elle soit dissoute (ce qui rendra la bière trouble et légèrement plus âcre), ou encore s'il est préférable de verser la bière en prenant soin de maintenir la levure dans la bouteille.

Le protocole belge

Les Belges ont développé le grand art du service de la bière en établissant les gestes les plus importants à poser pour un service impeccable. Ce protocole a servi d'inspiration à Anheuser-Bush InBev (Labatt, au Canada) pour le service de plusieurs marques belges servies en fût. Le verre doit avant tout être rincé et égoutté avant son remplissage. L'eau résiduelle favorisera la libération du gaz carbonique lors de son remplissage. Puis, le verre est rempli jusqu'à ce que la mousse déborde légèrement. L'étape suivante consiste, à l'aide d'un couteau spécial, à couper le dessus du col de mousse afin d'éliminer celle qui comporte des bulles inégales.

Le collet prend ainsi une forme esthétique parfaite. Le verre est ensuite trempé dans un récipient d'eau jusqu'à son rebord pour éliminer la bière sur la paroi extérieure. Enfin, le verre est disposé sur le plateau de service après avoir été mis en beauté. Le serveur apporte le verre à la table du client et le dépose sur un sous-bock à l'image de la marque de bière servie, le logo face au client. Si le serveur sert une bouteille, il doit verser la bière dans le verre en prenant bien soin, le cas échéant, de laisser la levure dans la bouteille. Il dépose le verre sur le sous-bock. Il place finalement la bouteille à côté du verre, l'étiquette face au client, puis il conclut la séance avec une formule de politesse : « s'il vous plaît », qui signifie en fait « pour votre plaisir ».

L'analyse visuelle

La principale fonction de l'analyse visuelle est de nous disposer au plaisir. Cette « évaluation » est d'abord émotive et, dans une large mesure, irrationnelle. Il est beaucoup plus juste alors de parler d'appréciation. Plusieurs brasseurs investissent des sommes considérables pour peaufiner l'apparence de leurs bières, surtout sur le plan des associations qu'ils veulent créer. Les apparences sont assujetties à des vétilles cruciales : la propreté du verre, la présence d'agents graisseux, de levure… autant de variables qui peuvent modifier la tenue de la mousse.

Nos yeux scrutent bien sûr l'apparence de la bière. Ils peuvent déceler les indices de qualité. Les yeux, ce sont des outils pour la lecture et l'observation qui nous permettent d'apprendre en lisant et en regardant lors de visites de brasseries. Mais les yeux, ce sont aussi les victimes des pièges tendus par la subjectivité des apparences…

La couleur d'une bière ne signifie pas grand-chose dans la détermination de la qualité. À l'aveugle, il est très difficile de classer les bières par couleurs. Les plus faciles à reconnaître sont les noires, qui possèdent des saveurs rôties, et les blanches, qui offrent des flaveurs d'agrumes. Pour bien déterminer la couleur, la situation idéale est de tenir le verre devant une surface blanche et sous un éclairage suffisamment lumineux. La couleur de la mousse peut revêtir plusieurs nuances : blanchâtre, brunâtre, rosée… En général, la mousse reste blanche ou légèrement colorée si sa composition est naturelle. Une mousse brune est en principe due à l'utilisation de colorants (caramel) à la place de malts colorés. Les autres couleurs possibles proviennent soit d'un sirop de fruits souvent rouge (cerise, framboise, cassis, bleuet, etc.) ou tout simplement d'un colorant (pensons au vert de la Saint-Patrick).

Les caractéristiques de l'apparence d'une bière dépendent, dans une certaine mesure, de la qualité des ingrédients qui la composent.

Lors de l'observation d'une bière, quatre éléments doivent être considérés: les bulles, le collet, la clarté et la couleur.

La force de l'effervescence dépend du type de bière. Certaines referment plus de gaz carbonique que d'autres. Il importe de tenir compte du style de bière lorsque vient le temps de juger le pétillement: une bière blonde est caractérisée par un faible pétillement, qui peut même être presque absent. Une blonde du diable étourdit par sa générosité. Indépendamment du style, il est possible d'évaluer la qualité des bulles selon la règle suivante: elles doivent être minuscules et se libérer à un rythme régulier. De grosses bulles qui s'accrochent ici et là aux parois du verre sont des défauts et dénotent une bière trop mince, comptant trop de succédanés du malt d'orge ou encore ayant été contaminée par une bactérie dans la bouteille. L'effervescence idéale se traduit par le dégagement de filets de fines bulles qui se développent à partir du fond du verre. À cet égard, les meilleurs résultats sont obtenus par les bières refermentées en bouteille.

Pour reconnaître une mousse de qualité supérieure, quatre caractéristiques sont à considérer: la coloration, la texture, la stabilité et l'adhérence à la paroi du verre. La mousse doit être compacte, riche et dense. La mousse idéale ressemble à de la crème, peu importe son épaisseur, et est proportionnelle au pétillement. Plus une bière pétille, plus la mousse doit être épaisse. Un collet de cinq centimètres (deux pouces) peut être mince et relâché. Dans ce cas, il est fugace et disparaît dès que le pétillement diminue, signe d'une piètre qualité. Un collet de quelques centimètres peut être compact et crémeux. Même les bières blondes peuvent offrir une fine mousse alléchante sur le dessus du verre. Lorsqu'on examine les facteurs qui favorisent la formation d'une mousse crémeuse, on constate effectivement que sa présence témoigne de la volonté d'un brasseur soucieux de qualité. La façon de verser la bière dans un verre peut fortement affecter son apparence.

Plus une bière est coiffée d'une mousse épaisse et persistante, plus ses arômes sont emprisonnés sous cette frontière. Il sera alors plus facile de reconnaître les arômes en bouche. La tenue de la mousse dépend grandement de la présence du houblon. Ses saveurs sont ainsi très amères. Il suffit de la goûter en y trempant son doigt pour le constater.

La mousse doit généralement coller à la paroi du verre en plus d'être épaisse et riche. La qualité s'observe facilement par le cerne qui s'agglutine. Une mousse de bonne qualité colle avec insistance sur le verre et permet même de compter le nombre de gorgées prises. On doit tenir compte du pétillement et du type de gaz contenu dans la bière. Les bières qui contiennent de l'azote, comme la Guinness Pub Draught, offrent une mousse qui persiste jusqu'à la dernière gorgée.

Le scintillement d'une bière est souvent secondaire. Plusieurs bières de qualité supérieure renferment une proportion élevée de protéines qui, une fois refroidies, se brouillent et donnent à la bière une apparence opalescente. Toutes les bières refermentées en bouteille possèdent un lit de levure qui, s'il est remué, assombrit la bière et lui communique un goût prononcé de levure.

Comment goûter ?

Goûter consiste tout simplement à interpréter le message que nos sens perçoivent <u>facilement</u>. Je souligne *facilement* et j'insiste. Le fait de goûter repose sur l'utilisation de nos papilles et de nos cils olfactifs. Il ne s'agit pas d'un mystère que l'on tente de découvrir dans le liquide. Le vocabulaire qui y est associé peut émerveiller le novice, mais ce dernier ne doit jamais se laisser impressionner ou intimider par les mots étranges qu'il entend. Chacun perçoit les saveurs selon sa propre sensibilité. Comme nous sommes plus ou moins sensibles à des saveurs particulières, il faut d'abord faire confiance à nos papilles. Nul ne peut ou ne pourra jamais ni humer ni goûter quoi que ce soit à notre place. Notre perception émane de notre histoire personnelle et non des caractéristiques intrinsèques de la bière. La perception sensorielle n'est pas passive, mais plutôt active et sélective! Un observateur enregistre seulement les éléments qu'il peut facilement reconnaître ou associer à des choses qui ont un sens pour lui.

Nous pouvons même affirmer que ce sont nos souvenirs qui donnent à la bière ses saveurs!

Muni de quelques points de référence sur le mode de fonctionnement du goût, il vous est possible de vous lancer dans la grande aventure de la découverte des cervoises! Dans le développement de nos aptitudes de goûteur, la double fonction de chacun de nos sens doit être utilisée. Le nez est le sens le plus poussé. Il est en mesure de capter toutes les nuances du bouquet. Le nez, c'est aussi le flair : tout dégustateur de bière doit être capable de sentir les nuances rhétoriques de certains textes ou de certaines affirmations des vendeurs de bière... La bouche représente la porte du riche monde intérieur de l'interprétation des saveurs. Elle sert aussi à parler, à poser des questions, à émettre des réflexions. Elle implique l'utilisation de son complément, les oreilles, pour écouter. Écouter, porter attention à ce que nos partenaires de dégustation racontent. Car contrairement à ce que suggère l'adage populaire, les goûts sont à discuter! En témoignant de ses perceptions avec autrui, chacun contribue à mieux éclairer la véritable personnalité des bières. Ce dialogue favorise la connaissance de soi et augmente notre tolérance à l'égard d'autrui. Le corollaire de cet enseignement est la disposition à la modestie et à l'ouverture d'esprit. Aucun expert ne possède la vérité gustative. Déguster en groupe offre donc une importante source d'apprentissage. Chacun dispose ainsi de plusieurs outils de perception sensorielle. Les mémoires olfactives des participants sont alors au service de toutes et de tous. Cela permet à chacun de profiter des commentaires des autres, de partager les siens pour enrichir son univers olfactif et gustatif, et d'étoffer sa connaissance de la bière afin que chaque dégustation devienne plus riche et plus intéressante. L'aventure collective de la dégustation est une des plus importantes sources d'apprentissage.

Nos sens gustatifs

Le goût est constitué d'une combinaison de perceptions parmi lesquelles la gustation proprement dite joue un rôle mineur; en fait, elle est inférieure à 10 % ! Au royaume du goût, l'odorat est roi.

La bouche

Contrairement à ce que nous pensons, la bouche ne détecte pas les saveurs! Pour le constater, il suffit de se boucher le nez pendant que le liquide caresse notre langue. Notre bouche perçoit des sensations selon un principe élémentaire : elle éprouve des sensations de nature tactiles. Notre langue est munie de papilles spécialisées, regroupées à des endroits précis. Lorsque le précieux liquide est dans ma bouche, je ne tente pas de percevoir la nature des saveurs présentes. J'observe plutôt les endroits où je perçois des sensations : sur le devant de la langue, sur les côtés ou sur l'arrière? Je prête également attention à l'épaisseur du liquide : est-il visqueux comme de l'huile ou mince comme de l'eau? Comme il s'agit de repères tactiles, ceux-ci sont *objectivables*, c'est-à-dire qu'en règle générale, la majorité des personnes perçoivent les mêmes stimuli en dégustant le même produit. Il ne s'agit pas de caractéristiques d'interprétation ou qui nécessitent de faire appel à la mémoire, comme c'est le cas pour l'odorat.

Les principaux repères tactiles en ce qui concerne la bière se situent aux endroits suivants

- Le devant de la langue, généralement sensible au sucré.
- Les côtés de la langue, sur le devant, généralement sensibles au salé.
- Les côtés de la langue, généralement sensibles à l'aigre.
- L'arrière de la langue, généralement sensible à l'amer.
- Les parois de la bouche, sensibles à la texture (l'épaisseur). Une texture aqueuse qualifie les bières minces en bouche tandis qu'une texture crémeuse désigne un liquide velouté.
- Les gencives, souvent sensibles à la chaleur particulière de l'alcool (habituellement pour les bières dont le pourcentage d'alcool par volume dépasse 10 %).

Notre langue est en mesure de percevoir d'autres sensations, comme l'astringence et le piquant. Ce sont des perceptions plutôt rares dans l'univers de la bière, mais il faut toutefois en tenir compte lors de la planification d'accords.

Prenons une petite gorgée et avalons d'un trait afin d'observer immédiatement l'empreinte des goûts primitifs sur notre langue ainsi que l'arrière-goût. Les perceptions en bouche commencent dès que le précieux liquide touche les lèvres. C'est à ce moment qu'on perçoit le mieux les goûts sucrés. Pendant que le liquide est en bouche, prêtons attention à son épaisseur (mince ou pleine bouche), à son pétillement, à ses saveurs de base, à sa complexité et à son goût d'alcool.

Humer une bière

Alors que nos papilles gustatives détectent les différentes saveurs par la sensation du toucher, notre nez fonctionne par interprétation. La perception du goût est un geste passif, tandis que la perception des odeurs est un geste inquisitoire. Les effluves excitent nos cils olfactifs, mais ne procurent aucune sensation palpable. Nous les analysons instinctivement par l'attrait qu'elles exercent sur nous : agréables ou désagréables. Rares sont les odeurs neutres. C'est par la suite que nous les nommons. Il faut déjà avoir senti

Un petit exercice

Avec seulement trois bières vendues dans la majorité des épiceries, il est possible de faire un exercice permettant une familiarisation avec les goûts primitifs de la bière. Dégustons dans l'ordre une Blanche de Chambly, une St-Ambroise Pale Ale et une Guinness Pub Draught. Il s'agit de prendre une gorgée en se pinçant aussitôt le nez avec le pouce et l'index. Ensuite, on s'attarde à remarquer les endroits où les sensations sont perçues sur la langue. L'épaisseur du liquide mérite aussi une attention particulière. Pour passer à l'échantillon suivant, il est essentiel de se rincer la bouche avec de l'eau ou du pain blanc. En comparant précisément l'épaisseur de la Blanche avec celle de la Guinness, on constate que la bière pâle est beaucoup plus veloutée que la bière foncée !

NOTES SUCRÉES
Beurre de caramel
Caramel
Sucre
Sucre bonbon (candi)
Sucre d'orge
Malt
Miel
Moût

NOTES ÉPICÉES
Anis
Cannelle
Clou de girofle
Coriandre (évoque aussi le citron)
Gingembre
Muscade
Réglisse
Romarin

NOTES DE TORRÉFACTION
Biscuit
Café
Chocolat
Fumé
Noix/noisettes
Rôti
Toast (pain grillé)

NOTES DE CÉRÉALES/LÉGUMES
Céréale
Chou
Maïs

NOTES FRUITÉES
Acétique (vinaigre)
Agrumes (général)
Banane
Citron
Dattes
Fruits (esters)
Fruits confits
Fruits (primaire: concentrés, etc.)
Orange
Pamplemousse
Pomme (douces)
Pomme (cidre)
Prunes

NOTES DE FERMENTATION
Alcool
Champignon
Levure
Métal
Moisissures (liées au liège)
Pain

NOTES BOISÉES
Chêne
Chêne humide
Liège
Vanille

NOTES FLORALES
Eau de rose
Houblon

L'étalement des saveurs : goût, arrière-goût et finale

La perception du goût se déploie en trois étapes: lors de la présence du liquide en bouche (le goût, les saveurs), immédiatement après avoir avalé (l'arrière-goût, la rétro-olfaction), et finalement lorsque le liquide a complètement disparu, alors qu'il nous reste une sensation gustative précise (le postgoût ou la finale). On fait souvent allusion de façon négative à «ce petit goût qui reste». L'ensemble de ces étapes se nomme «étalement».

La dynamique de la dégustation

Le mécanisme de la dégustation n'est pas linéaire. Il s'agit d'un processus subtil comportant la coexistence de plusieurs sensations simultanées. Le nez précède la bouche, mais la bouche aide le nez. Personnellement, je ne possède pas une technique standard pour toutes les bières que je déguste. Je construis mes analyses sur les arômes que je suis en mesure de cerner facilement. Lorsque je ne suis pas en mesure de nommer les arômes, je fais spontanément appel à mes papilles afin de reconnaître le goût dominant. J'utilise ensuite cette balise pour tenter de percevoir les saveurs et les odeurs.

Notre discernement des saveurs et des odeurs se produit pendant une courte période. Nos percepteurs ne sont pas continuellement branchés sur les saveurs. Après quelques secondes, ils se saturent, c'est-à-dire qu'ils cessent de décrypter le message. Pensons à nos visites dans un supermarché. La plupart du temps, nous sommes accueillis par des odeurs invitantes de pain doré au four. Quelques minutes plus tard, dans le rayon des fruits et légumes, l'odeur a disparu. Nous humons maintenant le parfum complexe des étals. Pourtant, les molécules odoriférantes du pain en train de cuire sont toujours présentes dans l'air.

Le phénomène de la saturation des papilles est une source importante d'insécurité. Il s'agit pourtant d'un outil puissant lorsque nous le connaissons. Il nous permet de reconnaître les étages de saveurs. Il suffit de savoir comment effacer les saveurs et les odeurs en temps opportun. Il est possible de supprimer le message de sa mémoire afin de réenregistrer la perception sensorielle comme si c'était la première fois que nous la lisions. Pour la bouche, une bouchée d'une baguette de pain blanc suivie d'une gorgée d'eau distillée est l'idéal. Pour le nez, il suffit de sentir des grains de café noir ou encore de renifler nos vêtements à la hauteur du coude.

La sensibilité d'un professionnel du goût peut varier jusqu'à 40 % d'un test à l'autre! Cet état de fait nous incite à la modestie dans nos jugements.

Le meilleur moment pour goûter est trois heures après le réveil. Le pire moment pour amorcer une dégustation «objective» de la bière est immédiatement après un repas. Il ne faut toutefois pas oublier que certaines bières ne sont au meilleur de leur forme qu'avec certains mets. À compter du moment où nous le dégustons, même dans les meilleures conditions, l'alcool consommé exerce une influence sur nos perceptions. En petite quantité, l'alcool délie la langue et estompe les contraintes quotidiennes. La consommation de quantités plus importantes diminue le goût et peut même provoquer un rejet. Il est à noter que certaines bières particulièrement racées ne peuvent être savourées à leur juste valeur qu'à un certain niveau d'ivresse... Si plus de 750 ml sont avalés dans le cadre d'une séance, la fidélité des perceptions diminue sensiblement.

Les influences perceptuelles

L'objectivité parfaite n'existe pas dans le monde de la dégustation. Un grand nombre de variables interviennent dans nos perceptions sensorielles. Nos sensibilités et nos prédispositions forment un cadre de référence dans lequel nous donnons un sens à ce que nous goûtons. Les conditions dans lesquelles se déroule une dégustation exercent également une influence sur notre capacité à discerner la nature des saveurs, arômes et flaveurs.

Nous ne consommons pas seulement des aliments, mais aussi des symboles culturels importants. Avant même que nous ayons bu la première gorgée d'une bière inconnue, la forme de sa bouteille, les sentiments évoqués par son étiquette et l'atmosphère ambiante nous prédisposent favorablement ou non. Que dire maintenant de la symphonie irrésistible du décapsulage d'une bouteille, des notes jouées par le flot du nectar qui remplit notre verre et du spectacle que nous offre un verre coiffé d'une mousse onctueuse...

Nos connaissances

Plus on en connaît sur un style, sur la composition de la bière, sur sa fabrication, sur une marque particulière, etc., plus nous sommes en mesure d'en observer les nuances gustatives. Ces connaissances tissent une grande toile d'observation qui forme un cadre de référence facilitant l'analyse. Les particularités émergent alors de plus en plus aisément. C'est notre expertise personnelle.

L'image préconçue

L'image préconçue est causée par une information liée à la bière, au brasseur, à sa provenance, à l'image qu'elle projette, etc. Les brasseries développent une réputation par laquelle chaque nouveau produit lancé est attendu et jugé en fonction d'une «grille d'attentes». Ainsi, si nos attentes sont élevées en raison de la réputation d'une brasserie qui nous offre habituellement des bières haut de gamme, le lancement d'un produit ordinaire risque d'être perçu comme «mauvais». À l'inverse, le lancement d'une bière moyennement goûteuse par un géant industriel peut soulever les applaudissements des amateurs de bonnes bières suivis de superlatifs...

L'influence de l'image préconçue peut se faire sentir même chez les professionnels. Lors d'un concours au Mondial de la bière, la blanche de la chaîne Les 3 Brasseurs a été déclarée la meilleure blanche de la compétition. Elle était naturellement jugée à l'aveugle. La chaîne Les 3 Brasseurs est pourtant considérée par les amateurs comme le McDonald's du monde brassicole. Les amateurs avertis évitent de fréquenter cette «école d'apprentis», car ils considèrent souvent que les bières y sont de qualité inférieure. À la suite de ces résultats, la plupart des juges tentaient d'expliquer pourquoi ils avaient fait cette erreur! Cet exemple illustre que l'erreur ne provenait pas de leur mauvaise évaluation du produit, mais bien de l'influence psychologique de leurs opinions personnelles.

Lorsque nous dégustons plusieurs produits, les sensations en bouche ne s'effacent pas totalement, même si nous ne percevons plus les saveurs! Plusieurs molécules sapides restent présentes et interagissent avec les saveurs des nouveaux produits, de telle sorte que nous ne percevons pas fidèlement une nature pure. L'ordre dans lequel les produits sont consommés, ce que nous mangeons en accompagnement et l'effet de l'alcool après quelques consommations influencent notre sensibilité. Dans cette optique, plus la bière propose une générosité de saveurs, plus il est difficile d'en déterminer la qualité.

La température ambiante établit déjà notre réceptivité. Les zones de confort varient d'un individu à l'autre. Certains préfèrent un environnement relativement chaud, tandis que d'autres sont plus à l'aise dans une ambiance plus froide. Plus une personne se sent bien, plus elle est en mesure de se concentrer sur les caractéristiques de la bière qu'elle analyse. Quant aux molécules, à basse pression, elles s'évaporent plus vite du liquide. Il est donc plus facile de reconnaître les odeurs. De la même façon, plus il fait chaud, plus les molécules s'évaporent.

De plus, des odeurs diverses diffusées à proximité du lieu de la dégustation peuvent interférer avec les arômes des bières savourées: fumée, cuisson d'aliments, propreté des mains, parfum corporel, etc. Je me souviens très bien d'une journée où nous étions en train de jongler avec des saveurs lorsque soudain, une jeune femme très parfumée est entrée dans la pièce. Les minutes qui ont suivi ont été dominées par cette odeur exogène. Et c'est sans négliger l'effet psychologique que cette personne elle-même a exercé sur nous...

À bas les tabous

L'une des images préconçues les plus fréquentes dans le monde de la bière veut que les bières foncées soient plus fortes ou plus épaisses que les bières blondes. Or, la couleur n'a absolument rien à voir avec la force. Il existe des bières noires d'une minceur désarmante. La Guinness Pub Draught offre une mousse digne de la crème Chantilly et donne ainsi l'impression d'être épaisse, et même d'avoir un goût de mélasse. En bouche, elle est pourtant d'une grande fluidité. Comparez-la avec une blanche, l'une des bières les plus pâles. Vous constaterez alors que la noire est d'une grande finesse sous ses saveurs de torréfaction, tandis que la blanche étend plutôt un voile onctueux sur nos papilles.

Un autre préjugé veut que les bières des grandes brasseries industrielles aient toutes le même goût. En vérité, plusieurs bières provenant de grandes brasseries regorgent de saveurs. Il se vend plus de 7 000 pintes de Guinness Pub Draught chaque minute sur terre! Plusieurs microbrasseries offrent des bières désinvoltes. Il existe des variations incroyables de saveurs, même parmi les bières désinvoltes, notamment au chapitre de l'équilibre entre la douceur, l'amertume et l'aigreur. Un beau jour, dans un bistro champêtre de la région des Mille-Îles n'offrant que des bières de brasseries industrielles, je profitai de l'absence momentanée de ma douce pour demander deux bières différentes : Rickard's Red et Labatt 50, toutes deux offertes en fût. Je plaçai les deux verres au centre de la table et lui offris ensuite de choisir le sien. Sa main se tendit, comme je le prévoyais, vers la désinvolte rousse de la Brasserie Molson. Comme à l'habitude, elle prit une première gorgée dans mon verre, question de savoir. Son visage s'illumina de bonheur : «Mais, c'est bon! Est-ce une bière allemande? Est-ce que nous pouvons échanger nos verres?» Elle fut naturellement estomaquée lorsqu'elle découvrit la marque de cette bière.

Des bières considérées excellentes dans un pays peuvent être perçues comme moches dans un autre. Ne demandez pas à un Allemand moyen d'aimer une bière belge. Les bières du pays voisin sont impures et ont mauvais goût! Le même principe s'applique au Canada auprès des bières américaines. Lors de ma première conférence sur la dégustation des bières en territoire français, j'ai commencé ma présentation en posant cette grave question aux participants : que pensez-vous des bières allemandes? Les quolibets des participants ne laissaient aucun doute sur leur opinion négative. Cette attitude constitue une limite au développement de son plein potentiel de goûteur. Le même phénomène s'observe parmi les amateurs qui dénigrent d'entrée de jeu les produits des grandes brasseries industrielles.

Un grand nombre d'informations plus ou moins précises nous sont livrées par la publicité. Cette dernière sert non seulement à nous faire acheter le produit, mais surtout à créer une disposition favorable nous permettant d'adopter une attitude positive à son égard. Ainsi, lorsque nous le dégustons, nous avons tendance à y voir seulement les qualités.

En 2008, des chercheurs californiens ont mené une expérience visant à déterminer l'influence du prix d'un vin sur le plaisir ressenti. Ils ont été en mesure de démontrer que le plaisir ressenti par le cerveau lors de la dégustation augmentait par le seul fait qu'ils croyaient boire un vin onéreux. Lorsqu'un consommateur est convaincu que le prix d'un vin est élevé, ce dernier est également ressenti comme meilleur par le cerveau. Ce facteur subjectif exerce donc un effet réel sur le plaisir. Quoique cette étude ait choisi la boisson de Bacchus pour leurs observations, nous pouvons constater ce même phénomène dans le monde de la bière et dans une foule de produits de consommation.

L'image rattachée à un produit ou à un brasseur est déterminante. Il se crée des légendes, des brasseurs fétiches auxquels on pardonne facilement les petits écarts. Certains vendeurs sont en mesure de faire passer des bières complètement ratées pour de grands crus.

Plusieurs phénomènes peuvent créer une distorsion sensorielle. Voici les plus importants.

L'erreur de stimulus ou d'association

Le goûteur établit une association entre la présentation de la bière (son apparence, sa couleur, son collet, etc.) et son goût. Un collet onctueux peut donner une fausse impression d'onctuosité de la bière, comme c'est le cas de la Guinness Pub Draught.

L'effet de halo

C'est une sorte d'effet parapluie. Nous avons tendance à prendre une caractéristique positive et à l'appliquer aux autres caractéristiques de la bière. Si nous aimons spontanément l'amertume d'une bière, nous aurons tendance à aimer ses autres particularités gustatives.

L'adaptation

Le sens du goût se fatigue et s'adapte. Si, par exemple, une solution sucrée est maintenue dans la bouche durant plus de deux minutes, son seuil d'identification s'élève. Les premières gorgées dénotent plus facilement les saveurs que les dernières gorgées.

L'adaptation croisée

Il s'agit de la diminution du stimulus d'une flaveur due à la consommation d'un aliment étranger. Par exemple, si nous venons de manger quelque chose de sucré, il nous sera plus difficile de percevoir le sucré d'une bière.

La potentialité

Il s'agit du corollaire de l'adaptation. Si nous venons de manger un aliment doux, les saveurs amères seront plus prononcées.

L'accoutumance

Il s'agit d'une diminution du stimulus d'une flaveur donnée. Si nous dégustons plusieurs bières amères, nous serons plus facilement en mesure de goûter les différences d'amertume entre elles. Si nous goûtons ensuite des bières plus douces, nous serons incapables de distinguer l'amertume de chacune de ces bières.

Les masques
La présence d'une substance fait décroître celle d'une autre. Le sucre et le houblon masquent l'acide, le houblon masque l'oxydation, tandis que la coriandre masque plusieurs contaminations bactériennes faibles.

La tendance centrale
L'échantillon mitoyen se cotera mieux que les extrêmes dans un style donné.

L'effet de succession
Si l'on sert toujours les bières plus riches en flaveurs en dernier, les goûteurs auront tendance à moduler leur lecture des saveurs de la bière en fonction d'une croissance des flaveurs d'un échantillon à l'autre.

L'effet horaire
Dans les tests de courte durée, les premiers échantillons sont habituellement perçus comme les meilleurs, tandis que dans les tests de longue durée, ce sont les derniers échantillons goûtés donnent l'impression d'être les meilleurs.

Le contexte
Le contexte d'une dégustation est important. Plus un goûteur est à l'aise, meilleures sont ses dispositions. Dans cette optique, une ambiance impressionnante exercera inévitablement une influence : positive si on se laisse impressionner, ou négative, si on s'y oppose.

La forme du verre
Certains verres favorisent la libération des arômes, d'autres les emprisonnent. Lors des dégustations officielles, il importe de servir tous les échantillons dans le même type de verre. Le verre idéal se replie légèrement sur lui-même afin de concentrer les parfums et arômes. Le verre de type INAO utilisé par les dégustateurs de vin convient à la dégustation des bières.

En résumé, lire une bière, c'est comme déguster un roman! Il faut la fréquenter longtemps pour bien la connaître.

Juger de la qualité d'une bière

Quelle est la meilleure bière au monde? Voilà une question qui préoccupe bien des amateurs. Il est pourtant bien connu que la meilleure bière au monde est celle qui est gratuite. Au-delà de cette certitude, comment déterminer quelle est la deuxième meilleure bière au monde, et la troisième…? Il existe autant de façons d'évaluer une bière qu'il existe d'experts ou d'organisateurs des compétitions. Aucune n'est parfaite, aucune ne donne une réponse finale à cette question.

Qu'est-ce qui fait qu'une bière est une bière de très haute qualité? La qualité des ingrédients, la quantité utilisée? C'est comme pour la chanson. Le meilleur texte du monde ne fera pas nécessairement la meilleure chanson, mais une mélodie plus ou moins mièvre peut donner une grande chanson. Il en est ainsi de la bière. La réunion des meilleurs ingrédients du monde peut donner des résultats désastreux dans les mains d'un mauvais brasseur. Un grand maître-brasseur sera toutefois en mesure de diriger sa production avec une belle subtilité en employant des ingrédients très simples. Un grand maître-brasseur peut également faire passer pour géniale une bière quelconque!

Au départ, si vous n'aimez pas une marque donnée, il s'agit à votre avis d'une ou de la pire bière du monde. L'opinion d'un expert ne vaut rien devant le scepticisme de l'amateur inconditionnel de Molson Dry. Pour qu'une bière soit considérée «meilleure que les autres», il faut quand même des clients pour l'acheter. Autrement, à quoi bon produire la meilleure bière au monde? Je me souviens d'une pétition qui demandait à la Brasserie Rodenbach de maintenir la production de l'excellente bière Alexander. Un grand cru du monde brassicole au goût aigrelet, bien enrobé de cerises, onctueux… La confrérie des auteurs m'avait demandé de signer le document. Lors de ma conversation avec mon collègue, dont je tais le nom par amitié, je lui ai demandé quand était la dernière fois où il avait acheté ce produit. Il m'a expliqué qu'à cause de son rôle il obtenait souvent des bières gratuites, qu'il y en avait tant à découvrir. Enfin, il a patiné de long en large pour avouer qu'il avait peut-être payé une dizaine de fois pour cette marque dans sa vie. Ce n'est pas ça qui va faire vivre une brasserie, mes amis! Il faut être bien conscient que nous vivons dans une société de libre choix où les lois de l'offre et de la demande constituent une base importante de fonctionnement. Une société dans laquelle il faut vendre et donc convaincre d'acheter. Je vous assure toutefois que la marque la plus vendue au monde (Budweiser) ne constitue pas la meilleure bière!

On ne peut pas juger une bière de soif, dont la principale fonction est de désaltérer, de la même façon qu'on juge une bière de trappiste, issue de la transformation sublime du pain liquide.

Si nous appliquons exclusivement des critères relatifs au pouvoir désaltérant pour porter un jugement sur la Trois-Pistoles, celle-ci recevra une note plutôt médiocre. On ne peut pas classer les bières dans une seule catégorie et établir une hiérarchie finale. On ne peut pas juger une désinvolte dont la seule prétention est de désaltérer de la même façon que l'on juge une triple ! Chaque style a ses particularités propres, et nous devons en tenir compte dans l'établissement d'un jugement. Plusieurs excellentes bières ne correspondent pas à un style spécifique. Je découvre régulièrement des bières merveilleuses qui ne peuvent pas être classées dans une catégorie précise. En fait, une catégorie ne sert que de balise pour aider à comparer les styles et à juger l'écart qui existe entre un produit donné et la définition du style en question.

Une différence importante distingue l'évaluation à l'aveugle et l'évaluation à la vue. Les apparences de la bière, surtout sa couleur, déterminent un cadre de référence par lequel tout observateur analysera le produit, qu'il le veuille ou non.

Fondamentalement, le principe du coup de foudre est l'approche la plus fiable de jugement de la qualité de la bière. Il en va de la bière comme il en va de l'amour. On tombe d'abord amoureux, on trouve les raisons ensuite. C'est impulsif, trivial, ancré dans nos gènes. On prend une gorgée, on tire la conclusion et on finit un jour par trouver les raisons de cette étrange sensation de vertige. Ce raisonnement nous fera grandir. Le plaisir n'est pas l'aboutissement d'une séquence logique d'observations calibrées qui nous conduisent à conclure par l'émotion. C'est plutôt cette dernière qui guide nos pas. Le raisonnement est en ce sens un inhibiteur de la passion. La technique par laquelle vous avez choisi l'amour de votre vie s'applique également aux bières ! Je me souviens de ce coup de foudre comme si c'était hier. Attablé dans un bistro de Sint-Niklaas en Belgique, je jouissais du bonheur paisible de celui qui n'attendait rien. Après quelques demis de Stella et de Alken Maes, mon oncle Willie me présenta cette blonde pétillante de vie. La Duvel me conquit au premier baiser. Une intense onde de choc fit frétiller les veines partout dans mon corps. Je ne pouvais absolument pas expliquer les raisons de cette passion soudaine qui s'emparait de moi. Ce n'est que plus tard que je fus en mesure de le faire et de comprendre.

Les dégustations évaluatives

Les dégustations évaluatives visent à juger de la qualité de la bière. Une attention particulière doit être accordée aux conditions du déroulement de la dégustation. Il faut minimiser les influences externes pouvant influencer la perception sensorielle (le local, la température, le confort, l'éclairage, le choix des verres, etc.). La dégustation évaluative nécessite une grille pondérée comprenant des critères observables. La grille la plus simple est tout simplement d'accorder une note en fonction du plaisir que la bière procure, dans toute la subjectivité que cela comporte.

Il n'existe pas de consensus international en la matière. Il existe autant de grilles que d'experts! Lors d'une compétition, l'essentiel est que toutes les bières soient jugées avec la même grille. La grille que je vous propose (voir p. 78-79) a été établie à la suite de mes nombreuses années d'expérience, en collaboration avec plusieurs autres experts. Elle comporte les éléments les plus souvent présents dans la majorité des bières présentes sur le marché.

Méthode

La méthode la plus facile à employer lors d'une dégustation est la méthode comparative. Il s'agit de comparer deux ou trois échantillons simultanément. Il est très difficile d'évaluer une seule bière de façon absolue. En comparant des bières entre elles, les différences et, par voie de conséquence, les particularités de chacune sont beaucoup plus faciles à reconnaître. Dans les dégustations professionnelles, l'évaluation d'un produit particulier est faite en le comparant à un ou deux échantillons témoins. Par exemple, disons que la brasserie X veut brasser une bière qui ressemble à une marque d'un concurrent. Elle compare alors les deux échantillons à l'aveugle. Dans la méthode à trois verres, on verse l'une des deux bières dans deux verres différents. Il faut alors cerner la bière «étrangère» et expliquer sa différence.

La situation idéale est de juger à l'aveugle, c'est-à-dire dans des verres noirs – et non pas les yeux bandés. Bander les yeux crée une insécurité importante qui dépasse les perceptions sensorielles du goût. Nous jugeons alors dans l'obscurité. Cette insécurité apporte une limite considérable à notre capacité de porter un jugement objectif. L'emploi de verres noirs ne fait que dissimuler la couleur de la bière. L'insécurité ressentie est moins importante.

Dégustation verticale et dégustation horizontale

La dégustation verticale analyse plusieurs échantillons de la même bière, mais dont l'âge diffère. Ce type de test permet de déterminer les effets de l'entreposage sur les saveurs de la bière. Dans la dégustation horizontale, il s'agit d'analyser plusieurs échantillons de la même bière, d'âge semblable, mais ayant connu des conditions différentes d'entreposage ou de service. Par exemple, une bière vendue dans plusieurs pays, servie dans différents verres, à diverses températures de service, une marque achetée à différents endroits, etc.

Avaler ou cracher ?

Les experts du monde du vin crachent souvent les échantillons afin de les analyser. Il s'agit d'une technique essentielle lorsque l'on doit goûter plusieurs dizaines de vins dans la même journée. Mais il est impossible de bien analyser une bière si on ne l'avale pas! L'arrière-goût et la finale (le postgoût) sont deux dimensions intrinsèques de sa personnalité. En règle générale, les seules bières qui méritent d'être crachées sont les mauvaises. La dégustation sans avaler est à la bière ce que le plaisir solitaire est aux jeux amoureux…

Dans les grandes compétitions internationales, des caractéristiques propres à chaque catégorie sont déterminées. Les produits remportant le pointage le plus élevé sont ainsi considérés comme les meilleurs. On mesure alors la capacité du brasseur à atteindre des objectifs précis. J'ai souvent entendu des juges affirmer, après une compétition, que certaines bières évaluées étaient de grandes bières, mais qu'elles ne correspondaient pas à la définition donnée du style.

Un bon goûteur est un goûteur d'expérience, tout simplement. Cela requiert du temps, de l'ouverture d'esprit, de la modestie, l'absence de préjugés. Souvent, les experts possèdent des affinités; goûter aux produits de masse constitue l'une des pierres d'assise du développement de nos capacités. Malgré le préjugé des initiés qui affirment que toutes les bières des grandes brasseries industrielles goûtent la même chose, la plupart d'entre nous sommes en mesure de percevoir leurs différences lorsqu'elles sont dégustées les unes à côté des autres! Il est plus facile de faire la différence entre une Labatt 50 et une stout Péché Mortel. C'est une tout autre chose de pouvoir faire la différence entre une Molson Export et une Labatt Bleue. Le véritable expert est celui qui est en mesure de noter ces différences. Notons que la différence entre une Molson Export et une Labatt 50 est considérable et très facile à déterminer dans un test à l'aveugle. Il n'existe pas d'expert toutes catégories confondues. Tout expert développe plus ou moins consciemment une expertise dans quelques styles limités. Dans le monde des amateurs de bières de dégustation, on assiste à une fuite en avant: on cherche des bières de plus en plus goûteuses. Ainsi, la qualité de la bière est celle qui goûte plus que la précédente.

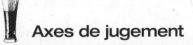

La plupart des grilles d'évaluation se composent de trois dimensions

❧ Le plaisir

La pierre d'assise de la qualité est le plaisir!

❧ La présence ou l'absence de défauts

La pierre d'assise du jugement est la présence ou l'absence de défauts tels un défaut de fabrication, un défaut d'entreposage.

❧ La correspondance à un style reconnu

Il est possible de construire des cadres de référence précis pour le premier axe. Il est également possible de construire des cadres de référence pour le deuxième, mais beaucoup plus subjectifs et fragiles. Quant au troisième, il repose sur une grande connaissance doublée d'une grande expérience.

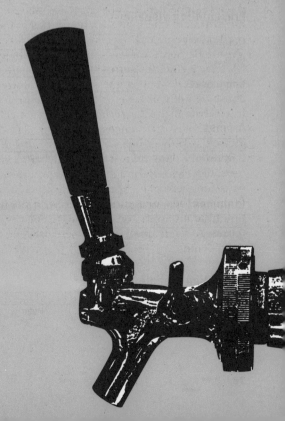

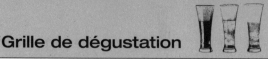
Les grilles de dégustation sont des outils aidant à mémoriser nos expériences de dégustation et facilitant la comparaison. Cette combinaison contribue au développement de nos compétences en matière de dégustation des bières. Un seul mot pour chacune des rubriques est suffisant pour atteindre ces finalités.

Présentation de la bière

Nom de la bière

Nom de la brasserie

Style annoncé

% alc./vol.

Conditionnement
(bouteille, fût, canette, etc.)

Présentation visuelle

Couleur

Mousse

Luminosité

Arômes

Excellente	Très bonne	Bonne	Neutre	Bof…	Mauvaise

Étalement (Saveurs en bouche, en arrière-goût et postgoût)

Excellente	Très bonne	Bonne	Neutre	Bof…	Mauvaise

Évaluation globale

Excellente	Très bonne	Bonne	Neutre	Bof…	Mauvaise

Les défauts des bières

La majorité des bières respectent des normes élevées de qualité. À l'instar de tous les autres aliments, il arrive à l'occasion que la bière se soit dégradée entre le moment de sa production et celui de sa consommation. La plupart des défauts se manifestent lorsque la bière a quitté la brasserie. La date de péremption inscrite sur l'étiquette ne nous est donc pas d'une grande utilité!

Les défauts fréquents au goût

- Caoutchouc (fermentation ratée, infectée)
- Carton/papier (entreposage inadéquat, chaleur élevée)
- Chou en train de cuire (fermentation ratée)
- Cidre aigre (si ce n'est pas une gueuze ou une brune des Flandres, fermentation ratée, infectée)
- Médicament (fermentation ratée, infectée)
- Miel (périmée, bière âgée)
- Miel cartonné (périmée, bière âgée et entreposage inadéquat)
- Mouffette (exposition à la lumière)
- Soufre (fermentation ratée)

Les défauts d'entreposage

- L'âcreté (flaveur de carton mouillé) est l'indice d'une bière trop vieille ou ayant été entreposée à une température dépassant 30 °C. Elle accompagne occasionnellement la madérisation.

- L'acidification (goût aigre tranchant ou goût de médicament) est l'indice d'une fermentation souillée par des bactéries. La bière est toujours bonne pour la consommation humaine, mais le style est métamorphosé. Nous pouvons catégoriser l'acidification en deux types: la «gueuzéfaction» et la «caoutchousation». La seconde cause des saveurs médiocres et révèle un dépérissement important du produit. Les bactéries apparues dans ce processus peuvent également contribuer à donner des maux de ventre et provoquer la diarrhée chez le buveur. Ce type de défaut est exceptionnel, mais il est réel dans certaines bières de certaines microbrasseries au Québec.

- La flaveur âcre de mouffette (indice de l'exposition à la lumière) se retrouve habituellement dans les bouteilles transparentes ou vertes. Les exemples les plus connus sont la Heineken, la Sleeman Silver Creek et la Corona. La protection insuffisante de la bouteille expose le précieux liquide aux rayons du soleil, qui dégradent alors le houblon qu'elle renferme par un processus de photolyse.

 * La madérisation (flaveur mielleuse) indique l'âge avancé de la bière. Son interprétation positive ou négative est laissée au consommateur.

Les bières périmées au pub et au restaurant

Il survient à l'occasion qu'une bière périmée soit servie au restaurant. Quoi faire? Il faut naturellement la retourner! Les difficultés surviennent du fait que le diagnostic sur la nature du problème doit être appuyé par des connaissances. Rares sont les endroits où le personnel possède les connaissances nécessaires pour confirmer le défaut. L'autre jour, une gentille serveuse me disait qu'une bière très cartonnée que je refusais n'était pas périmée, car le code derrière la bouteille était une validation de la SAQ! (Soupirs...)

Les principaux défauts provenant de systèmes défaillants ou de vieillissement se reconnaissent aux saveurs suivantes

---

 * L'aigreur, habituellement due à l'infection bactérienne des lignes de soutirage.

 * L'âcreté, habituellement due à la présence de produits désinfectants résiduels dans les soutireuses. On la retrouve à l'occasion lorsqu'une ligne vient tout juste d'être nettoyée.

Bière et santé

La bière est un aliment sain, comportant calories, vitamines, minéraux et protéines. Sa valeur nutritive varie en fonction de plusieurs données. En règle générale, dans chaque bouteille, on retrouve 150 calories, de 90 à 95 % d'eau, de l'alcool, des vitamines, notamment les B_1, B_2, B_3 et B_6, un peu de protéines et aminoacides, des hydrates de carbone (environ 2 % de monosaccharides et de disaccharides et 1 % de polysaccharides), des oligo-éléments et minéraux (potassium, un peu de sodium). Soulignons que la bière ne renferme aucune matière grasse, mais que sa consommation ouvre l'appétit, notamment en faveur d'aliments gras (fromages, croustilles, arachides et noix, etc.).

La bière fait-elle prendre du poids ?

Par sa teneur en hydrates de carbone, la consommation de bière peut faire prendre du poids. Une bouteille standard de 341 ml d'une cervoise titrant 5 % alc./vol. renferme environ 150 calories. Par comparaison, le même volume de lait titrant 2 % de matières grasses contient 180 calories. Le lait est donc 20 % plus efficace pour faire grossir. Et les publicités suggèrent d'en prendre deux verres par jour! Le jus de pomme est également une meilleure option pour prendre du poids. À volume égal, il est 10 % plus efficace que la bière. Même chose pour le vin! Consommée de façon modérée, soit moins de deux bouteilles par jour, la bière n'est pas tellement efficace pour faire prendre de poids! Entendons-nous souvent l'expression «bedaine de lait» ou «bedaine de jus de pomme»? Non, bien entendu. Le pouvoir de la bière à engendrer une prise de poids fait partie de son statut social, promu pour nourrir le préjugé négatif dont elle souffre.

La modération de l'abstinence a bien meilleur goût

Un nombre impressionnant d'études portant sur la consommation d'alcool – y compris celle de la bière – démontrent que les abstinents ont plus de probabilités de contracter des maladies cardiovasculaires que les consommateurs modérés. Par consommation modérée, on propose deux bouteilles par jour. Il importe de souligner que dès la troisième bouteille, les bienfaits sont annulés! En fait, l'abus comporte des risques très élevés pour la santé. Pourquoi les brasseries ne nous informent-elles pas de ces connaissances? Parce qu'il leur est formellement interdit d'associer la consommation de produits alcoolisés à la santé! La législation est préoccupée par les bouteilles subséquentes à la deuxième, ce qui est tout à fait légitime, si l'on tient compte des conséquences des abus de plusieurs personnes. Mieux vaut boire avec modération que de s'abstenir avec exagération.

Déguster

> En matière de goût, il est impossible de parvenir à une précision définitive. Aussi, le dégustateur qui analyse une bière procède-t-il par approximation en se servant d'un vocabulaire recherché. De ces impressions gustatives, parfois brillantes et imagées, le profane ne retient que le souvenir d'une élégante jonglerie verbale autour d'un verre. Mais il s'agit en fait d'un encerclement progressif et sincère, pour serrer de près l'insaisissable vérité.
>
> JORIS VAN GHELUWE,
> Belge et anciennement brasseur chez Molson

- Déguster, c'est lire un livre lentement, phrase à phrase, pour en retirer toute la moelle.
- Déguster, c'est écouter un concerto dans le recueillement le plus profond.

- Déguster, c'est contempler une œuvre d'art, un tableau, une sculpture ou un monument, en se laissant imprégner par ses couleurs ou ses formes.

- Déguster, c'est ouvrir tout grand ses yeux sur le spectacle ou les décors de la nature.

- Déguster, c'est sentir son corps s'épanouir sur le sable d'une plage ensoleillée.

- Déguster, c'est être disponible et ouvert à tout, c'est être maître de soi comme de l'Univers.

- Bref, savoir déguster, c'est savoir vivre.

Joris Van Gheluwe

La savourer

Mes sélections gourmandes

La bière accompagne tout type de repas, du plus simple à la plus haute gastronomie. On ne dira jamais que le pain n'a pas sa place à la table. Or, étant fabriquée avec les mêmes ingrédients – la bière, c'est du pain liquide –, la bière peut très bien être servie avec tous les repas, du petit déjeuner festif jusqu'au souper, de l'entrée au dessert.

Une belle façon de découvrir un grand nombre de bières tout en s'initiant à des plats variés est offerte par l'organisation de dégustations thématiques : bières et fromages, bières et charcuteries, bières et moules, bières et chocolats…

Il existe plusieurs façons d'organiser ces aventures épicuriennes. Ma préférée se déroule en trois services. À chaque service, trois bières et trois bouchées sont servies. La gradation des intensités de saveurs est secondaire, dans la bière. Les guides qui conseillent les accords en se servant de la couleur de la bière créent l'illusion que plus une bière est foncée, plus elle est forte ! Ce qui est faux. Dans le monde de la bière, rares sont les mauvais accords. La bière renferme plus d'une saveur, le mets d'accompagnement également. En variant les bières d'accompagnement, nous varions les catégories d'accords qui peuvent être établies. Une cervoise peut faire jaillir l'épice d'un plat, tandis qu'une autre peut souligner l'onctuosité de la sauce qui l'accompagne. Il est ainsi possible de varier à l'infini les possibilités d'associations. De plus, soulignons que les plats ne sont pas toujours cuisinés de la même façon et que la bière, produit vivant, contient des saveurs qui changent avec son âge.

La complexité et l'imprévisibilité de plusieurs accords font en sorte qu'il est préférable de se faire une opinion soi-même. Les goûts sont à discuter, surtout lors des situations conviviales de dégustation. Les observations de chacun aident alors à préciser celles des autres.

Malgré cette souplesse d'harmonisation, il existe certaines grandes règles à respecter pour assurer le succès d'une soirée d'épousailles. Deux types de mets doivent impérativement être servis à la fin : les plats piquants ou des fromages bleus très forts. Dans la majorité des autres situations, il est possible de faire varier les intensités afin de créer des contrastes.

Le mode d'appréciation des accords

❧ On déguste d'abord une petite bouchée du premier mets, et on avale.

❧ On prend une petite gorgée de la première bière, on avale et on observe comment les saveurs se déploient en bouche et en arrière-goût.

❧ On prend une petite gorgée d'eau ou une bouchée de pain.

❧ On déguste une petite bouchée du premier mets, et on avale.

❧ En prend une petite gorgée de la deuxième bière, on avale et on observe.

❧ On compare avec le premier accord.

❧ Et ainsi de suite.

Ordre du service des bières

L'ordre du service des bières à des fins d'accord avec des mets repose sur la connaissance, l'imagination et les besoins de la personne qui organise le tout. Je vous présente néanmoins quelques suggestions afin de guider vos premières gorgées dans le monde merveilleux des accords. Au fil de vos découvertes, vous serez en mesure de personnaliser vos menus. Le principe qui gouverne ces suggestions est celui qu'à chaque service, trois bières différentes sont proposées (une centaine de millilitres de chaque marque par personne). Il faut ainsi prévoir trois verres par convive à chaque service. L'art de l'avinage est ici important. Il s'agit de rincer le verre ayant servi pour une bière afin qu'il puisse accueillir une nouvelle bière sans avoir à le laver. Il suffit de verser quelques gouttes de la nouvelle bière, de faire tourner le liquide dans le verre afin qu'il absorbe la bière précédente, et d'avaler le contenu. Vous pouvez maintenant verser la bière suivante.

Suggestions de bières pour un repas de trois services

Les suggestions suivantes supposent que vous servirez trois bières différentes à chaque service. Vous devez calculer une moyenne de 200 ml de chaque marque par convive. Pour un repas comportant plus de trois services, il faut tout simplement ajouter des marques choisies dans le deuxième service.

1er service (hors-d'œuvre ou entrée)
- Blanche, weizen, lambic ou brune des Flandres
- Pilsen, svetle, lager blonde ou désinvolte
- Pale ale ou India pale ale (IPA)

2e service (mets principal)
- Double ou abbaye blonde
- Brown ale ou abbaye brune
- Triple, saison, blonde du diable, weizen impériale

3e service (dessert)
- Stout ou porter
- Quadruple
- Scotch ale, stout des Antilles ou porter de la Baltique, ou encore lambic aux fruits, et enfin brune/rouge des Flandres aux fruits

Épousailles bières et fromages

Comme la bière est du pain liquide et que le pain s'accorde bien avec le fromage, les harmonies bières et fromages offrent habituellement des plaisirs plus intenses que les accords vins et fromages!

Une grande tendance est de proposer une boisson dite parfaite pour accompagner un plat. Sur un strict point de vue gustatif, la perfection est une notion bien prétentieuse. De plus, comme il s'agit de produits alimentaires au profil gustatif évolutif, il est bien hasardeux de déterminer à quel moment nous devons procéder aux accords. Un accord procurant des sensations orgastiques un jour peut être source de conflits irréconciliables une semaine plus tard. Les accords bières et fromages se comparent aux couples : certains coups de foudre se transforment parfois en cauchemars. Certaines unions en apparence banales dansent des tangos lascifs sur notre langue dans l'intimité de notre bouche. Sans parler de tous les autres types d'union qui existent. Une seule règle semble importante à respecter : il est très difficile de marier des bières amères avec des fromages amers, aigres ou bleus.

Encore une fois : à chaque service, trois bières et trois fromages sont servis simultanément. En goûtant à toutes les combinaisons, nous faisons danser neuf couples différents. La finalité n'est pas de trouver l'association parfaite, mais plutôt de découvrir les nombreuses façons dont les saveurs valsent sur nos papilles.

La «technique de dégustation»

* Prendre un premier fromage, le mastiquer et l'avaler. Prendre une gorgée de la première bière. Observer ce qui se passe dans l'étalement (goût, arrière-goût et postgoût).

* Se rincer la bouche avec une petite bouchée de pain ou de l'eau.

* Prendre une nouvelle bouchée du premier fromage, suivie d'une gorgée de la deuxième bière. Comparer avec le premier accord.

* Faire maintenant la dégustation du premier fromage et de la troisième bière, etc.

Je vous propose de découvrir quelques grandes bières et quelques fromages classiques. Si vous le souhaitez, ajoutez également du vin. Vous serez alors en mesure de bien cerner les particularités de chaque type de dégustation.

Menu de bières et de fromages

AU MENU DES FROMAGES
- Brie Bonaparte (pâte molle à croûte fleurie)
- Le Cendré du Village (pâte demi-ferme à croûte lavée)
- Cheddar Perron le Doyen (pâte ferme affiné dans la masse)

À LA CARTE DES BIÈRES
- La Maudite (8 % alc./vol.)
- St-Ambroise noire (5 % alc./vol.)
- McEwan's Scotch (SAQ) (8 % alc./vol)

Le tableau suivant illustre bien les nombreuses façons dont nous pouvons établir des accords.

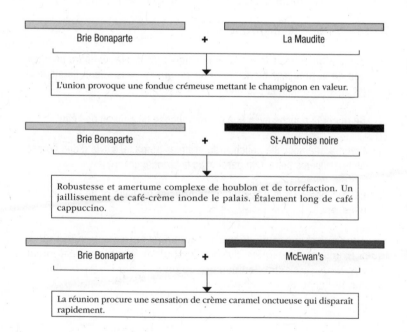

Brie Bonaparte + La Maudite

L'union provoque une fondue crémeuse mettant le champignon en valeur.

Brie Bonaparte + St-Ambroise noire

Robustesse et amertume complexe de houblon et de torréfaction. Un jaillissement de café-crème inonde le palais. Étalement long de café cappuccino.

Brie Bonaparte + McEwan's

La réunion procure une sensation de crème caramel onctueuse qui disparaît rapidement.

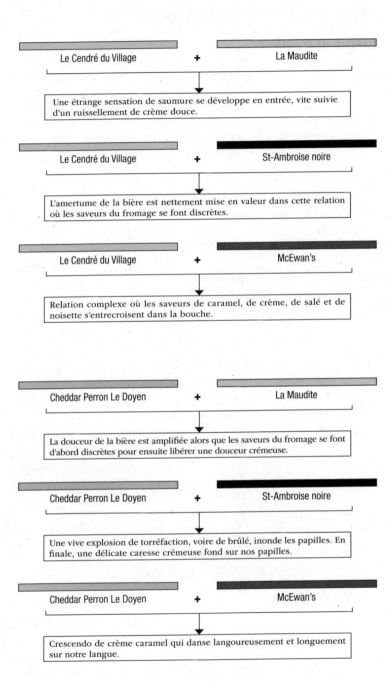

Le Cendré du Village + La Maudite

Une étrange sensation de saumure se développe en entrée, vite suivie d'un ruissellement de crème douce.

Le Cendré du Village + St-Ambroise noire

L'amertume de la bière est nettement mise en valeur dans cette relation où les saveurs du fromage se font discrètes.

Le Cendré du Village + McEwan's

Relation complexe où les saveurs de caramel, de crème, de salé et de noisette s'entrecroisent dans la bouche.

Cheddar Perron Le Doyen + La Maudite

La douceur de la bière est amplifiée alors que les saveurs du fromage se font d'abord discrètes pour ensuite libérer une douceur crémeuse.

Cheddar Perron Le Doyen + St-Ambroise noire

Une vive explosion de torréfaction, voire de brûlé, inonde les papilles. En finale, une délicate caresse crémeuse fond sur nos papilles.

Cheddar Perron Le Doyen + McEwan's

Crescendo de crème caramel qui danse langoureusement et longuement sur notre langue.

Menu pour une soirée découverte

Bières et fromages

Ce menu est présenté afin de guider l'organisation d'une soirée épicurienne. Il ne s'agit que de suggestions. Vous pouvez également vous laisser guider par votre inspiration ou vos fantaisies du moment. Servez chaque plateau aux services équivalents de bières proposés. Pour chacun des plateaux, proposez un choix de trois bières. Vous devez calculer environ 200 ml de chaque marque par personne pour un repas de trois services (voir p. 84).

1er plateau

- Croûte fleurie (brie, camembert, coulommiers, etc.)
- Cheddar fermier jeune
- Raclette

2e plateau

- Bûchette de chèvre ou Bleubrie
- Croûte lavée aux saveurs moyennes
- Tomme ou cheddar moyen

3e plateau

- Croûte lavée aux saveurs plus prononcées
- Gruyère, jarlsberg (ou emmental) ou cheddar fort
- Bleu classique : roquefort, stilton, d'Auvergne, etc.

Bières et moules

Lorsque nous évoquons la Belgique et ses célèbres bières, le réputé tandem moules-frites apparaît rapidement sur la toile de nos désirs. La recette classique de cuisson du coquillage est «marinière». Facile à exécuter, elle intègre du vin blanc dans sa préparation. Personnellement, je préfère y verser une bière blanche. L'aigreur de cette bière remplace efficacement celle du vin. Elle ajoute également une rondeur agréable aux mets.

Le principe de cuisson des moules est simple. Le goût foncièrement fade de la chair de moule s'imbibe de celui de son environnement. Le bouillon exerce ainsi une grande influence. Il existe des dizaines de recettes ainsi que d'innombrables interprétations. Plusieurs restaurants offrent d'ailleurs, certains soirs de semaine, des forfaits «moules à volonté». Voilà des occasions uniques pour sortir avec des amis afin de profiter au maximum des découvertes gustatives. Le même principe s'applique quant aux harmonies avec la bière. Nous pouvons varier les styles de bières afin d'observer les nombreux accords qui peuvent se créer. En favorisant la formation d'un grand nombre de combinaisons, nous pouvons gambader lascivement sur tous les sentiers que le plaisir offre à nos papilles. Pour une recette, il n'existe pas vraiment une bière idéale. Pourquoi? À cause de l'existence de plusieurs nuances de saveurs dans un plat ainsi que dans la bière elle-même. La réceptivité et le goût personnel du consommateur constituent donc les déterminants de la qualité. Nous pouvons néanmoins dresser quelques grandes règles afin de guider nos choix. Lorsque l'un des partenaires est d'une grande douceur, que ce soit du côté des moules ou de la bière, les probabilités de jouissance gustative sont plus grandes.

Je vous propose une petite dégustation originale de bières et de moules qui saura plaire aux épicuriens les plus jouissifs. Il s'agit de préparer trois recettes de moules différentes, que vous associerez à trois bières différentes. Les recettes suivantes ont été créées par votre humble serviteur dans sa quête des meilleures moules cuites à la bière et à servir avec de la bière.

Le choix des bières pour accompagner ces moules est le vôtre! Je vous suggère de privilégier les bières du deuxième service (voir p. 84). Ce sont des bières d'une plus grande complexité permettant une grande variété d'accords avec ces moules.

MOULES PALE ALE ET TOMATES SÉCHÉES

2 kg de moules
2 c. à soupe de beurre
2 gousses d'ail, écrasées
250 ml de bière, style pale ale
½ poivron vert, coupé en dés
½ boîte de tomates en dés (796 ml ou 28 oz)
une dizaine de tomates séchées, coupées en petits dés
sel et poivre, au goût
¼ c. à thé d'origan
1 c. à soupe de persil frais, haché

Chauffer le beurre dans la casserole. Ajouter la moitié de l'ail et cuire à feu moyen durant 2 minutes. Incorporer la bière et le poivron. Laisser mijoter 2 minutes.

Ajouter les tomates, saler et poivrer. Laisser mijoter 10 minutes.

Porter à ébullition. Ajouter, dans l'ordre, l'origan, le reste de l'ail, le persil et les moules. Lorsque les moules sont ouvertes, laisser mijoter environ 3 minutes en remuant de temps à autre.

MOULES BLANCHES AU LAIT DE COCO

2 kg de moules
2 c. à soupe de beurre
2 oignons verts, hachés
250 ml de bière, de style blanche
½ poivron vert, coupé en dés
2 c. à soupe de ciboulette
2 c. à soupe de cari
125 ml de lait de coco
½ c. à thé de muscade
sel et poivre, au goût

Faire chauffer le beurre dans la casserole. Ajouter les oignons verts et faire cuire à feu moyen durant 2 minutes. Ajouter la bière et le poivron.

Laisser mijoter 2 minutes. Amener à ébullition. Incorporer le reste des ingrédients en s'assurant de terminer par les moules. Lorsque les moules sont ouvertes, laisser mijoter environ 3 minutes en remuant de temps à autre.

MOULES STOUT À L'ESTRAGON

2 kg de moules
2 c. à soupe de beurre
2 oignons verts, hachés
250 ml de bière, de style stout
125 ml de poivrons rouges, coupés en dés
3 c. à soupe d'estragon
125 ml de crème à 35 %
sel et poivre, au goût

Faire chauffer le beurre dans la casserole. Ajouter oignons verts et faire cuire à feu moyen 2 minutes. Ajouter la bière et le poivron. Cuire durant 2 minutes. Amener à ébullition.

Incorporer le reste des ingrédients en s'assurant de terminer par les moules. Lorsque les moules sont ouvertes, laisser mijoter environ 3 minutes en remuant de temps à autre.

Bières et chocolats

Les accords bières et chocolats confondent les plus incrédules des sceptiques. Par sa nature sucrée, le chocolat se marie facilement à un grand nombre de boissons. En ce qui concerne les bières, nous avons remarqué que les accords avec les bières noires ou fortes en alcool apportent habituellement des résultats explosifs. Une combinaison gagnante au dessert est une stout avec le gâteau au chocolat ou les carrés au chocolat (*brownies*). La complémentarité est parfaite.

Les meilleures bières d'accompagnement pour les chocolats sont celles du troisième service (voir p. 84). Je vous propose ma propre dégustation bières et chocolat, concoctée avec les produits suivants.

Bières : Trois-Pistoles (9 % alc./vol., Unibroue), Tord-Vis (6 % alc./vol., Brasseurs RJ), Liefmans Framboise (4,5 % alc./vol., Brasserie Liefmans), St-Ambroise noire (5 % alc./vol., Brasserie McAuslan).

Chocolats : Flagrants désirs – 85 % cacao, Sensations noir orange de Côte d'Or et Swiss Délice – lait extra fin.

Avec le chocolat noir 85 %

L'anis étoilé de la Trois-Pistoles jaillit. Elle accentue l'âcreté du chocolat et allonge son amertume jusque dans les trépas de l'étalement. L'amertume domine.

Le chocolat fait d'abord ressortir le fumé de la Tord-Vis comme un fumet d'érable à la cabane à sucre. Le chocolat s'évanouit. L'amertume du cacao est mise en valeur dans une longue finale.

Le fruit de la Frambozen sautille de joie au contact du chocolat. Sa douceur met en valeur le cacao. La framboise allonge ses bras satinés tout autour du corps velouté de son fiancé. C'est bon en titi !

La St-Ambroise noire provoque une fondue par laquelle les saveurs s'annulent. Une expression de café moka légèrement sucré s'exprime. En étalement, l'amertume du chocolat jaillit dans toute sa splendeur.

Avec le chocolat à l'orange

La Trois-Pistoles fait jaillir l'agrume et son fruité, vite rejoint par la douceur du chocolat et de l'anis. Le couple valse extatiquement sur nos papilles. La bière se perd dans l'étourdissement chocolaté et fruité qui s'étire à n'en plus finir. Grandiose !

L'union avec la Tord-Vis provoque une tendre douceur. L'orange s'épanouit paisiblement sous notre palais, comme une tisane à l'orange ou du Cointreau. Le chocolat allonge ses draps douillets à la discrétion de l'arrière-goût. Miam !

L'aigreur fruitée de la Frambozen exprime une menace lorsque les deux fruits se croisent sur nos papilles. À la fin des hostilités, le chocolat revient joyeusement demander pardon pour cet épisode. L'écorce d'orange en profite pour exprimer sa délicieuse présence.

Avec la St-Ambroise noire, les amertumes s'amplifient ; le café noir d'un bord, l'écorce d'orange de l'autre. La torréfaction de la bière l'emporte et manifeste sa force en sautillant avec insistance à l'arrière de notre langue.

Avec le Swiss Delice

La Trois-Pistoles se fait toute douce et délicate devant l'irrésistible douceur du chocolat. Elle met en relief la noisette et la crème pour étirer longuement cette agréable saveur. La douceur crémeuse s'installe sous notre palais.

La Tord-Vis nous invite à la cabane à sucre. Le fumé enveloppe notre palais. Un beau mariage d'érable et de noisettes évoque la crème glacée à l'érable. Le chocolat au lait exprime timidement sa tendresse. En fin d'étalement, la noisette nous offre l'exquisité d'une bise affectueuse.

La Liefmans Frambozen provoque un jaillissement intense de framboise, vite rejoint par le chocolat et la crème de noisette. Une mousse truffée à la framboise se développe sur nos papilles. Généreux, intense, jouissif, irrésistible. Cette union est digne de figurer sur la plus belle plage des plaisirs orgastiques.

Le mariage avec la St-Ambroise noire crée d'abord une relation café moka qui se transforme en étalement : espresso crémeux sur les papilles. Union vite consommée qui annule la douceur crémeuse du chocolat. En fin d'étalement, nous nous laissons bercer par le ronronnement paisible de la noisette crémeuse. Grrr.

En conclusion, les chocolats à privilégier selon cet exercice sont d'abord le chocolat crémeux, d'une grande gentillesse, peu importe la bière, ensuite le chocolat à l'orange, qui exprime une joie de vivre fruitée avec la plupart de ses partenaires et finalement le chocolat amer, qui fait jaillir les amertumes de la bière et qui convient particulièrement aux amateurs de sensations corsées.

PARTIE 3

LA RECONNAÎTRE

La classification des bières

À lire les étiquettes sur ces centaines de bouteilles qui nous sont maintenant offertes dans les réseaux de distribution, nous constatons que les styles sont nombreux. Nous sommes bien loin du temps où seule la marque de commerce constituait le repère de sélection. La loi canadienne sur l'étiquetage est surtout préoccupée par le pourcentage d'alcool que renferme la dive bouteille. Les termes *légère, forte* et *extra forte* sont faciles à déchiffrer : ils indiquent tout simplement le pourcentage d'alcool dans le produit et le taxent en conséquence. On propose maintenant des *doubles*, des *triples*, des *pilsners*, et *tutti quanti*. Que signifient ces mots au juste? Que goûte chacun de ces vocables? En général, ils nous donnent un aperçu du contenu qui sera versé dans notre verre. Mais il ne s'agit pas d'une garantie ! Aucune agence ni aucun organisme ne régit l'utilisation de ces termes. Il n'y a aucune obligation qui soit liée au respect d'un style lorsque le brasseur choisit d'en préciser un sur l'étiquette. Qui plus est, il n'existe pas de consensus international parmi les experts de la dégustation des bières. La marge de manœuvre entre le goût d'une bière et le style annoncé peut varier considérablement. Il importe de souligner que, pour qu'une catégorie existe, au moins deux marques différentes doivent y être inscrites. Littéralement, certaines bières sortent du tableau, plusieurs étant absolument inclassables. La belge Orval en est le plus bel exemple.

Je vous présente ci-dessous ma propre classification des bières, que j'ai instaurée au fil de mes voyages, de mes lectures et de mes expériences personnelles avec des experts. Une dimension fondamentale a guidé mon analyse : le souci de maintenir les notions les plus simples possibles.

Quoique cette démarche ait été effectuée avec une grande rigueur, les informations présentées ici n'offrent tout au plus qu'un phare pour vous guider sur l'océan de vos dégustations.

Ale et lager

Les deux termes les plus employés pour classer les bières, surtout dans les débits de boissons sont ale et lager. Notre vénérable SAQ a également privilégié cette dichotomie pour classer les bières qu'elle propose. Ces termes ne disent pourtant pas grand-chose.

Les plus âgés se souviennent de l'époque où nous classions les vins en deux grandes familles : les blancs et les rouges. Ale et lager sont à la bière ce que le rouge et le blanc sont au vin. Simplification rudimentaire qui sert d'abord aux ventes. On associe ale aux bières goûteuses et lager aux bières douces, ce qui force des brasseurs à étiqueter ale des lagers goûteuses et lager des ales douces. Les termes ale et lager sont utilisés comme synonymes de types de fermentation, respectivement : fermentation haute et fermentation basse. La révolution microbrassicole planétaire éclate dans les années 1970. Il faut alors trouver une façon simple et efficace d'expliquer cet univers. Les auteurs anglophones regroupent alors sous le mot ale toutes les bières de fermentation haute (soit ayant fermenté entre 15 et 23 °C), tandis qu'ils utilisent le mot lager pour désigner les bières de fermentation basse (ayant fermenté entre 0 et 14 °C). Le goût n'est pas un critère retenu.

Mais associer le mot ale à plusieurs styles non britanniques produit parfois des énormités. Comme celle de classer les blanches, d'origine belge, dans le pâturage des ales. Il existe plusieurs invraisemblances du même acabit. Même au Royaume-Uni, la tradition voulait qu'on établisse deux grandes familles de bières : ales et porters. Mais la nouvelle tendance est de dire que le porter est une ale, car il est issu d'une fermentation haute. Un douloureux lendemain de veille étymologique !

Sur les papilles, les catégories ale et lager sont complètement inutiles. Des brasseries utilisent alternativement les deux noms pour identifier certaines de leurs bières en fonction de considérations de marketing.

Certaines associations répertorient des centaines de styles différents. Les définitions à saveur géographique sont très en vogue. C'est beaucoup plus rassurant et ça permet de multiplier les catégories dans les compétitions – et par voie de conséquence, les entrées de dollars en termes d'inscriptions. Plusieurs experts en perdent leur latin lorsqu'ils analysent une bière à l'aveugle.

Lorsqu'un critère géographique est employé pour classer les bières, plusieurs dizaines de catégories peuvent être établies. Cela est très intéressant pour un auteur, surtout si, comme moi, celui-ci s'intéresse à l'histoire et à la géographie. Les juges, choisis pour leur grande expertise dans le domaine de la dégustation des bières, doivent dans un premier temps déterminer le style de la bière versée dans leur verre. Cette façon de faire, c'est-à-dire de déguster à l'aveugle, a été instaurée par le Mondial de la bière. Les bières sont donc servies sans être classées ou rattachées à un style. Ainsi, parmi les échantillons que doit évaluer un juge, il peut y avoir trois styles représentés. Ensuite, le juge procède à son évaluation en appliquant les critères de qualité propres à ce style. À l'exception des stouts et des blanches, la majorité des marques jugées sont habituellement classées dans plus d'un style. Cette particularité nous en dit beaucoup sur la ressemblance de plusieurs styles de bières sur nos papilles. D'ailleurs, à l'occasion d'un Mondial, la Pilsner Urquell – ayant la réputation d'être le modèle exemplaire de Pilsner parmi les experts – a été classée dans trois styles différents : pilsner, lager blonde et ale blonde !

Les styles de bière les plus faciles à reconnaître à l'aveugle se situent aux extrémités du spectre des couleurs : les blanches (au goût caractéristique de citron ou de banane) et les stouts (au goût de torréfaction facile à percevoir). Entre les deux, c'est le néant.

Les dégustations à l'aveugle éliminent les dimensions techniques, historiques, culturelles et géographiques des définitions. Naturellement, en tant qu'auteur, j'aime bien les ajouter à mes textes et épicer mes conférences des milliers de précisions techniques, historiques, culturelles et géographiques que j'ai recueillies au fil de mes recherches, de mes voyages et de mes rencontres avec les brasseurs, les amateurs de bières et mes collègues auteurs partout en Europe et en Amérique du Nord.

Classifier les bières par structures de saveurs

La façon la plus simple de classifier les bières est de se baser sur les perceptions sensorielles qu'elles offrent en bouche. Cette façon est aussi la moins *glamour* ! Il s'agit de perceptions physiques facilement reconnaissables par la majorité des consommateurs. Nous pouvons associer ce que nous goûtons à cinq repères sensoriels : sucré, salé, aigre, amer et liquoreux. En établissant un tableau croisé à l'aide de ces 5 balises, nous pouvons théoriquement répertorier 25 structures de saveurs de référence, correspondant à 25 styles déterminés. Certaines combinaisons de saveurs n'existent pas ou très rarement ; il en est ainsi notamment de la combinaison amer-aigre, qui produit habituellement des saveurs mauvaises.

Définition des styles
par perceptions sensorielles

	SUCRÉE ET DOUCE	SALÉE
SUCRÉE	Bières aigres douces	Gueuzes Aigres des Flandres

AIGRE	Bières sucrées
	  légèrement aigres
	Gueuzes édulcorées
	Aigres des Flandres aux
	  fruits
	Lambics aux fruits
	Bières sucrées légèrement
	  amères
		Gueuzes traditionnelles

AMÈRE	Pale ales belges Doubles Bocks	Stouts
LIQUOREUSE	Bières légèrement liquoreuses Doubles	Combinaisons très rares

(colonne de gauche : PERCEPTIONS SECONDAIRES)

En vertu de ce tableau, les regroupements les plus naturels sont les suivants :

- Les bières douces et légères : désinvoltes, lagers blondes
- Les bières douces et légèrement aigres : blanches, weizen
- Les bières douces et liquoreuses : doubles, quadruples, stouts des Antilles et scotch ales
- Les bières maltées et amères de houblon : pilsners, svetles

AIGRE	AMÈRE	LIQUOREUSE
Bières amères légèrement sucrées Triples	Pale ales Bières liquoreuses et sucrées	ABT
Bières très aigres Lambics belges purs Berliners d'Allemagne	Aucun style Bières très rares Porters traditionnels	Bières liquoreuses légèrement aigres Bières rares Aucun style traditionnel
Aucun style Bières très rares	Bières très amères India pale ales (IPA) Stouts	Bières liquoreuses légèrement amères Scotch ales
Aucun style Bières très rares	Bières amères légèrement liquoreuses IPA impériales Porters de la Baltique Stouts impériales	Bières très liquoreuses Vins d'orge

- Les bières douces de caramel et amères de houblon : IPA, pale ales américaines et pale ales impériales
- Les bières douces amères : saison, blondes du diable, triples
- Les bières amères de torréfaction : porters, stouts, porters de la Baltique et stouts impériales
- Les bières aigres : lambics et brunes des Flandres

Les grandes familles de bières

Le premier critère qui fournit une indication objective sur le style d'une bière est la couleur. Peu importe les nuances d'opinions que nous pouvons soulever quant à la validité d'utiliser la couleur pour catégoriser une bière, un fait demeure : la plupart des amateurs s'attardent d'abord à la couleur dans leur verre. Le regroupement des styles par familles de couleurs se base sur le réflexe naturel de classifier les bières selon les apparences. Ce réflexe favorise l'adoption d'attitudes plus ou moins réceptives à l'égard de la bière qui sera consommée.

La couleur de la bière est une importante porte d'entrée de la définition des grandes familles. Une fois celle-ci franchie, ce sont les saveurs qui servent à établir les styles. On y découvre de multiples personnalités. Le monde des rousses comporte plusieurs styles très différents. Prenez la classique Boréale rousse (5 % alc./vol.), c'est elle qui est venue créer la confusion la première. Il s'agit d'une pale ale d'interprétation nord-américaine. Son équilibre caramel-houblon chatouille l'arrière de notre langue. Impossible de la confondre avec sa sœur de peau, la Maudite (8 % alc./vol.) d'Unibroue et son onctueuse volupté qui tapisse notre bouche d'une caresse affectueuse. Cette dernière est inclassable. Ou alors peut-être est-ce là une double... Voilà du moins deux grands crus du terroir québécois.

Il importe de souligner que certains styles comptent deux couleurs différentes. La propriété du sucre de se teinter lorsqu'il est chauffé à basse température donne aux brasseurs la possibilité de colorer leurs bières sans en modifier les saveurs. Ce procédé est de plus en plus courant parmi les grandes brasseries industrielles. Cette astuce permet de donner un style en vogue aux bières blondes, sans en changer la personnalité gustative! L'exemple classique est la Rickard's Red, dont la couleur ne contribue en rien aux saveurs. Il s'agit d'une désinvolte blonde teinte en rousse. Dans le monde des bières de dégustation, les Leffe blonde et brune témoignent du même principe. Leur coloration offre des saveurs qui n'ont rien à voir avec une source propre à la couleur.

L'intensité de la coloration est graduelle. Il existe des zones intermédiaires entre les blondes et les rousses, entre les rousses et les brunes, et finalement entre les brunes et les noires. Ainsi, un porter, qui par définition se présente dans une robe noire, peut très bien revêtir un vêtement brun foncé à l'occasion. La St-Ambroise Pale Ale est classée comme étant une bière blonde alors que sa blouse est plutôt cuivrée. Plusieurs bières brunes sont étiquetées comme étant rousses.

Plusieurs grands styles comportent des variations, à l'instar de la musique, selon l'intensité de certaines notes jouées : l'amertume ou l'alcool. Le mot «impérial» est habituellement synonyme de «forte en alcool». La variation India est aussi synonyme de plus d'amertume de houblon sous le palais.

Les grands styles de bières en bref

La principale utilité de la classification est d'aider les amateurs à naviguer sur les océans de la dégustation. Chaque style est associé à une ou plusieurs marques phares et établit des repères de base par lesquels nous pouvons ensuite situer les marques. Un grand nombre de bières se trouve dans la périphérie des définitions, souvent à mi-chemin entre deux styles, quelquefois complètement hors normes en raison de caractéristiques poussées à l'extrême.

Les styles présentés dans le tableau des pages suivantes couvrent 99 % des bières présentes sur le marché. Le 1 % qui reste est néanmoins riche de bières très variées impossibles à classer dans les styles classiques. Elles proviennent surtout de brasseries artisanales qui développent de nouvelles recettes ou qui brassent des bières saisonnières.

FAMILLE DES BIÈRES BLANCHES (OU DE BLÉ)

Blanches

BLANCHE
Saveurs de base : équilibre sucré, aigrelettes de citron
Texture : veloutée

WEIZEN OU WEISSE
Saveurs de base : équilibre sucré, notes de banane
Texture : veloutée

FAMILLE DES BIÈRES BLONDES

Blondes douces

DÉSINVOLTE
Saveurs de base : sucrées ou sèches, notes de maïs
Texture : veloutée

ALE BLONDE
Saveurs de base : équilibre malt, légère amertume
de houblon
Texture : mince

LAGER BLONDE
Saveurs de base : équilibre légèrement sucré de malt,
légèrement amères de houblon
Texture : veloutée

MONASTIQUE BLONDE
Saveurs de base : sucrées, notes de levure
Texture : veloutée

Blondes aigres

KRISTAL WEIZEN
Saveurs de base : aigreur piquante citronnée, légèrement
sucrées
Texture : mince

GUEUZE
Saveurs de base : équilibre aigre, boisées sucrées
Texture : légèrement veloutée

LAMBIC
Saveurs de base : aigres aux notes boisées
Texture : mince

Blondes légèrement amères

SVETLE
Saveurs de base : équilibre sucré de malt aux notes légèrement caramélisées, légère amertume de houblon
Texture : veloutée

PILSNER
Saveurs de base : équilibre légèrement sucré de malt, douce amertume de houblon
Texture : mince

BLONDE DU DIABLE
Saveurs de base : équilibre légèrement sucré de malt, douce amertume de houblon, notes subtiles de levure
Texture : veloutée

Blondes amères

TRIPLE
Saveurs de base : équilibre moyennement sucré de malt, amertume relative de houblon, complexité de levure
Texture : veloutée

FAMILLE DES BIÈRES ROUSSES

Rousses douces

DÉSINVOLTE ROUSSE
Saveurs de base : sucrées, surtout de maïs
Texture : veloutée

MONASTIQUE ROUSSE
Saveurs de base : sucrées, sucre candi, quelques notes de levure
Texture : veloutée

Rousses aigres

LAMBIC AUX CERISES OU AUX FRAMBOISES
Saveurs de base : aigreur aux notes boisées, sucrées du fruit employé
Texture : légèrement veloutée

Rousses amères

PALE ALE
Saveurs de base : équilibre sucré, amertume de houblon
Texture : mince

INDIA PALE ALE
Saveurs de base : très amères de houblon, souvent de
  pamplemousse
Texture : mince

PALE ALE IMPÉRIALE
Saveurs de base : légèrement sucrées et amères de hou-
  blon, souvent de pamplemousse
Texture : veloutée

VIN D'ORGE
Saveur de base : chaleur d'alcool
Texture : veloutée

FAMILLE DES BIÈRES BRUNES

Brunes douces

DOUBLE
Saveurs de base : sucrées, sucre candi
Texture : veloutée

DOUBLE BOCK
Saveurs de base : sucre candi, caramel
Texture : veloutée

DUNKEL WEIZEN
Saveurs de base : légèrement sucrées, notes de caramel
  et de banane
Texture : veloutée

DUNKEL WEIZEN BOCK
Saveurs de base : sucrées, notes de caramel et de banane
Texture : veloutée

Brunes aigres

BRUNE DES FLANDRES
Saveurs de base : sucrées, épicées (surtout d'anis)
Texture : veloutée

BRUNE DES FLANDRES AUX FRUITS
Saveurs de base : sucrées, épicées (surtout d'anis)
Texture : veloutée

Brunes légèrement amères

BROWN ALE (ET NUT BROWN ALE)
Saveurs de base: sucrées, rôties (légère torréfaction) et
noix/noisettes
Texture: veloutée

Noires douces

QUADRUPLE
Saveurs de base: sucrées, épicées (surtout d'anis)
Texture: veloutée

STOUT DES ANTILLES
Saveurs de base: sucrées
Texture: veloutée

Noires amères

PORTER
Saveurs de base: rôties, notes de café ou de chocolat
Texture: mince

PORTER IMPÉRIAL
Saveurs de base: rôties, notes de café ou de chocolat
Texture: veloutée

STOUT
Saveurs de base: rôties, notes de café ou de chocolat et
amertume de houblon
Texture: mince

STOUT IMPÉRIALE
Saveurs de base: rôties, notes de café ou de chocolat et
amertume de houblon
Texture: veloutée

Voici deux styles voisins, le premier d'origine belge et le second d'origine allemande.

BLANCHE
Couleur : blonde laiteuse
Alc./vol. : de 4 à 6 %
Saveur dominante : douceur d'agrumes
Saveur secondaire : sucrée de blé
Étalement : long, sur des notes d'agrumes, notamment de
    citron
Texture : soyeuse

Le blé fait partie des céréales considérées comme des reines du brassage depuis la nuit des temps, car il s'agit de l'une des premières céréales domestiquées par l'homme. Il présente toutefois d'énormes difficultés de brassage à cause de la trop grande viscosité du grain dans l'empois. Il fallait donc le consommer dans sa plus tendre jeunesse, puisqu'il surissait rapidement et produisait des saveurs vinaigrées. Cette aigreur désagréable pouvait être masquée en ajoutant une aigreur agréable, soit celle des agrumes. Les brasseurs ont privilégié la coriandre (procurant des notes citronnées) et l'écorce d'orange. Pour assurer un masquage efficace, un quartier de citron était souvent ajouté au moment du service. Soulignons que l'emploi du *Citrus* dans le service de la bière répond historiquement à un besoin de masquer des défauts. Il s'agit en fait d'une béquille de saveurs.

Cette céréale est utilisée dans le brassage jusqu'à la révolution industrielle. Son style déclinait inexorablement, car les nouvelles cuves de brassage n'étaient pas adéquates pour la manipuler. Même en Belgique, le style «blanche» avait complètement disparu des chopes dans les années 1960. Deux raisons importantes contribuèrent à sa disparition : les très grandes difficultés de brassage et l'instabilité du blé, une fois la bière embouteillée. Seuls les irréductibles brasseurs de lambic l'utilisaient.

Grâce à l'entêtement de certains brasseurs passionnés, des techniques de brassage ont été développées dans les années 1980 pour permettre la renaissance du style, d'abord en Belgique, puis en Allemagne, et finalement partout dans le monde. Le style a connu la croissance la plus vigoureuse depuis le début de la révolution brassicole. Le style «blanche» a été réintroduit en Belgique par un personnage jovial, dans le village de Hoegaarden, dans les années 1960. Pierre Celis relevait tout simplement un défi lancé par des amis. La qualité de sa bière et les encouragements de ses copains le convainquent de fonder une brasserie. Puis, des journalistes français et hollandais acclament ses produits dans leurs pays respectifs. Le succès qui s'ensuit est tel que plusieurs brasseries l'imitent. Reprise par le plus important brasseur belge, Interbrew, la maison a réussi à en stabiliser le goût par l'emploi de techniques industrielles.

Renfermant une proportion élevée de blé (traditionnellement de 40 à 50 %, certaines marques en contiennent près de 70 %), la bière blanche se présente drapée d'un voile opalescent. Celui-ci est composé de protéines et de levure, laquelle provient habituellement d'une refermentation de la bière dans la bouteille, le même procédé que celui qui fait mousser le champagne.

La signature classique de la blanche est tissée d'une aigreur citronnée qui s'explique encore par la présence de coriandre dans les ingrédients aromatiques utilisés dans sa fabrication. Son léger piquant en bouche en fait une bière apéritive hors pair. Elle remplace souvent le champagne lors de cérémonies officielles en Belgique. Son pouvoir d'étancher la soif est imbattable l'été. La blanche est embouteillée sur levures. Ces dernières ne floculent pas et demeurent en suspension dans le liquide. Sa forte teneur en protéines, jumelées aux levures, lui donne son apparence laiteuse, ce qui est à l'origine de son appellation. Elle est souvent servie accompagnée d'un zeste de citron. Le trempage du *Citrus* dans la bière demeure néanmoins une option personnelle. Sur une terrasse, je vous recommande la version en fût.

Servie aux repas, elle étonne au petit déjeuner (n'oubliez pas l'équivalence «champagne») et en accompagnement de salades et de crudités. Autour d'une assiette de fromages, elle sait comment faire jouir les papilles en compagnie des croûtes fleuries comme les bries et les camemberts. Elle sait également faire jaillir à merveille la crème des emmentals.

Tout bistro-brasserie qui se respecte propose une blanche en saison estivale.

Dans le catalogue de la SAQ, les bières de blé sont classées dans la famille des ales. Il aurait été plus juste de créer la famille «bières de blé», on aurait ainsi été plus respectueux de la réalité.

Quelques exemples

- Beau spécimen du style avec sa robe pâle et son opalescence surplombée d'une mousse généreuse: la Blanche de Chambly (5 % alc./vol.) d'Unibroue (voir p. 224).

- La Blanche Cheval Blanc (5 % alc./vol.) des Brasseurs RJ (voir p. 242).

- Dominus Vobiscum blanche, l'une des meilleures blanches du monde, de la MicroBrasserie Charlevoix (voir p. 178).

- Hogaarden (4,9 % alc./vol.) est la première blanche de la révolution «bière de dégustation». Elle possède des arômes sucrés de citron frais qui explosent dans le verre. Le goût est désaltérant et fruité sur une texture soyeuse. Le thème du citron accompagné de notes d'orange joue la mélodie de la fraîcheur en bouche. Elle termine sa berceuse en laissant un postgoût aigrelet de citron.

> **WEIZEN OU WEISSE**
> Couleur: blonde laiteuse
> Alc./vol.: de 4 à 6 %
> Saveur dominante: douceur et notes de banane
> Saveur secondaire: sucrée de blé
> Étalement: long, sur des notes d'agrumes ou de banane
> Texture: soyeuse

À l'instar des blanches, les bières de blé allemandes sont disparues du paysage brassicole allemand dans les années 1960, depuis la fin du Moyen Âge, le style ne pouvait être brassé que sous autorisation royale! La brasserie Schneider a décidé de faire une demande dans les années 1960. Le prince Luitpold a non seulement autorisé Schneider à la produire, mais il a profité de cette requête pour abandonner toute prérogative royale sur ce style.

D'abord une curiosité propre à la brasserie bavaroise, les saveurs désaltérantes du blé ont conquis les papilles de l'ensemble des consommateurs allemands, puis bohémiens, et finalement mondiaux. Quoique cette bière présente une robe opalescente de levure, elle se distingue de sa cousine belge par le fait qu'elle n'est habituellement pas refermentée en bouteille.

En Amérique du Nord, le style n'a pas donné lieu à un grand enthousiasme au sein des brasseries. C'est plutôt la version d'inspiration belge qui trône dans la plupart des brasseries qui proposent une blanche. Nous assistons toutefois, depuis quelques années, à une croissance du style. Un certain nombre de bistros-brasseries offrent même les deux versions.

Quelques exemples

- Les meilleures weisse proviennent toujours de l'Allemagne : Paulaner Hefe weizen, Schneider Hefe weizen.

- Blanche et weisse impériale. Les bières de blé comportant un taux d'alcool supérieur sont une invention récente d'origine nord-américaine. Unibroue a lancé le style avec la Don de Dieu et une version intermédiaire, la 1837. Les Trois Mousquetaires proposent une sublime Imperial weizen.

Blondes douces

DÉSINVOLTE

Couleur : blonde scintillante

Alc./vol. : de 4 à 6 %

Saveur dominante : sucrée de maïs, quelquefois sèche
(*dry, ice* ou sans arrière-goût)

Saveur secondaire : aucune

Étalement : variable selon le pourcentage de sucre
contenu ; les *dry* ou *ice* se distinguent souvent par un
arrière-goût très court.

Texture : veloutée

Note : l'étiquetage donne une approximation des saveurs
véritables, notamment en ce qui concerne l'emploi des
mots *ice* et *dry*.

C'est la majorité des bières des grandes brasseries industrielles
nord-américaines. Celles-ci contiennent une quantité importante de maïs. Cette céréale désaltère peut-être moins bien les
gosiers que le malt pur, mais elle n'est contenue essentiellement
que dans les bières d'apparence et d'image sociales. Cette particularité fonctionne dans les deux directions : leur positionnement est tellement net que le groupe visé adhère facilement à
la secte, tandis que les « non concernés » la rejettent de façon
inconditionnelle.

Il importe de souligner que le style est l'aboutissement
direct de l'évolution des bières nommées « svetles », diluées
en pilsners, puis en pils (ou lagers blondes), et finalement en
désinvoltes.

Quelques petites brasseries offrent ce style de bière pour des
raisons politiques.

Ale blonde

Couleur : blonde scintillante

Alc./vol. : de 4 à 6 %

Saveur dominante : légèrement sucrée (quelquefois de
maïs)

Saveur secondaire : faible amertume de houblon

Étalement : moyen, long lorsque le houblon s'exprime

Texture : veloutée

L'ale blonde est la réponse des microbrasseries à la demande des clients qui souhaitaient boire une bière ordinaire, mais microbrassée. On a ainsi proposé cette version améliorée des bières désinvoltes.

LAGER BLONDE

Ce style porte également le nom de pils en France et en Belgique, ou encore hells en Allemagne.

Couleur : blonde scintillante

Alc./vol. : de 4 à 6 %

Saveur dominante : légèrement sucrée de malt, doucement houblonnée

Saveur secondaire : faible amertume de houblon

Étalement : moyen, le houblon s'exprime

Texture : veloutée

On peut parler de lagers blondes quand il s'agit des désinvoltes de l'Europe de l'Ouest (ouest du Rhin : France, Belgique, Pays-Bas, Scandinavie). Les grandes marques nationales (Stella Artois, Alken-Maes, Heineken, 33, Jupiler, Carlsberg, etc.) visent autant de cibles lorsque les vrais amateurs de bonnes bières dénoncent l'insipidité de certaines bières. Ces bières constituent non seulement d'excellents choix pour étancher la soif, mais elles sont également de très bons apéritifs lors de dégustations… de bières.

Ce style est une évolution des cervoises tchèques svetles. Il a d'abord inspiré les brasseurs allemands pour la pilsner, qui est moins maltée que la version bohémienne, puis les brasseurs de l'Ouest, qui l'ont brassée un peu moins maltée et un peu moins houblonnée.

MONASTIQUE BLONDE

Couleur : de blond à cuivré, en passant par des nuances de pêche

Alc./vol. : de 5 à 7 %

Saveurs dominantes : levure, malt

Saveur secondaire : fruitée

Étalement : long, sur des notes de levure

Texture : soyeuse

Ces bières à profil gustatif évolutif se présentent souvent refermentées en bouteille, et de la levure est présente dans le contenant. Ces quatre styles (les monastiques blondes, les saisons, les blondes du diable et les triples) se situent dans une zone gustative voisine. Plusieurs marques peuvent se rapprocher d'un style ou de l'autre en fonction de leur âge, des conditions d'entreposage ou tout simplement de la température de service. Des bières de cette catégorie sont brassées avec grand art au Québec. Les pionniers en la matière sont Unibroue et Le Cheval Blanc. La MicroBrasserie Charlevoix et la Ferme Brasserie Schoune proposent des bières remarquables dans ces styles.

Monastique, abbaye, trappiste ?

En Belgique, nous retrouvons la dénomination «bière d'abbaye» (abbaye blonde, abbaye brune, rousse, double, triple, etc.), qui signifie que des redevances sont remises à une abbaye ou à une fondation reliée à une congrégation (certaines ne possèdent plus d'édifices!). La dénomination «trappiste», quant à elle, ne désigne pas précisément une bière d'abbaye. La bière doit être fabriquée sous la stricte surveillance d'un moine trappiste, au sein de l'établissement. Elle est brassée dans l'abbaye, mais elle n'est pas désignée comme une bière d'abbaye. La nuance est importante. Il existe six brasseries trappistes reconnues dans le monde. Parmi celles-ci, seulement deux sont opérées par des moines. Les autres sont des industries au sein des abbayes, où des travailleurs civils font tourner les moulinets. Les bières des abbayes Notre-Dame-de-Saint-Rémy (Rochefort) et Notre-Dame-de-Saint-Sixte (Westvleteren) sont conçues par des moines en tenant compte de l'horaire liturgique. D'autres moines brassent dans d'anciennes abbayes en Allemagne. Leurs produits portent la mention «Klosterbier» sur leurs étiquettes.

Les monastiques blondes titrent de 5 à 7 % alc./vol. Elles présentent en bouche une grande douceur et une texture veloutée. Leur faible amertume tire habituellement ses origines de la levure utilisée. L'exemple le mieux connu au Québec est la Leffe Blonde (6,6 % alc./vol.), en vente partout. Un peu plus rare, la Straffe Hendrik Blonde (6 % alc./vol.) offre une plus grande intensité de saveurs.

La Leffe Blonde, édulcorée et rousse, impose une signature additionnelle de sucre d'orge. Avec son nez légèrement mielleux, elle assure en bouche une délicate douceur enrobée de notes vanillées et de noisettes. Une timide amertume de levure s'exprime en postgoût. C'est en fût qu'elle offre le meilleur d'elle-même, alors que sa rondeur est plus onctueuse.

BLONDES AIGRES

KRISTAL WEIZEN
Couleur : blond
Alc./vol. : 4 à 6 %
Saveur dominante : piquante de blé
Saveur secondaire : banane
Étalement : long et piquant
Texture : mince et soyeuse

La Kristal weizen est une bière de style *weisse* filtrée. Elle devient scintillante, perd le goût typique de sa levure (la banane) et conserve une aigreur piquante très désaltérante.

LAMBICS (Et leurs variations : gueuzes, lambics aux fruits et faros)

LAMBIC PUR
Couleur : blond
Alc./vol. : autour de 4 à 5 %
Saveur dominante : très aigre, flaveurs de pomme verte
Saveurs secondaires : boisées, chêne, vanille
Étalement : long et subtil, dominé par l'aigreur, souvent astringent
Texture : mince
Conservation : pendant des décennies, les flaveurs s'affinent en complexité
Note : Les versions «pur lambic» (faites de lambics de différents âges) sont plus aigres que les versions lambics tout court (qui comportent des édulcorants et de la bière ordinaire).

GUEUZE
Couleur : blond
Alc./vol. : 4 à 6 %
Saveur dominante : douceur souvent sucrée
Saveur secondaire : aigreur de lambic (voir lambic)
Étalement : long et complexe d'aigreur
Texture : soyeuse

Les bières de la famille des lambics témoignent de cette époque glorieuse où l'action de la levure n'était pas connue. Au lieu d'être refroidi par un système de plaques, le moût est pompé dans de larges cuves peu profondes situées au grenier. L'air frisquet de la nuit refroidissant le liquide, les levures et bactéries de l'atmosphère inoculent le moût. Au matin, le brasseur transfère le liquide dans des fûts de chêne ou de châtaignier. Une fermentation lente et complexe s'amorce. Elle s'échelonnera pendant une dizaine de mois.

Avec la popularité croissante des bières de dégustation, certains brasseurs ont décidé d'innover en édulcorant avec plusieurs autres fruits (pêche, cassis, banane...). L'art d'assembler des lambics pour la composition des gueuzes a également donné naissance à une industrie indépendante : l'assembleur de lambics qui se procure différentes productions de brasseries.

Les gueuzes «pur lambic» sont des bières d'une très grande complexité. Leurs couleurs offrent des nuances de jaune or aux reflets orangés, souvent voilés. Très pétillantes, piquantes, mousseuses en bouche. Arômes complexes sur une première note de pomme. Fromageuses, rancies, faisandées, elles livrent des bouquets qui nous transportent dans des jardins fragrants, tout en étant souvent astringentes. La complexification du vieillissement en cave donne des résultats étonnants et constitue souvent des expériences gustatives inouïes. Par ces caractéristiques, le lambic fait le pont entre la bière et le vin. Plusieurs aspects considérés comme des défauts dans l'ensemble des autres styles sont ici tenus comme de très grandes qualités! De petites brasseries artisanales, comme Cantillon, F. Boon et Lindemans, brassent cette bière passion où le style ne laisse aucun goûteur indifférent. On aime ou on déteste.

Il n'existe pas de véritables producteurs de lambics ou de gueuzes au Québec. Deux brasseries ont étiqueté certaines de leurs bières en employant ces termes: la Ferme Brasserie Schoune et la Microbrasserie Breughel. Le profil gustatif dénotait des acidités âcres souvent polluées de caoutchouc brûlé et de sirop médicamenteux qui n'avaient rien à voir avec la finesse des lambics belges. De toute évidence, les bières n'étaient pas produites selon la méthode traditionnelle. D'ailleurs, la Ferme Brasserie Schoune dissimule sa méthode de fabrication en disant qu'elle est «jalousement gardée secrète». On comprend pourquoi. Un certain nombre de bières de petites brasseries québécoises offrent plus ou moins fréquemment des produits «gueuzés». Ils surissent en cuve de garde ou même en bouteille, développant ainsi des signatures propres aux bières aigres de la Belgique.

Quelques exemples

- La plupart des bières de la Microbrasserie Breughel
- Certaines bières des brasseries Bièropholie, Les Frères Houblon, La Ferme Brasserie Schoune, La Tour à bières et Le Grimoire

LAMBIC AUX FRUITS

Couleur: variable, allant de rosé pour les bases de fruits rouges à pêche, dorée, etc.
Alc./vol.: 3,5 à 6 %
Saveur dominante: celle du fruit employé
Saveur secondaire: aigreur variable – les bières des grandes brasseries commerciales sont beaucoup plus sucrées que les bières artisanales, mais l'aigreur est habituellement facilement détectable
Étalement: allongé par la douceur du fruit
Texture: soyeuse

Comme c'est le cas des lambics purs, des fruits – ou des jus de fruits – sont ajoutés à la bière afin d'équilibrer l'acidité avec des saveurs de fruits. Les fruits traditionnels employés sont la cerise (*kriek*) et la framboise (*frambozen*). Depuis le début de la révolution microbrassicole, d'autres fruits sont employés (pêche, banane, etc.). Le fruit enrobe alors les saveurs aigres pour rendre la bière plus agréable au goût. Ce procédé est destiné à une consommation dans les quelques semaines suivant la mise en bouteille.

GUEUZE LAMBIC

La gueuze est un assemblage de lambic et d'une bière douce ou sucrée. Il existe deux types de gueuze lambic : le premier assemble un vieux lambic et un jeune lambic, et le second combine une faible proportion de lambic avec une grande proportion de bière sucrée. Naturellement, cette dernière version est la plus vendue et la moins traditionnelle. Les produits Belle-Vue vendus au Québec sont faits à la façon de ce deuxième type.

Comme pour toutes les bières d'assemblage qui sont composées pour offrir une saveur précise au moment de l'embouteillage, elles sont destinées à une consommation immédiate. Leur profil de saveurs évolue considérablement avec le temps.

Notons qu'un style voisin propose des bières foncées : les brunes des Flandres. Il arrive quelquefois que les brunes des Flandres soient catégorisées comme des lambics, au Québec.

BLONDES LÉGÈREMENT AMÈRES

SVETLE
Couleur : de blond à cuivré
Alc./vol. : 3,5 à 6 %
Saveur dominante : malt, souvent légèrement caramélisée
Saveur secondaire : amertume de houblon floral
Étalement : moyen, malté et amer de houblon
Texture : veloutée

Jusqu'en 1842, la plus pâle des bières était rousse. Avant cette date fatidique, les techniques de maltage n'étaient en mesure de produire qu'un malt plus ou moins torréfié. Au moment où la brasserie de la ville de Plzen, en Bohême, développe une nouvelle malterie, en utilisant des équipements modernes (pour l'époque) et surtout une eau très douce, on découvre le malt pâle et on invente accidentellement la bière blonde.

Dès ce moment, le style de bière produit par la brasserie de Plzen est considérablement imité et baptisé de la version germanique de ce nom, Pilsen, et de ses variations sémantiques (signifiant bière de Pilsen) ou tout simplement «pils». Pour se protéger, la brasserie de Pilsen ajouta «d'origine véritable» à son nom : Urquell. En République tchèque, la Pilsner Urquell est classée dans la famille des svetles. Soulignons qu'on y distingue trois svetles différentes grâce à l'ajout d'un suffixe qui indique la densité *plato*. Il s'agit d'une unité de mesure de la concentration de sucre dans le moût avant fermentation. Les trois catégories suivantes sont employées : 10, 12 ou 14 degrés. Il s'agit d'un terme technique et non d'une information basée sur les saveurs. À l'aveugle, il est souvent bien difficile de faire la différence entre une 10° et une 12° ou encore entre une 12° et une 14°. Le profil gustatif de ces trois sous-types semblables n'en fait pas nécessairement des types spécifiques.

PILSNER

Couleur : blond pâle
Alc./vol. : 4 à 5 %
Saveur dominante : légèrement sucrée de malt, doucement amère de houblon
Saveur secondaire : amertume de houblon
Étalement : court, dominé par le houblon
Texture : mince

Comme nous venons de l'expliquer dans la section sur le style de la svetle, la pilsner est une interprétation allemande qui s'en inspire. Elle se distingue nettement des bières svetles par un maltage beaucoup moins beurré, une texture plus mince, un houblonnage plus sec et un enrobage moins malté.

Le style offre aux yeux une robe plus pâle, d'un jaune doré ; au nez, un champ très houblonné ; et aux papilles, un équilibre intense de douce amertume qui peut se transformer en douceur amère au fil des gorgées.

L'un des exemples typiques de pilsner est l'allemande Bitburger. La version en canette livre un bel équilibre malt-houblon dans la générosité.

BLONDE DU DIABLE

Saveur dominante : douceur d'alcool et levure
Couleur : blond pâle
Alc./vol. : 7 à 9 %
Saveurs de base : équilibre légèrement sucré de malt – doucement amère de houblon, notes subtiles de levure
Saveur secondaire : houblon floral
Étalement : long, dominé par l'alcool
Texture : veloutée

Dans les années 1960, la brasserie Moortgat, souhaitant protéger et faire fructifier l'héritage familial de la maison, décide d'inventer une bière blonde semblable aux pils, mais possédant une forte personnalité de bière spéciale. La brasserie s'inspire du style triple particulier aux abbayes, mais l'interprète de façon moins amère, en employant des houblons provenant de la République tchèque ou d'Allemagne. Pour la mettre en valeur, ses artisans créent également un verre de dégustation. Enfin, pour assurer la formation de ce beau col de mousse dans le vase à boire, elle griffe le fond du verre : cette écorchure favorise la libération du gaz carbonique et maintient effectivement la mousse avec beaucoup d'aisance sur le liquide. La brasserie la baptise du nom d'une de ses marques régionales, Duvel, signifiant « diable ». Ses premiers imitateurs concurrents ont non seulement copié le style, mais le nom également : Satan, Lucifer, etc. Un style spécifique de bière était né. Plusieurs autres marques sont devenues des blondes du diable classiques.

Quelques exemples

- La Blonde d'Achouffe, La Delirium Tremens, La Fin du Monde d'Unibroue (voir p. 224), La Lucifer

> **SAISON**
> Couleur : de blond à cuivré, quelquefois ambré
> Alc./vol. : 5 à 8 %
> Saveur dominante : complexité d'épices
> Saveur secondaire : amertume retenue de houblon
> Étalement : long et complexe d'épices et de houblon
> Texture : mince-soyeuse

Ce style est plus souple, plus varié, et les épices y jouent un rôle important. La saison est plutôt éclectique, ses saveurs gravitent autour du noyau d'épices, et elle comporte une grande marge d'interprétations gustatives. À la fin du XIXe siècle et au début du XXe, la plupart des brasseries belges sont situées dans des fermes. Il s'agit de petites brasseries qui approvisionnent le quartier, de la même façon que le boulanger offre son pain aux habitants des environs. Pendant la saison froide, outre la bière de base, on prépare une bière spéciale destinée à être consommée par les ouvriers au printemps et à l'été suivants. Cette bière est donc consommée plus chaude et se réchauffera, au fil des gorgées, sous les rayons du soleil. Il faut bien le souligner, la bouteille accompagne le travailleur dans les champs. On peut dire du style qu'il se situe dans une zone gustative entourée des autres grands styles blonds, en Belgique. Sa seule particularité distinctive serait la présence plus ou moins prononcée d'épices et ses notes plus aigres.

Les bières de style saison présentent un volume d'alcool variant de 6 à 8 %. La présence d'épices dans leur préparation contribue au développement d'une grande complexité, habituellement articulée autour d'un axe aigrelet. Voici une bière très désaltérante qui conserve son pouvoir d'étancher la soif, même lorsqu'elle est consommée à la température de la pièce. Un des meilleurs exemples du style est la Vieille Provision Saison Dupont.

BLONDES AMÈRES

TRIPLE

Saveurs de base : équilibre moyennement sucré de malt, relativement amère de houblon, complexité de levure
Couleur : de blond à cuivré
Alc./vol. : 7 à 10 %
Saveur dominante : complexité de levure et de houblon
Saveurs secondaires : alcool et malt
Étalement : long et complexe de levure, de malt et de houblon
Texture : soyeuse et veloutée

Les triples se distinguent par une très grande complexité, une signature de malt aux notes de caramel délicatement soulignées, ainsi qu'un bouquet houblonné très odoriférant. La seule façon de découvrir la sublime Westmalle triple (9 % alc./vol.) est par l'entremise d'une association d'importation privée, ou encore en visitant un pub spécialisé. À Saint-Hubert, sur la Rive-Sud de Montréal, le Bistro des bières belges l'inscrit à sa carte. Si cette dernière est difficile à trouver, nous pouvons cependant toujours nous recueillir sur le modèle de première qualité Saint-Arnoldus Triple (7,5 % alc./vol.).

ROUSSES DOUCES

DÉSINVOLTE ROUSSE

Désinvolte blonde teinte en rousse; la couleur ne donne
aucune contribution aux saveurs (voir désinvolte
blonde).

MONASTIQUE ROUSSE

Couleur: de rousse à brune
Alc./vol.: 5 à 7 %
Saveurs dominantes: levure, malt et souvent sucre d'orge
ou candi, notamment dans les versions plus foncées
Saveurs secondaires: fruitées
Étalement: long, sur des notes de levure
Texture: soyeuse

À l'instar des similitudes entre les désinvoltes blondes et les désinvoltes rousses, il existe souvent des analogies et des chevauche-
ments entre les monastiques blondes et les monastiques rousses.
Comme la variation des saveurs entre les marques dans ce style est
grande, il est généralement facile de faire la distinction entre deux
produits. Lorsque nous dégustons plusieurs marques à l'aveugle,
la détermination de la couleur, sur la seule base des saveurs, n'est
pas si évidente. Il est beaucoup plus facile d'établir des différences
entre les marques lorsque nous voyons la couleur du liquide.

ROUSSES AIGRES

LAMBIC AUX CERISES OU AUX FRAMBOISES

(Voir la section des blondes aigres.)

ROUSSES AMÈRES

PALE ALE

Couleur: rousse
Alc./vol.: 3,5 à 6 %
Saveur dominante: douceur de caramel
Saveur secondaire: amertume de houblon
Étalement: moyen, débutant par la douceur, se termi-
nant habituellement par le houblon
Texture: mince

INDIA PALE ALE (IPA)
Couleur: rousse
Alc./vol.: 5 à 7 %
Saveur dominante: amertume de houblon
Saveur secondaire: douceur de caramel
Étalement: long, dominé par l'amertume de houblon
Texture: mince

PALE ALE IMPÉRIALE
Couleur: rousse
Alc./vol.: 7 à 9 %
Saveur dominante: légèrement sucrée et amère de houblon, souvent de pamplemousse
Saveur secondaire: douceur de caramel
Étalement: long, amertume de houblon enrobée dans l'alcool
Texture: veloutée

VIN D'ORGE
Couleur: rousse
Alc./vol.: 7 à 12 %
Saveur dominante: alcool évoquant le whisky
Saveurs secondaires: douceur de caramel et amertume de houblon
Étalement: allongé par l'alcool, dominant une amertume de houblon
Texture: veloutée

Le monde des pale ales

La pale ale est le premier style de bière moderne développé à l'époque de la Révolution industrielle. Jusqu'à ce moment, la bière était identifiée par le nom de la ville ou de la région où elle était produite. Les traditions et les matières premières faisaient en sorte que les bières d'une région se ressemblaient. On les distinguait ainsi: la bière de Burton, la bière de Londres, etc. En Angleterre, le mot *ale* était tout simplement le nom générique de cette boisson fermentée obtenue du jus de l'orge. On nommait ainsi l'ale de Londres, l'ale de Burton... Dans les pubs, on les reconnaissait par leur teneur en alcool: *bitter*, *best bitter* et *strong*. À l'époque, les bières étaient brunâtres et souvent légèrement opalescentes. La bière rousse, pâle et scintillante qui sortait des nouvelles cuves de brassage était spontanément nommée «bière pâle»: *pale ale* dans la langue du pays. Quoique sa robe soit rousse, les bonzes de l'Académie française n'ont pas jugé utile de se rendre en Angleterre lorsqu'ils ont traduit le mot dans la langue de Molière. Ils ont choisi l'adjectif «blonde». Les bières plus foncées qui ont été créées par la suite se sont vu attribuer l'adjectif «brunes». Lorsque les bières noires sont apparues, on a abandonné le nom ale au profit de porter, indiquant ainsi qu'il s'agissait d'un style de bière complètement différent de l'ale.

La Révolution industrielle ne bouleverse pas seulement le monde alimentaire, mais également, et surtout, celui des transports. On construit une liaison ferroviaire entre Burton et Londres, ainsi que vers les ports de mer. La réputation des ales de Burton en Angleterre se répand à des centaines de lieues à la ronde. Elles sont réputées pour leur finesse et surtout leur stabilité. Plusieurs dizaines de brasseries pompent l'eau minéralisée de la nappe phréatique de la ville. Les minéraux que cette eau renferme, surtout du gypse, contribuent à produire une bière d'une très haute qualité et d'un houblonnage exquis. La brasserie Bass conquerra le monde avec la bière affichant un triangle rouge ainsi que par ses bières pâles des Indes. Les India pale ales (IPA), destinées à l'exportation, présentent un houblonnage et un taux d'alcool 30 % supérieurs aux bitters de base. Elles font maintenant osciller l'alcoomètre à 5 % alc./vol. Lorsque les microbrasseries nord-américaines proposent une IPA à leurs clients en indiquant qu'elle s'inspire des bières plus fortes traditionnellement exportées en Inde, il leur faut faire osciller le pourcentage autour de 7 % pour être crédibles. Le même principe s'applique au houblonnage; d'autant plus que, plus le pourcentage d'alcool est élevé dans une bière, plus la quantité de houblon nécessaire pour que celui-ci soit goûté augmente (hausse exponentielle. Voilà comment les Américains en sont venus à développer leurs propres interprétations des bières britanniques en employant la même terminologie. Le contenu dans les bouteilles est toutefois complètement différent. Récemment, l'adjectif «impérial» s'est ajouté aux versions de pale ales ou d'IPA. Il indique un pourcentage d'alcool additionnel. Toutes les versions de bières produites sur le style pale ale respectent donc une gradation des taux de houblonnage et d'alcool, auxquels sont ajoutés deux adjectifs: *India*, pour «un peu plus des deux», et *Imperial*, pour «encore un peu plus des deux». Le titrage de base des bières britanniques fait 3,5 % alc./vol., tandis que celui des bières américaines est de 5 % alc./vol. Comme chaque brasseur est libre d'apposer la mention qu'il souhaite sur ses étiquettes, la pale ale de l'un peut être comparable à l'IPA de l'autre ou à l'Impériale IPA du suivant. Dans bien des cas, Imperial pale ale veut dire la même chose que India pale ale!

La Bass

Napoléon Bonaparte vient de célébrer son septième anniversaire de naissance lorsque William Bass rive ses cuves à Burton-on-Trent, en 1777. Grâce au chemin de fer, Bass expédie ses ales partout dans l'Empire britannique : dans le monde entier quoi ! La marque connaît un tel succès qu'elle déclasse souvent le champagne pour saluer les célébrations. Au tournant du xixe siècle, l'empereur des Français rêve de voir la brasserie installer des cuves dans son pays. Ses projets belliqueux l'en distrairont. Que serait devenue l'histoire de la France s'il avait réussi ? Pour en revenir à Bass, soulignons que l'évolution de ses saveurs nous donne maintenant une pale ale plutôt désinvolte. Le célèbre triangle rouge ornant une toile de Manet n'est plus synonyme de prestige !

Les pale ales se vêtissent de toutes les nuances de la rousseur. Sur un pétillement moyen, elles présentent une mousse plutôt timide fondant sous le regard. Le service du fût leur sied à ravir et justifie un voyage jusqu'au pub. Elles accusent toutefois rapidement leur vieillissement par des saveurs âcres. Le froid fait honneur à notre gosier lorsque vient le temps de nous désaltérer, mais on les préfère «tablette» lorsqu'elles sont servies aux repas. Elles épousent les mets faiblement ou moyennement épicés d'origine indienne. Leur caramel explose, enrobant ainsi le piquant d'une délicatesse salutaire. En ce qui a trait aux *flirts* avec les fromages, ces bières affectionnent particulièrement les cheddars.

AUTRES VERSIONS

Version India pale ale (IPA) : plus houblonnée et plus alcoolisée. Version Imperial pale ale (ou Imperial ale) : encore plus houblonnée et plus alcoolisée. À l'occasion, des adjectifs tels que brutal, robuste, rebelle, etc. sont également employés pour indiquer une amertume tranchante.

Le style pale ale connaît plusieurs interprétations. Les versions nord-américaines sont plus amères et diffèrent ainsi des britanniques, plus délicates. Au Québec, elles se distinguent habituellement par une signature de malt-caramel légèrement sucré et de houblon moyennement amer.

Voici un style de bière particulièrement sensible aux conditions d'entreposage et de service. Les meilleures conditions pour la découvrir sont lorsqu'elle est fraîchement brassée (moins de trois mois d'âge) et servie du fût.

Quelques exemples

- Les brasseurs québécois nous proposent de grandes pale ales : Boréale rousse (5 % alc./vol.), St-Ambroise blonde (5 % alc./vol.), Bierbrier, Lion's Pride, Griffon rousse. La Boréale rousse se distingue par une douceur de caramel intense bien surmontée d'une amertume de houblon floral. La St-Ambroise Pale Ale, l'une des favorites des amateurs d'amertume, propose une généreuse dose de houblon bien équilibrée par le caramel. De plus, elle verse dans notre chope la finesse discrète du houblon entourant un cœur de malt légèrement caramélisé. La Lion's Pride, avec 4,8 % alc./vol., est une rousse scintillante coiffée d'une mousse modeste mais tenace. Elle fait jaillir un parfum suave de houblon et apparaître une amertume tranchante et florale en entrée de bouche, suivie d'un subtil goût de céréales fraîches. De corps mince et velouté, il en ressort un agréable équilibre qui fait danser le malt-caramel et le houblon. L'amertume disparaît progressivement en arrière-goût pour s'abandonner en postgoût en jouant sa note florale. La Griffon rousse (4,5 % alc./vol.) est une rousse coiffée d'une mousse fugace qui propose un nez sucré de malt, de sucre de malt et de caramel. Sa rondeur moyenne en bouche se compose de notes de caramel et de saveurs bien houblonnées. En postgoût, l'amertume du houblon laisse un vent de fraîcheur désaltérante en bouche. Tous ces choix sont meilleurs du fût fraîchement percé.

Le style alt, qu'on voit à l'occasion sur des étiquettes, prend sa source dans les alts de Düsseldorf. *Alt* signifie vieux ou traditionnel. Il s'agit d'un vocable au sens très large qui témoigne de plusieurs réalités différentes en Allemagne, y compris dans le monde de la bière. On trouve des alts différentes un peu partout à l'est du Rhin. Les alts les plus reconnues sur la «planète bière» sont celles de Düsseldorf. Six brasseries se côtoient dans le vieux quartier de la ville allemande. Elles proposent toutes des interprétations d'une bière rousse, enrobée de saveurs de caramel et délicatement relevée de fraîcheur de houblon. Un profil semblable aux pale ales britanniques, quoi! Si les auteurs de la Grande-Bretagne n'ont jamais hésité à classer dans la famille des ales des bières du style blanche de la Belgique, un style qui n'a absolument rien en commun avec la tradition, ils ont tout de même maintenu une classification différente pour désigner les alts, qui pourtant ressemblent beaucoup aux pale ales! Deux poids, deux mesures. On sait que la Belgique, pays traditionnellement neutre, s'est souvent fait envahir par les Allemands ou les Britanniques dans leurs chicanes avec la France. Pour leur part, les Allemands et les Anglais se vouent un respect millénaire malgré les guerres… Cette nomenclature particulière distincte pour maintenir le style alt s'explique ainsi par des raisons politico-historiques. Bref, lorsque nous ouvrons une bière étiquetée *Alt*, il faut nous attendre à boire une pale ale. Il n'en demeure pas moins que le protocole de service des alts à Düsseldorf vaut le déplacement pour quiconque voyage en Belgique. La ville est située à moins de deux heures de Bruxelles. Les établissements ne servent qu'une seule bière dans des godets de 20 cl. Le garçon remplit ses plateaux de verres et vient les distribuer aux clients. Ceux-ci n'ont pas besoin de commander, ils n'ont qu'à indiquer au serveur le nombre de petits verres qu'ils souhaitent prendre.

BRUNES DOUCES

DOUBLE
Couleur : roux foncé, brune
Alc./vol. : 7 à 8 %
Saveurs dominantes : sucrée de sucre candi, quelques notes de noix
Saveurs secondaires : fruitées, de levure légèrement houblonnée
Étalement : long, dominé par le sucre
Texture : soyeuse

MONASTIQUE BRUNE
(Voir Monastique rousse.)

La monastique brune est souvent une version intermédiaire entre la monastique rousse et la double. Les différences entre ces trois appellations sont tissées de nuances gustatives par lesquelles l'âge du produit exerce une influence importante. Certains produits peuvent changer de catégories en fonction de leur âge et des conditions d'entreposage.

DOUBLE BOCK
Couleur : de roux foncé à brune
Alc./vol. : 8 à 9 %
Saveur dominante : sucrée de sucre candi ou légèrement de caramel
Saveurs secondaires : alcool, caramel ou sucre d'orge
Étalement : long
Texture : ronde

LES BIÈRES DE BLÉ BRUNES

DUNKEL WEIZEN
Couleur : rousse
Alc./vol. : 4 à 5 %
Saveur dominante : douceur aux notes de banane ou de cassonade
Saveur secondaire : légère aigreur
Étalement : long, dominé par la douceur de banane et de blé
Texture : soyeuse

DUNKEL WEIZEN BOCK

Couleur: rousse

Alc./vol.: 5 à 7 %

Saveur dominante: douceur aux notes chocolatées ou de cassonade

Saveur secondaire: légère aigreur

Étalement: long, dominé par la douceur chocolatée ou de sucre

Texture: soyeuse

Bière créée par Schneider, en Allemagne (Aventinus), présentant des notes sucrées, chocolatées et de filets de caramel qui s'entrelacent avec le fruit de la banane et des agrumes, le tout enveloppé dans une rondeur somptueuse. Ces bières assurent un coup de foudre parfait, notamment lorsqu'elles sont découvertes fraîchement sorties de la brasserie. En vertu de ce principe, il est important de savoir qu'elles se dégradent assez rapidement. Elles s'affadissent et développent des saveurs aigres désagréables. Il faut impérativement les entreposer dans un réfrigérateur si l'on souhaite en faire une réserve.

BRUNES AIGRES

BRUNE DES FLANDRES

Couleur: roux foncé

Alc./vol.: 4 à 7 %

Saveur dominante: aigreur de chêne

Saveur secondaire: fruitée de fermentation, surtout de pomme verte

Étalement: long, dominé par l'aigreur

Texture: mince

BRUNE DES FLANDRES AUX FRUITS
(habituellement aux cerises ou aux framboises)

Couleur: roux foncé

Alc./vol.: 4 à 7 %

Saveur dominante: aigreur de chêne

Saveur secondaire: fruitée de fermentation ou de fruits utilisés

Étalement: long, dominé par l'aigreur

Texture: soyeuse

Comme son nom l'indique, cette bière est originaire des Flandres en Belgique. Elle titre entre 4 et 7 % alc./vol. et se caractérise par une signature bien précise d'aigreur. Il s'y dissimule habituellement une complexité fruitée, notamment de la pomme. Plusieurs versions sont aromatisées aux fruits, les plus populaires étant les cerises (*kriek* en néerlandais) et les framboises (*frambozen*). De temps à autre, des épices sont également employées. Ce style excelle pour désaltérer, notamment pendant la saison estivale. Aux repas, il affectionne particulièrement être vu aux côtés des desserts, spécialement ceux qui contiennent du chocolat. Lorsqu'elle courtise les fromages, cette bière préfère les chèvres, mais elle aime bien également les cheddars.

Quelques exemples

- La Quelque Chose (8 % alc./vol.) d'Unibroue (voir p. 224). Cette bière dévoile toute sa complexité épicée lorsqu'elle est réchauffée. Consommée à l'extérieur, l'hiver, elle devient une boisson très réconfortante.
- L'Aigre des Flandres la plus populaire est la Liefmans Frambozen (4,5 % alc./vol.). Elle s'allonge sur la langue en un filet soyeux de fruit qui sautille allègrement sur l'aigreur classique.
- La sublime Duchesse de Bourgogne (6,2 % alc./vol.) excite avec les composantes fruitées de son boisé et son chocolat dansant sur un mince fil d'acidité.

BRUNES LÉGÈREMENT AMÈRES

BROWN ALE (ET NUT BROWN ALE)
Couleur : brune
Alc./vol. : 4 à 6 %
Saveur dominante : douceur de malt ou de noisettes
Saveurs secondaires : noisettes, torréfaction survolée de houblon
Étalement : moyen, dominé par le malt
Texture : mince à moyenne

La brown ale est la réponse nordique aux pale ales du sud de l'Angleterre. Ce style se distingue par une signature de légère torréfaction de noix ou de noisettes bien définie. Il ne s'agit pas d'un style très populaire au Québec.

Quelques exemples

- Brasserie McAuslan (voir p. 250)
- Brasseurs et Frères, de Dunham, propose une excellente brown ale…
- Certaines marques, telle la Mort de rire, offrent une interprétation nut brown ale où les notes de noix ou de noisettes dominent facilement le bouquet.

NOIRES DOUCES

SCOTCH ALE
Couleur : brune à noire
Alc./vol. : 9 à 14 %
Saveurs dominantes : alcool, sucre aux notes de beurre
  de caramel
Saveurs secondaires : alcool, caramel légèrement brûlé
Étalement : long
Texture : veloutée

Les bières spéciales d'inspiration belge de couleur foncée se distinguent par des saveurs plus sucrées mais relevées d'épices, souvent l'anis étoilé (badiane), et une amertume de houblon dissimulée sous l'alcool. La gradation en pourcentage d'alcool par volume varie de 5 % pour la monastique rousse ou brune à 12 % (quelquefois 14 %) pour la quadruple (ou ABT). La double est tout simplement une version plus alcoolisée de la simple, avec des notes sucrées un peu plus prononcées (sucre d'orge ou caramel). La scotch ale est une version de la double un peu plus alcoolisée, dont les notes de sucrées à caramélisées (*butterscotch*) sont beaucoup plus prononcées et la texture plus veloutée.

On peut s'étonner d'inscrire le style scotch ale dans une influence d'origine belge. Un distributeur de bières – John Martin – a eu l'idée un jour d'offrir une «authentique» scotch ale aux Belges en la faisant brasser en Écosse. Il s'agissait d'un produit destiné à être vendu en Belgique : la Douglas Scotch Ale. La marque McEwans a suivi. Le succès était au rendez-vous. Puis sont arrivés les grands mouvements d'exportation et ces Douglas et McEwans écossaises se sont retrouvées en Amérique du Nord. Ensuite, un marchand américain a décidé de faire brasser une scotch ale belge McAndrews à Édimbourg, expressément pour conquérir le marché des États-Unis. Les consommateurs n'y ont vu que des bulles et ils ont cru que ces bières faisaient partie d'un style d'origine écossaise. Cette popularité a fait redécouvrir le style aux brasseurs écossais et ceux-ci ont déterré leurs livres de recettes contenant des bières semblables traditionnellement nommées «Wee heavy».

Le style est de plus en plus brassé par les petites brasseries québécoises. Par sa nature digestive et sucrée, le style scotch ale plaît spontanément aux papilles. De plus, il s'agit d'un rare style de bière au pouvoir de métamorphose gustative évolutive et positive.

La madérisation qui s'effectue dans les bouteilles gorgées de caramel ajoute des saveurs mielleuses. La complexité des filets sucrés le rend très agréable et en fait un complément savoureux aux fromages bleus.

Les meilleurs exemples de scotch ale : McAuslan Scotch, Maître-brasseur, Île d'Orléans, sans oublier la classique McEwans.

QUADRUPLE
Couleur : brune à noire
Alc./vol. : 9 à 14 %
Saveurs dominantes : alcool, sucrée, souvent agrémentée d'anis étoilé
Saveurs secondaires : alcool, levure
Étalement : long
Texture : moyenne

La quadruple, titrant encore plus haut, renferme moins de notes de caramel, mais affiche une présence plus ou moins soutenue d'épices évoquant souvent l'anis (anis étoilé, menthe, réglisse, cumin, fenouil, etc.) ou le clou de girofle (clou, muscade, etc.).

STOUT DES ANTILLES
Couleur : brun foncé à noire
Alc./vol. : 7 à 12 %
Saveur dominante : sucre d'orge
Saveurs secondaires : alcool, sucre d'orge
Étalement : long et sucré
Texture : veloutée

Style évolutif des stouts d'origine irlandaise, brassé en fonction des préférences des populations habitant sous les tropiques, son taux élevé d'alcool et sa quantité de sucre le distinguent des autres. Le style est présent aux Antilles et dans les pays asiatiques.

NOIRES AMÈRES (PORTERS ET STOUTS)

PORTER
Couleur : noire
Alc./vol. : 4 à 6 %
Saveur dominante : de torréfaction, rôtie
Saveur secondaire : notes de café
Étalement : long, dominé par le rôti
Texture : mince

PORTER IMPÉRIAL OU (PORTER DE LA BALTIQUE)

Couleur: noire
Alc./vol.: 7 à 10 %
Saveurs dominantes: alcool, de torréfaction, rôtie,
  notes de chocolat
Saveurs secondaires: notes de café, de chocolat
Étalement: long, tissé de café et de chocolat
Texture: veloutée

La famille des bières noires aux notes de torréfaction intense naît du porter en Angleterre. À son origine, autour des années 1722-1740, le porter combinait toutes les caractéristiques gustatives des trois types de bières en fût présents en Angleterre. Il portait alors le nom d'«entière» (*entire*). Les portiers (*porters*) d'un marché de Londres en avaient fait leur bière fétiche. Les trois bières en question étaient en réalité la plus fraîche (non surie), la moyennement fraîche (qualité moyenne) et la périmée (surie, moins coûteuse). Le principe de l'assemblage était tout simplement d'adoucir les saveurs des bières aigres. Il fut vite possible de masquer les multiples défauts en employant du malt rôti. La chose est bien connue de nos jours, et les bières de styles porter et stout se conservent facilement; il semble difficile de leur faire subir des défauts d'entreposage.

Un jour, Arthur Guinness, de Dublin, en Irlande, décida de brasser un porter de qualité supérieure. Il ajouta au nom un adjectif décrivant sa caractéristique gustative particulière: porter amer ou, si vous préférez, *stout porter*, dans la langue du rockeur Bono. Son nom officiel à l'époque était Guinness Extra Stout Porter. Notons que Sir Arthur utilisait des grains d'orge rôtis plutôt que du malt rôti. Pourquoi? Souhaitait-il développer un nouveau style aux saveurs plus sèches, comme le lui suggéraient ses études de marché? À l'époque, l'accise irlandaise taxait le malt et non les céréales (ou la bière produite). À l'instar de bien des entrepreneurs, il avait à tout le moins trouvé une façon d'économiser!

L'un des principaux facteurs ayant contribué à l'abandon de la production des bières noires au Royaume-Uni est relié à la Première Guerre mondiale, avec les restrictions d'utilisation d'énergie. Soulignons au passage que l'Irlande indépendante n'était pas soumise aux mêmes efforts de guerre. Ainsi, Guinness profita alors de conditions idéales pour assurer la croissance de son entreprise dans tous les pays de l'Empire britannique.

Nous savons maintenant qu'il s'agissait plutôt de bières désinvoltes sucrées aux notes de maïs ayant perdu toute caractéristique de rôti, comme c'est le cas aujourd'hui de la Rickard's Red, qui est une blonde teinte en rousse. Cela n'empêche toutefois pas que les bières noires offrent une expérience gustative très intéressante.

STOUT
Couleur: noire
Alc./vol.: 4 à 6 %
Saveur dominante: de torréfaction, rôtie
Saveur secondaire: amertume de houblon
Étalement: long, tissé de rôti et de houblon
Texture: mince

STOUT IMPÉRIALE
Couleur: noire
Alc./vol.: 7 à 10 %
Saveurs dominantes: alcool, de torréfaction, rôtie
Saveurs secondaires: notes de rôti et de chocolat
Étalement: long, tissé de rôti et de chocolat
Texture: veloutée

Il est bien difficile de nos jours d'établir une nette distinction entre le porter et la stout. La frontière se situe dans l'intensité de la présence de deux variables: l'amertume rôtie ainsi que l'amertume de houblon. Des produits slaves à fermentation basse comme les porters de la Baltique offrent un profil de saveurs plus près des… doubles et scotch ales belges que des porters d'origine britannique ou américaine! Le même commentaire se confirme pour les stouts impériales et les stouts tropicales, tels que la Dragon Stout et la Lion Stout.

La version pub de l'authentique Guinness est vendue en canette, le brasseur ayant inventé un système unique qui permet au consommateur de se servir à la maison une bière poussée par l'azote. En effet, un ingénieux réservoir est dissimulé au fond de la canette et ne libère son gaz qu'une fois la languette soulevée. Néanmoins, rien ne peut remplacer la douce sensation de bien-être qui nous envahit en dégustant une véritable Guinness Stout directement d'un fût fraîchement percé dans un pub. Soulignons au passage que la Guinness Pub Draught est une invention récente et que sa sœur, soutirée du fût, est également relativement récente. Il s'agit de la réponse de Guinness aux pressions en faveur du maintien du *cask*.

Quelques exemples
- Boréale noire de Brasseurs du Nord (voir p. 190)
- Guinness
- Labatt (voir p. 249)
- St-Ambroise noire de la microbrasserie McAuslan (voir p. 250)

Il existe certaines grandes bières uniques, non imitées, qui deviennent inclassables par la force des choses. Le plus bel exemple du caractère atypique d'une grande marque de bière nous est offert par la bière belge Orval. Sur le chemin de la création d'une bière de terroir, plusieurs brasseries proposent des bières tellement originales qu'elles ne peuvent être versées dans un style existant. Les bistros-brasseries Bedondaine & Bedons Ronds (Chambly) et La Memphré (Magog) font partie de ces brasseurs éclectiques.

Des études de marché prétendent que la majorité des consommateurs préfère les bières douces et dénuées d'amertume. Puisqu'une minorité aime l'amertume, cela a permis de mettre sur le marché des bières spéciales. Cette petite minorité aime ce qui est différent et ce qui est osé pour la simple raison de la dissemblance! Ces consommateurs font des déclarations politiques de goût, tout en le faisant évoluer dans une direction marginale. Ça peut choquer les papilles au début, mais, ma foi, je constate que je développe souvent des affinités avec ces saveurs. Certaines brasseries se font une spécialité de foncer dans cette direction. La brasserie Rogue, aux États-Unis, en est une, la Bièropholie est la nôtre.

Quelques exemples

❧ La Calumet et la S, de Bièropholie (voir p. 188)

Classification des bières par principaux styles d'origine

HÉRITAGE FRANÇAIS
- De garde, blonde, rousse, brune
- Originale comportant épices ou alcools

HÉRITAGE BELGE
- Abbaye blonde
- Abbaye brune ou rousse
- Double
- Triple
- Quadruple
- Saison
- Blonde du diable
- Lambic et ses déclinaisons (gueuze, lambic aux fruits, etc.)

HÉRITAGE GERMANIQUE
- Pilsner
- Hells (Lager blonde)
- Svetle
- Berliner
- Rauchbier
- Bock et ses déclinaisons (double bock, eisbock, etc.)
- Weizen et ses déclinaisons (dunkel, dunkel bock, kristall, etc.)

HÉRITAGE BRITANNIQUE
- Bitter
- Pale ale
- India pale ale
- Old ale
- Porter et ses déclinaisons (de la Baltique et autres)

HÉRITAGE IRLANDAIS
- Stout

HÉRITAGE AMÉRICAIN
Quoique leurs noms soient les mêmes que les bières d'héritage britannique, il s'agit de bières différentes, moins sucrées et plus amères.

- Pale ale
- India pale ale
- Barley Wine
- Stout et ses déclinaisons (impériale, *milk*, etc.)
- Porter et ses déclinaisons (de la Baltique et autres)
- Plusieurs bières originales inclassables

On note une importante évolution des styles par la nature des ingrédients qu'on ajoute, ainsi qu'une explosion de styles inclassables, surtout dans les pays dénués de traditions brassicoles séculaires : partout en Amérique du Nord, dans les pays scandinaves, en Italie, au Japon…

Brasserie : de Saint-Sylvestre (France)
Alc./vol. : 8 %
Couleur : blonde
Style : de garde, blonde

3 MONTS

Cette belle ambassadrice du nord de la France séduit par sa douceur. Son nez de malt, bien soutenu par des notes d'alcool, invite aux plaisirs faciles. Veloutée par la rondeur de son alcool en bouche, elle joue des notes sucrées, survolées par une légère amertume de houblon. On peut facilement la confondre avec une lager blonde. L'arrière-goût allonge la douceur jusque dans la finale.

Bière rousse surmontée d'une mousse épaisse et tenace, elle offre des arômes épicés, notamment de clou de girofle, ainsi que de fruits, surtout de banane. Les effluves d'alcool dansent avec le blé, la cassonade et la banane. La bière emplit la bouche par sa texture mousseuse. On y trouve une fine aigreur de blé, une générosité corsée de cassonade, de fruits et une belle amertume d'alcool. L'étalement unit toutes ces saveurs en fondu.

Brasserie : Schneider (Allemagne)
Alc./vol. : 8 %
Couleur : rousse
Style : dunkel weizen bock

AVENTINUS

Brasserie : Strangeways Brewery (Angleterre)
Alc./vol. : 4,8 %
Couleur : cuivrée
Style : pale ale azotée

BODDINGTON

Corps bronzé coiffé d'une épaisse meringue qui insiste pour marquer sa présence jusqu'à la dernière goutte. L'exhalaison florale émet un parfum délicatement houblonné et adroitement habillé de beurre de caramel. Ronde et soyeuse en bouche, elle offre d'abord une douceur de céréales, vite rejointe par une amertume de houblon frais et quelques notes de métal.

Brasserie : Abbaye Notre-Dame-de-Scourmont (Belgique)
Alc./vol. : 9 %
Couleur : roux foncé
Style : quadruple

CHIMAY GRANDE RÉSERVE

Robe rousse auréolée d'une mousse onctueuse qui s'agenouille assez rapidement à cause de son pourcentage d'alcool. Elle dévoile un nez complexe, herbeux, épicé, caramélisé et boisé. Son alcool transcende, amplifie sa finesse et l'allonge. Une fine amertume de houblon se faufile dans cette masse de douceur. Un goût de sucre vient se coller à l'alcool.

Rousse à la mousse évanescente. Son nez est très aguichant, proposant des effluves fruités évoquant la pomme-cerise et légèrement boisés, rappelant le chêne. En bouche, on peut déceler un goût de chocolat qui s'ajoute. Une fine acidité demeure dissimulée sous le sucré. Quelques élans d'un grand art évoquent à l'occasion le cognac. Postgoût aigre-fruité.

Brasserie : Verhaeghe-Vichte (Belgique)
Alc./vol. : 6,2 %
Couleur : rousse
Style : rouge des Flandres

DUCHESSE DE BOURGOGNE

Brasserie : Duvel-Moorgat (Belgique)
Alc./vol. : 8 %
Couleur : paille dorée
Style : blonde du diable

DUVEL

Blonde très pâle, au corps fébrile d'un pétillement étourdissant soutenant une mousse dense, onctueuse et tenace : irrésistible. Elle forme un champignon nucléaire au centre du verre. Nez dégageant un bouquet composé d'alcool, de levure et de houblon d'une grande finesse. En arrière-nez, c'est le citron sucré. En bouche, une généreuse douceur fait délicatement place à une amertume élégante. Ronde et soyeuse, cette délicate amertume survole la langue en offrant un baiser d'une grande fraîcheur. Long étalement mettant en valeur sa levure.

135

Brasserie : Abbaye de
Floreffe (Belgique)
Alc./vol. : 6,3 %
Couleur : brune
Style : double

FLOREFFE DOUBLE

Jolie rousse coiffée d'une mousse moyenne qui tient bien. Son pétillement moyen nourrit une explosion de douceur maltée au nez. L'effluve exhale alors le parfum d'une épice exotique qui donne le goût de s'y tremper les lèvres. Elle se présente ronde et soyeuse en bouche. La douceur de ses notes de sucre d'orge délicatement enrobé de caramel enveloppe le refrain subtilement épicé. Étalement long et somptueux.

Jolie rousse coiffée d'une mousse fugace qui trace une belle dentelle sur le verre au fil des gorgées. Son nez de malt et de caramel aguiche. La fraîcheur du houblon veille en arrière-plan et ne s'exprime qu'en arrière-goût. En bouche, la rondeur moyenne soutient des notes douces de caramel. La finale est signée par le houblon délicatement enrobé de caramel.

Brasserie : Fuller's
(Angleterre)
Alc./vol. : 5,9 %
Couleur : rousse
Style : pale ale

FULLER'S EXTRA SPECIAL ESB

Brasserie : Guinness
(Irlande)
Alc./vol. : 4,1 %
Couleur : noire
Style : stout

GUINNESS PUB DRAUGHT

Noire intense, coiffée d'une mousse légendaire étonnamment mince en bouche, sa texture fuyante imprègne néanmoins les papilles de la double amertume de sa combinaison malt et orge torréfiés, ainsi que de son houblon. Son nez rôti évoque le café noir. L'amertume du rôti se développe par des notes de pain grillé. En étalement, un mince filet d'amertume de houblon se déploie et enveloppe son corps frêle. L'amertume s'approprie sans ménagement tout l'arrière-goût.

Brasserie : Hacker-
Pschorr (Allemagne)
Alc./vol. : 5,5 %
Couleur : blonde voilée
Style : hefe weisse

**HACKER-PSCHORR
HEFE WEISSE**

Blonde voilée qui se coiffe d'une mousse abondante. Son pétillement généreux anime vigoureusement le verre. Les effluves de banane sautent au nez. Quelques fumets de clou de girofle tournoient tout autour. Rondeur moyenne en bouche qui propose d'abord des saveurs subtiles de levure. Une délicate saveur de banane et de blé s'allonge ensuite. En arrière-goût, la complexité de la levure, du blé et du fruit compose une belle chorégraphie.

Rousse sans pétillement, coiffée de cette mousse légendaire poussée par l'azote. Nez timide de caramel relevé d'un léger bouquet de houblon. D'une grande minceur en bouche, elle allonge sur les papilles un mince tapis de caramel. La fraîche amertume du houblon y sautille joyeusement. La douce caresse du caramel s'ajoute au tableau au début de l'arrière-goût. Le duo valse allègrement et longuement en étalement sur les papilles. Désaltérante à souhait, elle évoque avec beaucoup d'efficacité les célèbres services en *cask* britannique.

Brasserie : E. Smithwick
and Son (Irlande)
Alc./vol. : 4,3 %
Couleur : rousse
Type : pale ale à l'azote

KILKENNY

Brasserie : Duvel-Moortgat
(Belgique)
Alc./vol. : 8 %
Couleur : blonde
Style : blonde du diable/triple

LA CHOUFFE

Blonde cuivrée au pétillement exubérant qui provoque la formation d'une mousse épaisse et tenace. On sent le thé Earl Grey, le curaçao et la coriandre. Ronde et veloutée en bouche, elle explose de nuances tissées d'agrumes et de houblon. L'étalement se fait en fondu : d'abord le sucré, auquel se superpose l'amertume, puis le retour des agrumes sous la saveur de la bergamote annonce une finale longue et orangée. Celle-ci est bien enveloppée par l'alcool et la douceur du malt. Bel équilibre de l'orange, du houblon et de l'alcool.

Brasserie : Scottish Courage (Écosse)
Alc./vol. : 8,5 %
Couleur : noire
Style : scotch ale

MCEWANS SCOTCH ALE

Rousse foncée, coiffée d'une mousse moyenne persistante. Ronde et veloutée en bouche, sa base de caramel domine. Elle est toutefois harmonieusement rehaussée d'une délicate amertume de houblon et de caramel brûlé, le tout bien enveloppé dans l'alcool. Postgoût : amertume caramélisée.

Note : à découvrir au dessert ou avec des fromages.

Ce grand cru du monde des cervoises se distingue d'abord par un nez résineux, intense, qui évoque le sapin. D'entrée de bouche, elle frappe par sa complexité et son amertume intense de houblon et de levure. Son pétillement fait exploser et amplifie ses saveurs à chaque gorgée. Une passion se développe alors assurément chez l'amateur pour découvrir tous les états d'âme de cette bière en fonction de son âge et de sa température de service.

Brasserie : Abbaye d'Orval (Belgique)
Alc./vol. : 6,9 %
Couleur : cuivrée
Style : inclassable, un grand cru trappiste

ORVAL

Brasserie : Paulaner (Allemagne)
Alc./vol. : 7,9 %
Couleur : rousse
Style : double bock

PAULANER SALVATOR

Robe rousse coiffée d'une mousse fugace. Son nez intense de sucre d'orge est agrémenté d'agréables filets de caramel. Le tandem tisse un écrin savoureux. En bouche, cette double bock séduit par sa saveur de sucre d'orge qui tend ses draps soyeux. Le houblon rafraîchissant vient y sautiller de plaisir. La subtile amertume d'alcool est vite rejointe par sa saveur sucrée. Le couple danse alors un tango aguichant et très désaltérant. En finale, la bise espiègle du houblon subsiste en délicatesse.

Brasserie : Pilsner Urquell
(République tchèque)
Alc./vol. : 4,4 %
Couleur : or
Style : svetle

PILSNER URQUELL

Dorée et scintillante, elle est dotée d'une mousse fugace. Son houblon champêtre livre un parfum d'une grande fraîcheur. Elle se présente en bouche en affirmant d'abord son malt aux notes retenues de caramel. L'amertume rustique du houblon s'exprime ensuite, équilibrant la douceur de la céréale. Désaltérante, elle offre un bel équilibre dans sa générosité de malt et de houblon.

D'un beau marron aux reflets bourgogne, cette bière présente une mousse fugace et un nez complexe articulé autour de l'alcool. L'écorce, la fumée, le caramel et le madère s'y enroulent afin de créer un parfum subjuguant. Liquoreuse en bouche, elle offre un sirop d'alcool aux notes boisées sur lesquelles pianotent quelques gouttes de caramel. Son étalement est long et persistant, tandis que son postgoût est fait d'amertume d'alcool. À découvrir chambrée, en fin de soirée, l'hiver, en remplacement d'un whisky ou d'un cognac.

Brasserie : Schlossbrauerei
Eggenberg (Autriche)
Alc./vol. : 14,2 %
Couleur : rousse
Style : vin d'orge

SAMICHLAUS

Brasserie : Dupont
(Belgique)
Alc./vol. : 6,5 %
Couleur : blonde
Style : saison

**VIEILLE PROVISION
SAISON DUPONT**

Paille dorée, au pétillement champagnisé, sa mousse est épaisse, onctueuse et elle tient bien. Ses arômes riches de cidre, de houblon frais, de citron et d'épices chatouillent. En bouche, elle offre une riche complexité de flaveurs généreuses. Toutes les saveurs de base s'y retrouvent, dans un équilibre parfait. Bière d'une grande finesse, elle est subtile dans son amertume, dans son sucré et dans son acidité d'épices. Postgoût : légère aigreur citronnée. Une grande bière !

139

La communauté microbrassicole québécoise propose une grande variété de bières, dans tous les styles possibles et impossibles. La frontière des grands classiques internationaux n'existe pas au Québec. La présence de deux malteries, les nombreuses houblonnières qui sont créées et l'emploi de fruits et d'épices contribuent à la création de nouveaux styles de bière. Au moment de la rédaction de cet ouvrage, les nouvelles bières fusaient de toutes parts. Bien malin celui qui serait en mesure de toutes les goûter et les analyser. De retour d'une visite de chacune des brasseries, il faut y retourner pour déguster les nouveaux produits qui ont été développés depuis notre passage! Il en serait de même à nouveau après une deuxième tournée, et ainsi de suite. Je vous présente donc ici l'analyse de quelques grands crus brassés au Québec.

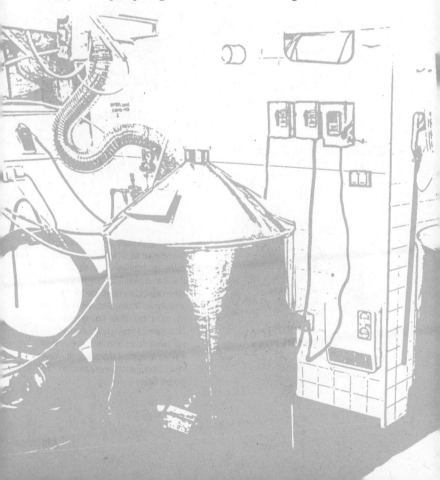

Brasserie : Hopfenstark
Alc./vol. : 8 %
Couleur : noire
Style : porter de la Baltique

BALTIC PORTER DE L'ANCRIER

Vêtue d'une robe noire et couronnée d'une mousse dense, cette bière prodigue une généreuse caresse de malt délicatement rôti, agrémentée de quelques notes aigres qui évoquent les petits fruits rouges. En étalement, de subtiles notes de réglisse se développent. Une fusion tissée d'une fine complexité de fruit, d'anis et de torréfaction s'allonge en arrière-goût.

Jolie rousse animée d'un pétillement modeste dont la mousse moyenne s'évanouit rapidement. Au nez, le caramel et le caramel brûlé aguichent d'abord ; un effluve de houblon s'en échappe ensuite. En bouche, le caramel tisse un voile sur lequel sautille son amertume de houblon. On perçoit à l'occasion une amertume assortie d'un mi-sucré de caramel. En arrière-goût, l'amertume de houblon se fait bien sentir.

Brasserie : Le Lion d'Or/
Golden Lion
Alc./vol. : 4,8 %
Couleur : rousse
Style : pale ale

BISHOP'S BEST BITTER

Brasserie : La Barberie
Alc./vol. : 10 %
Couleur : blonde
Style : inclassable

BLONDE AU CHARDONNAY

Jolie blonde scintillante à la modeste chevelure moussée. Son alcool explose d'enthousiasme au nez, transportant des arômes champagnisés veinés de vanille et de raisin blanc. La générosité de son pétillement enveloppe la bouche. Sa complexité fruitée, amplifiée par le fort taux d'alcool, assure une présence très rafraîchissante en bouche. Le houblon et la douceur du malt ajoutent une texture veloutée pendant l'étalement. La finale conclut sur une belle sensation de fraîcheur fruitée.

Brasserie : Brasseurs RJ
Alc./vol. : 8 %
Couleur : blonde
Style : blonde du diable

BLONDE D'ACHOUFFE

Robe dorée, coiffée d'une mousse ample et luxuriante, elle trace une dentelle somptueuse sur la paroi du verre. Au nez, elle exulte d'arômes d'agrumes agréables. Sa texture ronde et soyeuse en bouche propose une grande douceur et un velouté fruité. Une subtilité de levure et d'épices se fait découvrir. Le tout est délicieusement enrobé d'alcool. Une amertume hésitante prend le relais, mais s'efface assez rapidement en étalement alors que l'amertume des épices semble s'affirmer.

Bière toute de pâle vêtue. Son scintillement est étincelant. Au nez, elle joue des notes de citron frais. Mince et piquante en bouche, son citron bien défini asperge la bouche d'une généreuse sensation de fraîcheur. Son étalement s'allonge en finesse. Le piquant et le citron expriment leurs pouvoirs désaltérants.

Brasserie : Bières de la Nouvelle-France
Alc./vol. : 5 %
Couleur : or pâle
Style : kristall weizen

BLONDE D'ÉPEAUTRE

Brasserie : Brasseurs du Nord
Alc./vol. : 5,5 %
Couleur : noire
Style : stout

BORÉALE NOIRE

Corps noir surmonté d'une mousse onctueuse, épaisse et tenace. Nez généreux de café moka, de café espresso et de caramel. Ronde en bouche, elle mise d'abord sur son caramel pour séduire. Le rôti jaillit ensuite, emportant sur son passage de grandes rasades de houblon qui explosent de façon saugrenue au fil des gorgées. La finale est marquée par une amertume de rôti.

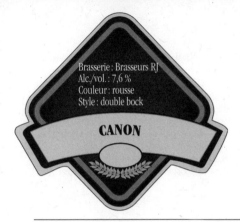

Brasserie : Brasseurs RJ
Alc./vol. : 7,6 %
Couleur : rousse
Style : double bock

CANON

Voici une jolie rousse coiffée d'une timide mousse et animée d'un pétillement modeste. Son agréable parfum de caramel et de sucre d'orge est invitant. Elle se glisse en bouche en offrant d'abord son corps velouté de malt caramélisé, puis les muscles de son alcool allongent leur présence et gonflent la douceur de son caramel. Le sucré domine l'étalement jusqu'à l'arrière-goût. En finale, une note chaleureuse d'alcool ajoute un voile soyeux.

Robe cuivrée, pétillement généreux soutenant une mousse onctueuse qui persiste tout au long de la dégustation. Nez d'une généreuse complexité, bien houblonné, tissé d'agrumes, de résine et de caramel. Avec sa présence ample en bouche, elle affirme d'entrée de jeu son amertume houblonnée, habillée de levure et d'une fine couche de caramel. L'amertume du pamplemousse se faufile entre les gorgées. Long et intarissable étalement.

Brasserie : Dieu du Ciel
Alc./vol. : 6,5 %
Couleur : cuivrée
Style : étonnant style panaché unissant l'India pale ale et les triples !

CORNE DU DIABLE

Brasserie : Microbrasserie d'Orléans
Alc./vol. : 4,8 %
Couleur : or voilé
Style : blanche

DAME BLANCHE

Habillée d'une robe pâle et voilée, elle est auréolée d'une mousse onctueuse. Son nez intense de blé dévoile des parfums d'agrumes évoquant le citron. En bouche, en toute intimité, elle dévoile un corps rond, velouté, voluptueux. Elle explose de blé et d'agrumes qui taquinent charnellement les papilles. Bien difficile de résister à la tentation de la boire. Son arrière-goût nous submerge de caresses délicates.

Brasserie : Brasserie Charlevoix
Alc./vol. : 9 %
Couleur : cuivre foncé
Style : triple

DOMINUS VOBISCUM
TRIPLE

Blonde cuivrée à l'effervescence champagnisée qui soutient une mousse onctueuse. Elle dévoile un bouquet d'arômes complexes, composé de fleurs et d'épices. Son nez propose des parfums d'agrumes et de pain d'épices. Ronde et veloutée en bouche, elle exprime la douceur, enrobée dans un écrin velouté et fruité. Au détour d'une gorgée, quelques élans de sucre brûlé sont reconnus. L'alcool soutient l'ensemble et allonge longuement les saveurs. Une timide amertume de houblon marque la fin de l'étalement.

Son nom évoque l'époque glorieuse des premiers colonisateurs de la Nouvelle-France. Ils ont été sauvés du scorbut par cette bière née d'un mariage bienfaiteur : une tisane vitaminique des Autochtones incorporée à la boisson nourrissante des Français, le bouillon. Robe pêche, couronnée d'une mousse fuyante, l'épinette subjugue dès le premier reniflement. Sa présence n'est jamais envahissante. Mince en bouche, elle croustille au moment de l'avaler et l'épinette s'endort alors paisiblement dans un arrière-goût long mais discret.

Brasserie : Saint-Antoine-Abbé
Alc./vol. : 5 %
Couleur : blond cuivré
Style : unique

ÉPINETTE

Brasserie : Brasserie
du Lièvre
Alc./vol. : 6 %
Couleur : rousse
Style : India pale ale

IMPÉRIALE IPA
DU LIÈVRE

Rousse couronnée d'une mousse moyenne, présentant des arômes fort plaisants de caramel et de crème brûlée qui aguichent le nez. Son corps onctueux et velouté enveloppe bien l'amertume de son houblon. Elle se caractérise par un bel équilibre qui se confirme en bouche. Somptueuse et généreuse, elle exprime sa douceur avec un caramel allongé par son alcool. L'amertume de son houblon survole le spectacle, avant de s'évanouir paresseusement, ronronnant de houblon et de caramel.

Brasserie : Les Trois Mousquetaires
Alc./vol. : 8 %
Couleur : blonde
Style : weizen impériale

IMPÉRIALE WEIZEN

Robe blonde surmontée d'une mousse moyenne. Son nez mielleux est tissé d'alcool et de citron et sa texture d'une grande somptuosité caresse le palais. Une saveur sucrée de blé emplit élégamment la bouche. Des notes acidulées de blé s'expriment alors. Une fine amertume d'alcool coiffe le tout. Sa texture demeure douce et veloutée dans l'étalement. Une bière facile à aimer. Très facile à aimer.

Jolie blonde cuivrée, couverte d'une mousse riche et épaisse qui dessine sur la paroi du verre une dentelle sensuelle. Des odeurs de caramel, nattées de filets d'alcool, aguichent le nez. Ronde et veloutée par la danse de son alcool et de son caramel, elle enveloppe notre palais avec élégance. Son étalement long et velouté développe une amertume d'alcool.

Brasserie : Saint-Arnould
Alc./vol. : 8,5 %
Couleur : blond cuivré
Style : triple

L'ÉVÊQUE

Brasserie : Sleeman/Unibroue
Alc./vol. : 8 %
Couleur : rousse
Style : double

LA MAUDITE

Jolie rouquine coiffée d'une mousse intense. Son nez de cassonade et d'agrumes invite le goûteur à approfondir sa quête. Elle exprime un sucré enveloppant et se déchaîne ensuite, libérant un parfum doux et généreux. Douce, ronde, harmonieuse, elle étire son empreinte pendant de longues secondes en arrière-goût. Elle doit être bue dans sa jeunesse (moins de trois mois d'âge) ou dans sa pleine maturité (après trois ans), alors que la madérisation l'a métamorphosée en douceur.

Brasserie : Brasseurs et Frères
Alc./vol. : 5 %
Couleur : brune
Style : brown ale

MORT DE RIRE

Vêtue d'une robe brune et coiffée d'un beau collet, elle offre au nez une belle valse de caramel et de noisettes. Elle caresse la langue d'un filet onctueux qui dévoile sa douceur de caramel et de noix. Le houblon, quoique discret, veille sur l'épanouissement des noisettes. En arrière-goût, la danse se poursuit pendant une éternité.

Noire intense à la mousse beige crémeuse. Elle propose un nez profond de café et de torréfaction, veiné de chocolat noir. Une saveur de torréfaction s'affirme en début de bouche, invitant la douceur de l'alcool à l'enrober. La carbonisation fait son effet sur la langue et un équilibre entre l'amertume et l'alcool se développe. Péché Mortel ? Il se déguste à petites gorgées, en digestif..

Brasserie : Dieu du Ciel
Alc./vol. : 9,5 %
Couleur : noire
Style : stout impériale au café

PÉCHÉ MORTEL

Brasserie : McAuslan
Alc./vol. : 5 %
Couleur : noire
Style : stout

ST-AMBROISE NOIRE

Noire intense, dont la mousse brunâtre tisse une belle dentelle sur la paroi du verre. Elle sent d'abord le malt, puis le rôti et finalement le chocolat : un café moka sous le nez. Le houblon explose de partout, au nez, en bouche, en rétro-olfaction, en arrière-goût et en postgoût. Du houblon et du grain. L'amertume, ample, se tient en marge de l'aigreur. Sa texture suave joint les saveurs dans une richesse opulente du café.

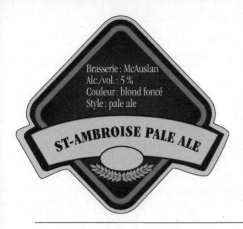

Brasserie : McAuslan
Alc./vol. : 5 %
Couleur : blond foncé
Style : pale ale

ST-AMBROISE PALE ALE

Rouquine à la robe cuivrée qui se coiffe d'une mousse moyenne et persistante. Elle présente un nez bien défini de malt-caramel dominant un houblon bien senti. Elle possède autant de visages qu'il existe de températures de dégustation. Fraîche, c'est la mise en valeur du malt-caramel coiffé de houblon. Froide, c'est plutôt l'affirmation de l'amertume du houblon, délicatement recouverte de malt-caramel. La finale est dominée par l'amertume retenue de ses houblons.

L'inspiration d'origine provient de la famille des bières trappistes Rochefort. D'une robe brun foncé et surmontée d'une mousse onctueuse mais évanescente, elle dévoile un nez complexe de nuances de caramel, de légère torréfaction, de sucre de malt et de praline, le tout habilement exalté par l'alcool. En bouche, des épices exquises se joignent à l'oraison. Sa combinaison de malt et de sucre s'atténue au profit d'une amertume composée d'alcool et d'épices. En finale, l'amertume d'alcool exerce son emprise sur l'arrière-goût.

Brasserie : Sleeman/Unibroue
Alc./vol. : 9 %
Couleur : noire
Style : quadruple

TROIS-PISTOLES

Brasserie : Brasserie Charlevoix
Alc./vol. : 6 %
Couleur : rousse
Style : India pale ale

VACHE FOLLE ESB

Rousse cuivrée arborant une coiffure très onctueuse. Son nez propose une complexité fruitée : le kiwi, la mangue, le melon, la mûre. L'arrivée en bouche se produit dans une grande douceur. Quelques secondes après qu'elle a caressé le gosier, l'amertume du houblon marque sa présence avec force. Le malt revient ensuite, avec la complicité de ses fruits, afin de négocier une finale pacifique au passage. En finale, une amertume qui s'évanouit sur une saveur fruitée.

Origine du mot « brasserie »

L'une des étapes importantes de la fabrication de la bière consiste à brasser un mélange composé de malt et d'eau pendant plusieurs minutes. On pense tout de suite que le mot «brasserie» n'est ni plus ni moins que l'allongement du verbe. C'est tout à fait vrai. Là où la transformation se déroule, c'est toutefois dans le latin… Le mot «brasserie» a fait son apparition au XIIIᵉ siècle sous plusieurs noms latins semblables : *bracena, braxina, braxatorium*. Tous désignaient l'endroit où la bière était fabriquée. Dans le langage populaire, au fil du temps, le nom est devenu «bressine», puis «brassine». L'orge broyée portait quant à elle le nom de «brais» (du latin *brace*). *Brace* en est venu à désigner le brasseur et il est également à l'origine du verbe *bracier*, signifiant «brasser». La brasserie en est née…

À votre santé !

Boire à la santé d'un être cher ou tout simplement en agréable compagnie est une tradition bien ancrée dans plusieurs cultures. Celle-ci semble trouver son origine dans la Rome antique. La locution latine *Bene vos, bene nos, bene te, bene me, bene nostrum*

Afrikaans: *Gesondheid !*

Albanais: *Shëndeti tuaj !*

Allemand: *Prost !*

Anglais: *Cheers !*

Arabe: *Fi sahitak*

Arménien: *Genatset*

Azerbaïdjanais: *Afiyoet oslun !*

Basque: *Topa !*

Bengali: *Joy…*

Bosnien: *Zxivjeli !*

Portugais brésilien: *Tim-tim ! Saúde !*

Breton: *Yec'hed mat !*

Bulgare: *Nazdrave !*

Cantonais: *Ging jau / yam booi*

Créole: *Salud*

Croate: *Zxivjeli ! U zdravlje !*

Danois: *Skål !*

Espagnol: *¡Salud !*

Esperanto: *Sanon !*

Estonien: *Teie terviseks !*

Finnois: *Kippis !*

Gallois: *Iechyd da !*

Grec: *Gia'sou*

Hawaiien: *Hipahipa !*

Hébreu: *Le'chaim*

Hindi: *Cheers*

Hollandais: *Proost !*

Hongrois: *Egészségedre !*

Indonésien: *Cheers !*

À votre santé !

signifie d'ailleurs : À la vôtre, à la nôtre, à la tienne, à la mienne, à nous tous. L'expression de «porter un *toast*» est d'origine plus récente. Au XVIIIe siècle, les Britanniques avaient l'habitude de placer un morceau de pain grillé (*toast*) dans le verre servant à offrir les vœux de bonne santé aux dames. On disait : *toaster* une dame ! Remarquez qu'on *toastait* les hommes également. Au fil du temps, le *toast* en est venu à symboliser la femme elle-même ! La chope était alors passée de convive en convive.

Le geste de frapper les verres l'un contre l'autre provient également du Moyen Âge. Porter un *toast* était une stratégie pour se protéger d'éventuels attentats ! L'empoisonnement dans la nourriture ou la boisson était pratique courante. Ainsi, échanger un peu de sa boisson était un signe de confiance mutuelle. Le protocole préventif indiquait qu'il fallait entrechoquer les verres de façon qu'un soupçon de chaque consommation se retrouve dans le verre du voisin. Le premier cognait son verre contre l'autre de façon qu'une partie du liquide atteigne l'autre verre. C'était le premier *tchin*. Le second buveur lui rendait bien sûr la politesse : le deuxième *tchin*, d'où la double expression italienne. Ce protocole se traduit aujourd'hui dans plusieurs langues.

Irlandais : *Sláinte*

Islandais : *Skíl !*

Italien :
Alla salute ! Cin cin !

Japonais : *Kanpai*

Coréen : *Konbe*

Latin : *Sanitas bona !*
Bene tibi !

Lithuanien :
I, sveikata !

Malais :
Minum !

Mandarin : *Gan bei*

Norvégien : *Skål !*

Occitan : *A la vòstra !*

Polonais : *Na zdrowie !*

Portugais : *Tchim-tchim ! Saude !*

Quechua :
Napai-cuna

Roumain : *Noroc !*

Russe : *Vashe zdorovie !*

Serbe : *Zxivjeli !*
U zdravlje !

Slovaque :
Na zdravie !

Slovène : *Na zdravje !*

Suédois :
Skål

Tchèque :
Na zdraví !

Turc :
Sherefé

Ukrainien :
na zdorov'ya !

Vietnamien :
Chia (ou Can Chen ou Can Ly)

Yiddish : *Lechaym !*

PARTIE 4

LA TOURNÉE DES BRASSEURS ET MICROBRASSERIES DU QUÉBEC

Évaluation des brasseries et des bistros-brasseries

Il y a des brasseries, et il y a des brasseries! Certaines sont de véritables temples de la bière, offrant une quantité impressionnante de bières de grand style. D'autres proposent un bon choix de bières de très bonne qualité. Une minorité semble tristement éprouver de la difficulté à respecter les principes élémentaires du brassage. Ainsi, sur la base «biérophile», toutes les brasseries ne sont pas égales. Un indice «bière essentielle» a été mis au point afin de présenter une évaluation objective de chaque brasserie basée sur la qualité et la variété des bières produites. Lorsqu'il s'agit d'un bistro-brasserie, la dimension «restauration» est également considérée. Par ailleurs, cinq types de qualifications ont été établis, notés de un à cinq fûts.

🍺 : brasserie de faible qualité qui éprouve de la difficulté à respecter les principes élémentaires du brassage.

🍺🍺 : bonne brasserie qui propose des bières honnêtes mais qui, à l'occasion, vendent des bières douteuses.

🍺🍺🍺 : excellente brasserie dont les bières respectent les principes du brassage et dont le choix de bières de base ne comporte pas de défauts.

🍺🍺🍺🍺 : brasserie de qualité supérieure présentant, sur une base continue, plusieurs bières de première qualité et d'autres, occasionnelles, saisonnières ou anniversaires. Lorsqu'il s'agit de bistros-brasseries, ils méritent une visite puisqu'ils constituent des temples de la bière.

🍺🍺🍺🍺🍺 : qualification réservée aux bistros-brasseries qui, en plus de proposer plusieurs bières, possèdent également un menu hors de l'ordinaire, mettant en valeur les produits du terroir et la cuisine à la bière. Il s'agit incontestablement de grands temples de la bière.

Les musées de la bière au Québec

Bières de la Nouvelle-France

Il existe un seul musée officiel de la bière au Québec, c'est l'Économusée de la bière de la brasserie Bières de la Nouvelle-France à Saint-Alexis-des-Monts. Ce modeste musée a pour mission de renseigner sur les principes de base du brassage et s'adresse surtout aux personnes qui ne connaissent pas le processus de fabrication. La plupart des brasseries au Québec transmettent toutefois des renseignements similaires à leurs clients et visiteurs.

Musée de la bière minervois

André Paradis, un collectionneur passionné résidant de La Minerve, dans les Laurentides, ouvre ses portes aux visiteurs. Le Musée de la bière minervois est un véritable petit « Paradis de la bière », du nom de son propriétaire ! Il est constitué d'une collection privée, laquelle comporte plus de 4 000 pièces. On trouve tout ce que l'amateur peut imaginer et plein de surprises auxquelles il n'aurait jamais songé. On y apprend entre autres qu'en 1929, le commanditaire officiel du Canadien de Montréal était la Brasserie (francophone) Frontenac, bien avant Molson. Cet endroit mérite le détour. Les visites se font sur réservation seulement, en compagnie du propriétaire. Il n'y a aucuns frais de visite, mais André Paradis accepte volontiers les paiements en liquide ! Il est d'ailleurs toujours très actif en ce qui concerne les échanges !

25, montée Alexandre
La Minerve (Québec) J0T 1H0
819 274-2899

Plusieurs articles de sa collection sont présentés au Bar du village :

1, chemin des Fondateurs
La Minerve (Québec) J0T 1H0

Plusieurs bistros-brasseries possèdent un inventaire tellement important de témoignages historiques sur la bière qu'ils font ni plus ni moins figure de musées.

Microbrasserie Saint-Arnould

435, rue des Pionniers
Mont-Tremblant (Québec) J8E 1A1
(secteur Saint-Jovite)
819 425-1262
www.saintarnould.com

La décoration de la Microbrasserie Saint-Arnould est constituée de centaines de bouteilles, de canettes et d'affiches portant sur la bière. Il y a là des trésors de témoignages historiques. Comme il ne s'agit pas d'un musée au sens conservatoire du terme, aucune documentation ne guide le visiteur, mais si celui-ci regarde attentivement, il fera des découvertes intéressantes !

Bedondaine & Bedons Ronds

255, rue Ostiguy
Chambly (Québec) J3L 2Z7
450 447-5165
www.bedondaine.com

La décoration du bistro-brasserie Bedondaine & Bedons Ronds regorge de bouteilles, de canettes, d'affiches, de livres et de toutes sortes d'autres objets reliés au monde et à l'histoire de la bière. Ici aussi se trouvent des trésors de témoignages historiques. Les éléments exposés ne représentent qu'une petite fraction de la collection que possède Nicolas Bourgault, le propriétaire. Celui-ci rêve cependant du jour où il pourra agrandir ses salles d'exposition.

Brasserie Le Lion d'Or/Golden Lion Pub

2, rue du Collège
Sherbrooke (Québec) J1M 1T4
819 565-1015
www.thegoldenlionpub.com

La Brasserie du Lion d'Or de Sherbrooke (Lennoxville) exhibe de belles collections de canettes et de plateaux de service. Plusieurs photos sur l'histoire de Lennoxville y sont accrochées, lesquelles font découvrir le riche passé de ce charmant coin de pays.

Brasseurs du temps

La brasserie étant en construction au moment de la rédaction de cet ouvrage, les renseignements suivants ont été fournis par les propriétaires. Situés dans un site historique et muséal, les Brasseurs du temps ont pour mission de mettre en valeur le patrimoine de la bière dans tous ses états. Quiconque connaît bien les propriétaires sait que le volet musée de l'entreprise fera l'objet d'une attention des plus professionnelles.

L'îlot des Palais/Palais de l'Intendant

8, rue Vallière
Québec (Québec) G1R 5M1
418 691-6092

Le site de la Brasserie Jean-Talon, fondée en 1668 a connu une longue histoire et diverses occupations, dont celle de la célèbre brasserie Boswell. Tout près, on y avait construit un deuxième palais dont les voûtes en pierre tiennent toujours. Plusieurs antiquités datant de l'époque de la brasserie Boswell sont exposées et un spectacle multimédia d'une vingtaine de minutes y est présenté.

Les festivals de la bière

Il n'existe que quatre festivals majeurs dont la programmation est essentiellement axée sur la bière. Ils proposent des conférences gratuites sur différents sujets reliés à la bière.

Mondial de la bière (Montréal), fin mai/début juin
www.festivalmondialbiere.qc.ca

Le plus important festival de la bière au pays et l'un des plus importants au monde. Lieu de rencontre des experts internationaux de la bière, ce festival réunit un grand choix de bières de tous les pays, servies dans une ambiance festive. Mieux vaut s'y rendre tôt en après-midi pour pouvoir jouir pleinement du choix.

Flaveurs Bières et caprices (Montréal), fin novembre
www.flaveursbieresetcaprices.com

Voici un événement associant la bière aux bouchées gourmandes! Chaque année, un thème principal domine (par exemple, les bières italiennes). Les découvertes incitent à remettre en question les papilles, le tout dans une ambiance propice à la dégustation.

Bières et Saveurs (Chambly), début septembre
www.bieresetsaveurs.com

Fête champêtre qui met surtout en valeur les microbrasseries et les artisans alimentaires du Québec, dans un décor bucolique, tout près du Fort Chambly.

L'Oktoberfest des Québécois (Mascouche), deuxième semaine de septembre
www.oktoberfestdesquebecois.com

Fête champêtre inspirée du célèbre Oktoberfest de Munich proposant un thème relié aux bières allemandes, sous un chapiteau où la fête se déroule au rythme des airs d'*Oum Papa*. Dans un décor naturel, cet événement met en vedette les microbrasseries et artisans alimentaires du Québec.

BRASSERIE TAÏGA

Aucun salon de dégustation

OUVERT l'été, du jeudi au dimanche, de midi à 18 h

8, rue de la Brasserie
Amos (Québec) J9T 3A2
819 732-6519

 aucune restauration ; apportez votre lunch

Brasserie fondée initialement sous le nom Belsh Brasse par les Marcoux, Jean (père) et Jean-Louis (fils), ainsi que par d'autres investisseurs, en 1999. Originaires de Mons, en Belgique, les Marcoux ont choisi de fonder une entreprise au Québec à cause de la qualité de vie et des grands espaces. À leur arrivée, ils ont hésité entre fonder une fromagerie et fonder une brasserie. Constatant la qualité de l'eau de leur région d'adoption et la réputation internationale de celle-ci, ils ont opté pour la brasserie. Elle a été en exploitation pendant un peu plus d'un an, mais ses actionnaires ont déposé un bilan au début de 2001. C'est alors que les équipements ont été vendus. Loin de se décourager et fort de son expérience, Jean-Louis s'est adjoint de nouveaux partenaires et a adopté de nouvelles stratégies de distribution. Il a alors choisi de faire renaître la brasserie dans le même bâtiment et sous le même nom ! Il fallait toutefois se rééquiper. Il a déniché des équipements de brassage en Ontario (une ancienne usine opérée par la brasserie Sleeman, maintenant inutile, rationalisation oblige). Les équipements de soutirage, d'embouteillage, de lavage, de stérilisation et de filtration sont issus de l'ancienne usine du légendaire Pierre Celis, au Texas. L'ouverture de cette nouvelle brasserie a eu lieu au mois de septembre 2004.

En 2007, l'entreprise a de nouveau éprouvé des difficultés. Elle a alors été reprise par le Groupe Geloso, de Laval, qui l'a rebaptisée Brasserie Taïga, du nom de sa marque phare.

BIÈRES ESSENTIELLES

La maison ne brasse pour l'instant qu'une seule bière, la Taïga. Il s'agit de l'une des meilleures bières désinvoltes que j'ai goûtées dans ma vie. Ses délicates saveurs parfumées de malt légèrement vanillé portent merveilleusement bien le voile subtil de son houblon. Brassée avec une eau des eskers de l'Abitibi, cette bière a un goût parfait pour devenir la bière nationale des Québécois. Il n'y a plus qu'à faire la mise en marché pour qu'elle le devienne !

BREUGHEL

Microbrasserie / dégustation sur place /
Visite autoguidée à l'aide d'affiches explicatives

OUVERT l'été, du jeudi au dimanche,
de midi à 18 h

aucune restauration ; apportez
votre lunch

68, route 132
Saint-Germain-de-Kamouraska
(Québec) G0L 3G0
418 492-3693
www.kamour.com

Brasserie fondée en 1998 par Bruno Baekelmans, un Flamand originaire d'Antwerpen, qui, après avoir établi une brasserie à Dakar au Sénégal, a opté ici pour un système de brassage des plus simples. Il utilise des concentrés de moût provenant de Belgique et un système de fermentation dans des cuves en polyéthylène (plastique). Grand amateur de lambic, il a donné priorité, dans l'élaboration de ses œuvres, à une fermentation mixte (levures cultivées et levures sauvages). Le Flamand avoue toutefois cueillir ses levures dans des bouteilles de grandes marques de bières belges. Les bières ainsi produites présentent un profil gustatif évolutif permanent. La brasserie occupe

le sous-sol d'une vieille maison située sur l'ancien chemin du Roy. Baekelmans a également décidé d'y habiter !

Le salon de dégustation est situé au rez-de-chaussée. Une terrasse permet aux amateurs de se prélasser et de se laisser bercer par le charme irrésistible de la région. Les diverses installations et l'aménagement paysager en font un havre champêtre. Un véritable contraste avec la qualité des bières produites et servies !

BIÈRES ESSENTIELLES

La majorité des bières de la maison comportent de sérieux défauts de fabrication : des saveurs aigres et soufrées qui évoquent souvent le caoutchouc ou les allumettes brûlées. Aucune n'est recommandable. Il serait plus juste de dire qu'il s'agit de vinaigre de malt alcoolisé.

LE BIEN, LE MALT

Aucun salon de dégustation

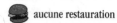 **OUVERT** du mardi au samedi, dès 15 h

 aucune restauration

141, avenue Belzile
Rimouski (Québec) G5L 3E5
418 723-1339
www.lebienlemalt.wordpress.com

Fondée par Laurie-Anne Dubeau, Anne-Marie Labrecque, Ghislain Lefebvre et Denis Thibault en 2008.

Ghislain Lefebvre consacre ici son talent à transformer l'eau en bière. Voulant inscrire leur production dans la tendance des produits du terroir, les membres de l'équipe ont planté une houblonnière et ont fait appel aux services de la malterie témiscouataine Maltbroue pour leur approvisionnement en malts spéciaux. L'entreprise respecte la philosophie du développement régional en préconisant des valeurs de protection de l'environnement et en privilégiant les achats locaux. Dans cette optique, la brasserie a également été créée pour être un lieu de rencontres culturelles dans la région de Rimouski. On y organise des soirées-conférences, des lancements littéraires, des projections de films de répertoire, etc.

BIÈRES ESSENTIELLES 🍺🍺🍺🍺
Je n'ai pas eu le bonheur de visiter la brasserie. Il m'est donc impossible d'en donner une évaluation. D'après les commentaires de collègues biérologues, Le Bien, le Malt offre un choix complet de bières de base de toutes les couleurs : blanche, blonde, rousse, brune et noire. À cette carte s'ajoute une bière saison, pour le plus grand plaisir de l'amateur.

BAS-SAINT-LAURENT

LA CAMARINE

Microbrasserie

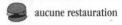

OUVERT sur réservation seulement

aucune restauration

253, avenue Morel
Kamouraska (Québec) G0L 1M0
418 492-6246
www.cooplacamarine.com

Fondée en 2008 par Martin Desautels, accompagné de Perle Morency, Kim Côté, Élodie Fortin et Marie-Ève Lévesque.

L'équipe de La Camarine vibre de jeunesse et de dynamisme. Quelques mois après l'ouverture de la maison, l'entreprise a été victime d'un incendie. L'équipe ne s'est pas laissée abattre et s'est remise au boulot de reconstruction. Au moment d'écrire ces lignes, un nouveau local n'a pas encore été identifié. Créée sur une base coopérative, l'entreprise mise sur l'achat local, la mise en valeur des produits du terroir et la fierté régionale. La Camarine est donc un lieu éclectique, réunissant un relais Couette et café, un bar laitier, un comptoir d'artisanat, une crêperie et une microbrasserie.

La vitesse à laquelle s'est concrétisé le projet n'a pas permis d'y installer la brasserie pour la première ouverture. Martin Desautels avait alors fait appel à son bon ami Jean-Sébastien Bernier, d'À l'abri de la tempête (îles de la Madeleine), pour louer ses équipements de brassage. Diplômé de l'Institut des techniques agricoles de Saint-Hyacinthe, Desautels nourrissait depuis longtemps le projet de créer des bières du terroir. Il a ainsi planté sur sa terre une houblonnière où pousse une trentaine de variétés de houblon. Il s'est aussi associé à un agriculteur pour faire pousser une orge de brassage exposée aux vents. La malterie Frontenac fera germer les grains.

Le terme « camarine » désigne une plante grimpante locale appelée aussi « goule noire ».

BIÈRES ESSENTIELLES

Les deux bières produites lors de la première année de l'entreprise ont été brassées À l'abri de la tempête, aux îles de la Madeleine. Le duo est classique : une blonde et une rousse. Toutes deux respectent les normes de qualité destinées à une clientèle avertie. Il ne fait aucun doute que les talents de brasseurs de Martin Desautels s'exprimeront avec beaucoup plus d'imagination lorsque la maison sera équipée de cuves de brassage.

BAS-SAINT-LAURENT

BOQUÉBIÈRE

Coopérative brassicole de l'Autre Monde

 OUVERT du lundi au samedi dès 15 h, le dimanche sur réservation seulement

restauration complète

Les brasseurs de Sherbrooke
50, rue Wellington Nord
Sherbrooke (Québec) J1H 5B7
819 542-1311
www.boquebiere.com

Campée dans une ambiance européenne relativement chic, cette microbrasserie offre une atmosphère confortable de bistro branché. La cuisine du terroir y est privilégiée, notamment par son approvisionnement auprès d'une vingtaine d'entreprises agroalimentaires de l'Estrie. Notons entre autres les pains confectionnés avec la drêche de leurs bières. Cette philosophie se traduit dans l'élaboration de bières intégrant au maximum des ingrédients de la région : des malts provenant d'orges cultivées dans les Cantons-de-l'Est et maltées à la malterie Frontenac, l'emploi de miel ou de sirop d'érable… Le tout est offert avec un service affable et courtois.

 BIÈRES ESSENTIELLES
Aucune évaluation des bières n'est encore possible, car la brasserie n'a ouvert ses robinets qu'au moment où nous étions en train de procéder aux corrections finales de ce livre. D'après les informations fournies, il semble qu'elle deviendra rapidement une institution 5 étoiles, grâce à son souci de la qualité et le choix de miser sur le terroir québécois dans ses ingrédients, tant pour le brassage que pour la cuisine.

BRASSEURS ET FRÈRES

Microbrasserie

 tous les jours, dès 15 h
(ouverture l'hiver les jeudis, vendredis
et samedis seulement)

3809, rue Principale, local 104
Dunham (Québec) J0E 1M0
450 295-1500
www.betf.ca

aucune restauration

Comme le nom l'indique, la microbrasserie Brasseurs et Frères est une histoire de famille. Jean, Gaëtan et Bernard Gadoua : trois frères qu'on dirait tout droit sortis du Far West (mais qui n'ont rien des Dalton !) et dont les produits procurent des aventures formidables dans des styles variés. La brasserie s'est imposée comme chef de file de la qualité dès ses premiers brassins. Jean Gadoua s'est activement engagé dans la promotion et la célébration de la bière artisanale au Québec en organisant avec d'autres brasseurs une compétition estivale annuelle des plus amicales nommée le « X de mille », selon l'édition de l'événement. Cette rencontre gambrinale qui réunit des brasseurs maison de grands talents est à l'origine de grandes bières créées au pays.

Jean Gadoua, le maître-brasseur, a un lourd passé de brasseur clandestin qui lui a permis d'atteindre une grande maîtrise de la transformation de l'eau ! Il a en outre créé une bière quasi légendaire nommée La Trouille, une bière d'une grande complexité à la citrouille.

Ses frères l'assistent sur les plans administratif et du service. Lorsque les administrateurs de Dunham ont eu vent du projet des frères Gadoua, qui souhaitaient river leurs cuves dans les Cantons-de-l'Est ou en Montérégie, ils ont activement facilité le choix du trio en lui proposant des conditions plus que favorables. Brasseurs et Frères constituent à cet égard un bel exemple du rôle de revitalisation que représente une brasserie artisanale pour une région. Depuis son ouverture, la maison est vite devenue un lieu de rendez-vous pour les amateurs de bières de dégustation. Il s'agit d'un havre pétillant de joie de vivre au cœur de la route des vins.

Le style western de la terrasse intérieure et de la façade du salon de dégustation baptisé « PUBlic House » s'ouvre sur un salon moderne et accueillant. Une douzaine de bières en fût sont offertes à la brasserie. La moitié est constituée de marques courantes tandis que l'autre moitié laisse couler les fantasmes brassicoles originaux du maître-brasseur. Des spectacles y sont présentés les samedis soir; musiciens, conteurs et humoristes viennent livrer leur performance. Brasseurs et Frères sont également une vitrine pour les artistes locaux en art visuel qui y exposent leurs œuvres.

 BIÈRES ESSENTIELLES (bouteille)

(salon de dégustation)

L'excellente Mort de rire, une brown ale, se distingue par la valse de son caramel et de ses noisettes, survolée d'une amertume florale; La Récidive, une stout, exhale des parfums de café et de chocolat noir; La Délivrance, une scotch ale veloutée, dégage des notes bien arrondies de caramel, avec en finale une chaleur réconfortante d'alcool. Et que dire de la complexe Trouille, une bière à la citrouille qui reflète la maîtrise du brassage de Jean. Brasseurs et Frères produit également plusieurs bières personnalisées pour le compte de dépanneurs spécialisés. Des valeurs sûres à tout coup.

Microbrasserie

LES BRASSEURS DU HAMEAU

Nanobrasserie

OUVERT tous les jours, dès 15 h • visite de la brasserie sur réservation seulement

aucune restauration ; apportez votre lunch

6, rue des Bois-Verts
Ham-Sud (Québec) J0B 3J0
819 877-2201 / 1 866 377-2201
www.lesbrasseursduhameau.ca

Avec sa production hebdomadaire de 750 litres, les Brasseurs du Hameau constituent la plus petite brasserie commerciale au Canada. On ne parle pas ici de microbrasserie, mais plutôt de nanobrasserie !

Situé à quelques pas du versant ensoleillé du mont Ham, Saint-Joseph-de-Ham-Sud est au milieu de nulle part, dissimulé dans les bas plateaux des Appalaches. Dans les années 1970, cette région était privilégiée par les hippies pour le retour à la campagne et le développement des communes. En héritage de cette glorieuse époque du retour à la terre, le troc y caractérise toujours l'économie locale.

La demi-douzaine de maisons d'une autre époque qui jonchent la rue principale ajoutent au sentiment d'éloignement. Il est difficile d'imaginer que cette route a déjà été un relais important sur le trajet reliant Québec à Boston. C'est le pays d'adoption de l'artiste Normand Vignault. Son plan de fonder une minuscule brasserie fermentait depuis longtemps. Il possédait un terrain stratégiquement situé, soit près de la seule intersection du village. Il y a d'abord construit sa résidence, qu'il habite toujours. Il a lui-même dessiné les plans en tenant compte de son projet de transformer le bâtiment en brasserie par gravité.

Ce type de brassage est un système où chaque opération s'effectue sur un plancher différent, en débutant à l'étage supérieur. Chaque étape de transfert des matières est effectuée en laissant descendre les ingrédients, ou le liquide, jusqu'à l'étage inférieur. La préparation des matières sèches a lieu au grenier, l'empâtage se fait un étage plus bas, et ainsi de suite, jusqu'à l'entreposage au sous-sol. Cette façon de procéder ne nécessite aucun appareil de pompage. Le petit bâtiment construit par Vignault séduit par son charme. Une visite et une dégustation subjuguent, non seulement par la qualité des cervoises, mais également par l'effet amplificateur de l'ambiance qui y règne. La vue depuis le salon de dégustation et de la terrasse, situés au troisième étage, permet d'observer la silhouette de la montagne qui se dresse derrière le clocher de l'église.

La plupart des équipements ont été fabriqués par le grand manitou Vignault, une sorte de phénomène souriant, d'un calme apaisant, qui sort tout droit d'une commune gouvernée par le dalaï-lama. On se laisse bercer par le son de sa voix.

La salle de fermentation est tout simplement déconcertante.

Vignault a inventé un système sophistiqué qui se compose de dames-jeannes. Le ronronnement de l'alcoolification qui s'y déroule joue la douce mélodie de la transformation des sucres en substance spirituelle.

La nanobrasserie, située à l'écart des voies principales de communication, mérite amplement le détour.

BIÈRES ESSENTIELLES

La D'Ham blonde se distingue avec sa robe rousse. Cette bière complexe présente des notes bien déterminées de levure, de malt et de caramel. Le houblon survole le palais. Un peu plus foncée que sa sœur blonde, la D'Ham rousse se dévoile en bouche de façon plus onctueuse et avec une amertume houblonnée plus prononcée. Quant à la D'Ham Noire, elle est caractérisée par sa délicate caresse chocolatée et de café moka. La maison produit également des bières éclectiques.

BROUEMONT

Microbrasserie

 **OUVERT** tous les jours, dès 11 h

restauration complète

107, chemin Bromont
Bromont (Québec) J2L 2K5
450 534-0001
www.brouemont.com

À l'image du phœnix, l'oiseau mythique au plumage coloré qui renaît de ses cendres, l'établissement estrien a su renaître après plusieurs incendies. La brasserie a d'abord pris naissance en 1848, dans le petit village de Bedford, sous la forme d'un hôtel-taverne nommé Martin's Tavern. Un premier incendie en détruisit une partie en 1873. L'administration a alors reconstruit le tout. En 1919, un deuxième incendie éclatait, et de nouveau, on a reconstruit! Puis, en 1977, un troisième incendie a détruit l'hôtel. Guy Dunnigan releva l'immeuble. Vingt ans plus tard, Patrick Dunnigan hérite de l'établissement avec son épouse, Diane Moreau. Le couple a baptisé le débit de boisson Tabby's. À l'époque, la première vague de bistros-brasseries déferlait sur les grandes villes. Personne ne croyait qu'une telle entreprise pouvait être implantée si loin de la ville. Dunnigan s'en foutait! Après une visite au Festibière de Chambly, où il découvrit les cuves de brassage, il décida d'en installer dans son établissement. La première année d'exploitation

donna raison aux sceptiques. La clientèle des environs observait avec amusement les bières particulières qu'on y brassait. Pourtant, Dunnigan concoctait déjà d'excellentes cervoises. À preuve, les amateurs venaient de partout au Québec pour s'offrir une pinte ou deux de ses élixirs. La weizen, entre autres, soulevait des exclamations positives inconditionnelles. Lentement, la clientèle traditionnelle s'est intéressée aux nouveaux produits. Les soirées « 2 pour 1 », il va sans dire, aidèrent la cause. Dunnigan a finalement remporté son pari : initier et donner le goût des bières spéciales à une clientèle campagnarde. Depuis, la clientèle locale afflue et Brouemont constitue à cet égard un pionnier important. De nos jours, l'implantation de bistros-brasseries partout au Québec ne soulève plus d'incrédulité.

La guigne incendiaire s'est toutefois acharnée. Un brasier a détruit partiellement l'édifice en 2002. Perte totale.

À la suite de ces déboires, le couple Dunnigan-Moreau s'est retiré pour une année de réflexion. Il projetait ouvrir un *brewpub* en

Colombie-Britannique, mais les autorités de Bedford l'ont courtisé afin qu'il reprenne du service. Après avoir cuvé sa peine, le couple a finalement opté pour Bromont. La microbrasserie/restaurant Brouemont est née en 2003. Sa popularité n'a pas tardé à suivre. L'accueil souriant du tandem est des plus chaleureux, comme dans le bon vieux temps. On y offre en permanence huit bières, dont certaines spécialités saisonnières.

BIÈRES ESSENTIELLES 🍺🍺🍺🍺

Dunnigan propose des bières respectant les plus hauts standards de qualité, dans les styles annoncés. Notons la légendaire weizen aux délicieuses notes de banane et de clou de girofle ; l'IPA et sa généreuse dose d'amertume de houblon bien équilibrée par son caramel ; la scotch ale, ronde et légèrement sucrée. Enfin, mentionnons deux bières saisonnières : la mordante Imperial IPA, bien enveloppée dans son alcool, et la généreuse Russian Imperial Stout, crémeuse, au goût bien net de café et de chocolat.

LE CENTAURE

 OUVERT tous les jours, dès 11 h

restauration complète

92, boulevard de Bromont
Bromont (Québec) J2L 2K6
450 534-0066
www.brasseriecentaure.com

La brasserie Le Centaure est la descendante de la brasserie Le Chaudron International, dont la marque de commerce est toujours présente sur les bouteilles. Le Chaudron a été fondée en 1998 sur le Plateau Mont-Royal par Peter Mathisen et Peter Popedopolis. Ken Wilson, un maître-brasseur de grand talent, a aussitôt été embauché. Dès les premiers brassins, la Cœur d'Or IPA et la magnifique Cobra se sont distinguées par leur qualité dans leurs styles respectifs. La maison a créé plus tard une bière au chanvre : la Chanvre rouge. Celle-ci se composait bien de chanvre et non de marijuana. La feuille sur l'étiquette est devenue un symbole. Au goût, il s'agissait tout simplement d'une excellente IPA. Forte de ce succès, la brasserie a mis au point la Chanvre blonde et la Chanvre noire, avant de flirter avec le sentiment nationaliste en lançant une blonde plutôt légère nommée La Québécoise.

En 1999, le cousin de Ken, Paul Wilson s'est joint au groupe. Il en est devenu copropriétaire en 2004 avec Jean Comtois, alors que Ken et Peter quittèrent la compagnie. Le chimiste Paul Wilson, un touche-à-tout, a repris les destinées de la brasserie en étant en mesure de… tout faire justement! L'excellence des recettes déjà au point ne nécessitant aucun ajustement, il a pu se consacrer à la distribution et à la mise en marché des bières. Passionné de son métier, il a affirmé «qu'une mauvaise journée dans une brasserie est meilleure que toute journée ordinaire ailleurs».

Malgré sa popularité croissante, la brasserie a connu des difficultés financières et a été reprise par Jean Comtois. Après quelques années d'exploitation passées dans la métropole, il a déménagé les équipements dans un nouveau restaurant à Bromont, qu'il a baptisé Le Centaure.

BIÈRES ESSENTIELLES 🍺🛢️🛢️

Les bières d'inspiration britannique de la maison respectent des normes rigoureuses de qualité au moment du soutirage. Notons les excellentes Cœur d'or et Cobra, qui se distinguent par un équilibre entre les notes de caramel et de houblon. Plusieurs produits périmés sont toutefois en vente dans différents dépanneurs.

LE LION D'OR/ GOLDEN LION PUB

Boutique attenante où l'on peut
acheter les bières de la brasserie

 OUVERT du samedi au mercredi, dès 15 h,
et le jeudi et le vendredi, dès 11 h • visite
de la brasserie sur réservation

restauration complète

2, rue du Collège
Sherbrooke (Québec) J1M 1T4
819 565-1015
www.thegoldenlionpub.com

Dans les années 1980, trois grandes brasseries dominaient le marché au Québec : Labatt, Molson et O'Keefe. Dans l'intimité de leur cuisine, une poignée de brasseurs maison nourrissaient alors le rêve d'ouvrir leurs petites brasseries. L'un de ceux-là, Stan Groves, aspirait à fonder un *brewpub* chez lui, à Lennoxville. Il s'est donc exilé en Angleterre afin de s'inscrire à la formation de la brasserie Ringwood. Groves a fait ses classes chez Peter Austin en même temps que celui qui allait devenir l'une des principales figures de la révolution microbrassicole en Amérique du Nord, Alan Pugsley. À son retour, Groves en savait suffisamment pour concevoir ses propres équipements. Il les met au point en recyclant de la machinerie laitière. Il a ainsi réinventé un système britannique de brassage. Ses recettes plus houblonnées constituaient toutefois des interprétations typiquement nord-américaines.

Lorsque Groves demanda un droit de brassage, les fonctionnaires sont tombés des nues. Depuis le début du xxe siècle, la propension n'est pas d'ouvrir de nouvelles brasseries, mais bien d'en fermer! On dépoussière le seul permis possible, l'industriel. Il est donc interdit au brasseur de produire dans le même édifice où la bière sera vendue. Lui et son partenaire, Rob Barnett, se sont donc résignés à installer leur joujou dans un édifice derrière le pub. Il existe donc deux pubs distincts dans le même édifice, une très belle maison victorienne, l'une des plus vieilles maisons de Lennoxville, construite il y a plus de 135 ans, et un pub traditionnel, installé pour sa part dans les fondations de l'édifice. D'une grande simplicité, ce pub est richement décoré de souvenirs brassicoles (une collection de plateaux, de bouteilles et de canettes). L'ambiance y est estudiantine puisque la clientèle est surtout composée d'étudiants de l'université voisine! Au deuxième plancher, le pub occupe un ancien logis. Plusieurs petites sections procurent une ambiance plus typique de salon de dégustation.

Une exposition de photographies évoquant l'histoire de Lennoxville (entre autres son riche passé ferroviaire) y est présentée. Les précieux trésors sont barricadés derrière des vitres incassables. N'oublions pas que ce temple de la bière a été déclaré le pub étudiant n° 1 au Canada par Rick Mercer, de CBC.

Groves ne souhaitait pas vendre sa production ailleurs que dans son pub, mais la très haute qualité de ses cervoises et la forte demande des amateurs l'ont forcé à embouteiller ses nectars afin de les vendre un peu partout au Québec. Il a alors choisi soigneusement ses revendeurs. On ne retrouve ses produits que dans les épiceries spécialisées. Évidemment, on peut se restaurer sur place à des tarifs «étudiants», soit à un rapport qualité-prix assez remarquable.

La passion du propriétaire pour la bière se reflète dans chacun de ses produits. L'assurance d'une qualité supérieure de ses ales, servies en fût, sur place, mérite amplement le voyage. Ales et porters-stouts de style britannique, servis en fût sur place, sont d'une exceptionnelle qualité, car ils sont fraîchement sortis des fermenteurs. Une visite des lieux s'impose pour tout amateur qui se respecte.

BIÈRES ESSENTIELLES 🍺🍺🍺🍺

La spécialité de la maison est d'inspiration britannique. Quant à la Pride, une brown ale, cette bière brune fait jaillir un bouquet de noisettes et de noix enrobées dans un écrin de caramel soyeux. Légèrement croustillante en bouche, elle offre d'abord une timide aigreur de noisettes grillées, suivie d'une amertume bien déterminée de torréfaction enjolivée de celle du houblon. La Bishop's Best Bitter, une IPA nord-américaine, brune elle aussi, fait adroitement tomber dans l'embuscade du houblon qui que ce soit qui la goûte, en envahissant de toutes parts les moindres recoins de notre palais. L'élan se poursuit avec beaucoup d'autorité dans l'arrière-goût, jusque dans l'étalement, alors que la finesse de la personnalité de cette bitter souligne l'œuvre. L'hiver, au pub de l'établissement, il faut découvrir la Black Fly, une noire qui dévoile un nez intense de café fraîchement torréfié. Ses notes rôties bien senties procurent une sensation poudreuse en bouche. Une délicate aigreur empyreumatique sautille de part et d'autre de la langue, tandis que, sur l'arrière de l'organe buccal, l'amertume du houblon valse longuement avec celle de la torréfaction avant de s'endormir dans l'arrière-goût.

LE GRIMOIRE

Microbrasserie

 tous les jours, dès 11 h • visite de la brasserie sur réservation seulement

 restauration complète

223, rue Principale
Granby (Québec) J2G 2V7
450 372-7079
www.brasseriegrimoire.com

Fondée en 2004 par Steve et Sébastien Dancause, Mario Lapointe et Michel Thibodeau, ayant communément décidé de répondre impulsivement à une annonce d'équipements de brasserie à vendre. Ces amis d'enfance, tous de bons buveurs de bière, ont cependant décidé

de troquer la quantité pour la qualité en devenant brasseurs (trois d'entre eux se relaieront aux cuves). Après discussion, ils ont donc opté pour commencer à neuf, avec de nouveaux équipements, le tout sous la supervision et les précieux conseils de Serge Daigle, de La Memphré de Magog. La brasserie est commandée au mois de janvier 2004 et déjà, au mois de mai, un local est déniché sur la rue Principale, à Granby, qui est aussitôt rénové de fond en comble! Et c'est en plein milieu du pub que les équipements ont été installés.

Les partenaires raffolaient des bières de type «abbaye belge» et ils en ont créé plusieurs interprétations au fil du temps.

Le permis de brasserie n'était pas encore obtenu lors de notre visite au mois d'août 2008.

BIÈRES ESSENTIELLES

Depuis 2008, la maison semble avoir corrigé les difficultés d'acidification qu'elle avait connues avec les bières embouteillées. Parmi les produits qui se distinguent, notons la Vie de Château, une bière noire aromatisée au rhum. Le parfum vanillé de ce spiritueux, bien enveloppé dans un écrin de chocolat, laisse une empreinte de douceur interminable en étalement.

LA MARE AU DIABLE

Bistro-brasserie/restaurant

 OUVERT du samedi au mercredi, dès 16 h, le jeudi et le vendredi, dès 11 h • visite de la brasserie sur réservation seulement

151, rue King Ouest
Sherbrooke (Québec) J1H 1P4
819 562-1001

restauration complète

Cette brasserie a été fondée en 2003 par Christophe Pernin, un Français immigré au Québec dans le but d'investir dans le secteur de la restauration. Après avoir considéré plusieurs entreprises, il a compris que la formule du bistro-brasserie était en croissance. Il a par la suite choisi Sherbrooke comme terre d'accueil, parce qu'on y retrouvait une population diversifiée, une économie dynamique ainsi que deux universités réputées internationalement.

Au beau milieu du terre-plein de la côte de la rue King, la sculpture d'un ange indique la direction à suivre pour se rendre à cette charmante brasserie! L'auguste statue, érigée à la mémoire des combattants de la Première Guerre mondiale, est entourée de saints. L'église Saint-Patrick, l'école Sacré-Cœur, l'école Saint-Michel… La Mare au Diable occupe la très jolie maison Leblanc, construite en 1867.

Le restaurant se spécialise dans la cuisine à la bière. Les nombreux plats figurant au menu sont inspirés de la cuisine lyonnaise et tous sont d'interprétation originale, c'est-à-dire tout droit sortie de l'imagination de l'épouse de Pernin!

BIÈRES ESSENTIELLES
L'Abénaquis est une brune double qui exhale des vapeurs d'alcool, de fumé et de caramel. Légèrement lactique en entrée de bouche, elle devient par la suite d'une grande douceur, jouant des notes fumées et noires d'alcool. La Saint-François est une blonde plutôt désinvolte, dont la finesse du houblon saute au nez et s'exprime en bouche avec beaucoup de fraîcheur. Elle libère un filet de miel qui se fait sentir au fil des gorgées. L'Angélique, une pale ale rousse, chatouille les papilles d'un filet mielleux et floral évoquant la menthe et le houblon. Moelleuse à souhait, cette bière possède une amertume d'alcool qui se prélasse paresseusement. Et que dire de l'Éden, une blanche parfumée à la fleur d'oranger…

LA MEMPHRÉ

Microbrasserie

OUVERT du lundi au vendredi, dès 11 h 30, et le week-end, dès midi • visite de la brasserie sur réservation seulement

12, rue Merry Sud
Magog (Québec) J1X 3K9
819 843-3405

restauration complète

Brasserie fondée en juillet 1999 par Serge Daigle, un spécialiste de la restauration, dont l'esprit était imprégné d'une imagination débridée dans la préparation d'assiettes qui se distinguaient. Cet esprit s'est aussi exprimé dans la création de recettes originales de bières qui ont bousculé les notions de bien et de mal des «véritables» amateurs de bières dans les premières années d'existence de la brasserie. «Éclectique» et «anarchiste» étaient les principales caractéristiques des premières décoctions de Daigle,

qui utilisait toutefois des noms connus de style. Mais ses bières étaient si originales qu'il était impossible de les comparer avec les styles annoncés. La référence ainsi nommée, Daigle s'exposait à des critiques acerbes. Depuis, le brasseur s'est informé et a continué de développer son art. L'esprit éternellement espiègle, il fait toujours preuve d'imagination dans ses produits, quelquefois saugrenus. Il brasse maintenant des bières classiques, mais en imposant son style personnel à son œuvre. Depuis 2004, il vend également des équipements de brassage pour bistro-brasserie.

Installée dans une construction centenaire, sa modeste terrasse propose une vue imprenable sur le lac Memphrémagog, ce qui est bien agréable durant la saison chaude. L'hiver, l'intérieur est très accueillant, puisqu'il a conservé tout son charme d'antan.

La Memphré propose une cuisine où la bière fait bonne figure, comme la soupe à l'oignon brassée à la bière, la moutarde maison à la bière, etc.

 BIÈRES ESSENTIELLES 🍺🍺🍺🍺

La Blonde, une désinvolte à la robe blonde et au nez d'agrumes, possède une texture très veloutée en bouche alors que sa base aigrelette d'agrumes s'éteint en étalement. La Snow White est une blanche au nez d'anis bien présent, sans être trop envahissant. Plutôt mince en bouche, sa texture soyeuse et douce crée une base efficace pour la mise en valeur de l'anis. La Alt Brown Ale, une brune dont le bouquet complexe de malts torréfiés évoque la noisette, le caramel, le biscuit et le pain grillé, se dévoile ronde et veloutée en bouche ; ses effluves maltés s'enrichissent d'une amertume florale de houblon qui s'allonge longuement sur les papilles. La N° 8 est une noire de style porter traditionnel, dont se dégage un parfum fruité, signé d'agrumes et de pomme. Étonnamment mince en bouche, sa saveur aigrelette offre une gorgée désaltérante. Enfin, la Scotch Ale, une brune inclassable, est également ronde en bouche, étend une couverture de malt et de noisettes sur laquelle s'allonge un houblon d'une belle amertume. L'alcool s'introduit alors en douce et y ajoute des notes de menthe tout en relevant des saveurs de coulis d'agrumes.

Microbrasserie

SHERBROUE
Microbrasserie

OUVERT visite sur rendez-vous seulement

aucune restauration

Coopérative brassicole
de l'Université de Sherbrooke
www.sherbroue.ca

Fondée en 1998 par des étudiants de génie chimique. À l'instar de l'ensemble des programmes de l'université estrienne, SherBroue favorise l'apprentissage par projet. L'un des défis de SherBroue est de « produire une bière sans alcool, sans altérer le goût tant recherché. »

SherBroue favorise l'apprentissage grâce à l'acquisition d'une expérience concrète en ingénierie tout en misant sur les avantages du travail en équipe. Cette expérience se traduit d'une part par la création d'un procédé industriel de fabrication de bière sans alcool mais de qualité et, d'autre part, par l'exploitation d'un système de gestion coopérative à but non lucratif. Depuis sa fondation, plus de 140 étudiants ont participé au projet. Le nom des bières reflète l'imagination de ses concepteurs : la Pétrole (oatmeal stout), la Grande Faucheuse (ale blonde), la Grincheuse (blanche), l'Arnak (pale ale), pour ne nommer que celles-là.

Notons au passage que, parmi les bières d'excellente qualité conçues par la maison, et dont les recettes sont reproduites « à des fins éducatives », on trouve difficilement des produits sans alcool !

BIÈRES ESSENTIELLES

SherBroue a conclu un partenariat avec Siboire (p. 175) pour le brassage commercial de l'une de ses bières par les membres de la coopérative au sein du bistro-brasserie la Sherloup.

SIBOIRE

Aucun salon de dégustation

 OUVERT tous les jours, dès 15 h • visite de la brasserie sur réservation seulement

 restauration légère

80, rue du Dépôt, local 102
Sherbrooke (Québec) J1H 5G1
819 565-3636
www.siboire.ca

Pierre-Olivier Boily était cycliste de niveau olympique tandis que Jonathan Gaudreault était médecin. Les deux amis, originaires du Lac-Saint-Jean, se sont associés à Carl Grenier, un homme d'affaires prospère fondateur de Zoom Média. Boily et Gaudreault partageaient un appartement du temps de leurs études à l'Université de Sherbrooke. Ils avaient aménagé une nanobrasserie quasi industrielle au sous-sol et rêvaient de fonder une brasserie dans un avenir plus ou moins lointain. Lorsqu'ils ont constaté que le marché se développait rapidement partout au Québec, ils ont transformé leur rêve en un véritable projet.

Leur brasserie est située dans l'un des locaux de la vieille gare, au centre-ville, un édifice plus que centenaire. La Coopérative L'Estudiantine s'y était déjà installée, des résidences étudiantes s'y sont ajoutées et le Centre culturel Jean-Besré était en construction au moment de l'élaboration des plans. Le potentiel de cette zone municipale en pleine revitalisation était considérable. Aujourd'hui, un immense mur vitré permet de voir toutes les installations de brassage et d'assister au spectacle du brasseur jouant de ses instruments.

BIÈRES ESSENTIELLES

Quatre bières figurent à la carte du Siboire. Une pale ale, une weizen (La Capricieuse), une belge triple (La Trip d'automne III) ainsi qu'une stout impériale au café (L'Impériale Express). La Cale-Verre, loin d'être un calvaire à boire, est une pale ale qui séduit d'entrée de jeu avec sa bise sucrée de caramel. Le vent de fraîcheur de son houblon ajoute une belle sensation désaltérante. La Trip d'automne III vient faire valser les noix et les noisettes au refrain du houblon qui siffle une ballade mélodieuse en arrière-goût. La Capricieuse possède des saveurs prononcées d'agrumes qui allongent paresseusement leurs dièses de banane dans une finale qui s'éternise. L'Impériale Express propose, sous sa robe noire, des effluves intenses de café et de torréfaction, enveloppés dans des draps satinés de chocolat. Elle est d'ailleurs servie accompagnée de petites bouchées chocolatées!

CANTONS-DE-L'EST

175

 OUVERT aucun salon de dégustation
ouvert au public • visite de la brasserie
sur réservation seulement

aucune restauration

1209, rue Saint-Joseph
Tingwick (Québec) J0A 1L0
819 359-3887 / 1 866 359-3887
www.multi-brasses.com

Fondée en 2002 par Georges Mayrand et Kévin Morin, cette petite brasserie de la région des Bois-Francs est l'aboutissement du rêve de deux jeunes brasseurs maison. Déjà, au cégep, lors de l'Expo-Sat, ils animaient un stand intitulé «Venez découvrir les secrets bien gardés de la bière»! Après leurs études, ils ont choisi de transformer l'eau du coin en cervoise de terroir. Ils ont ainsi pu concrétiser leur rêve tout en demeurant dans leur région natale.

Pour symboliser leur marque, ils ont choisi *Buck*, le nom anglais du chevreuil mâle, ce qui leur a permis de faire de délicieux jeux de mots. *Buck* rime avec *bock*, qui possède deux significations dans le monde de la bière : il

constitue la chope en plus de désigner un grand style de bière d'origine allemande (la double bock). Et que dire du jeu de mots de Kévin, qui affirmait au cours d'une entrevue accordée durant le Forum agricole, alimentaire et forestier: «Aux yeux de mes parents, je lâchais un bac pour une Buck»! Les deux brasseurs ont installé la microbrasserie en plein cœur de Tingwick, dans ce qui était autrefois un magasin général.

Outre leurs quatre variétés de Buck, ils ont mis au point des bières intégrant des ingrédients typiquement sylvifrancs:

la canneberge et l'érable. De la fondation de la microbrasserie jusqu'en 2002, les bières n'étaient offertes qu'en fût, et le duo concentrait ses activités dans la région des Bois-Francs et une partie des Cantons-de-l'Est. Depuis l'été 2004, la brasserie embouteille ses bières.

Fréquemment, Mayrand et Morin lancent de nouvelles bières sur le marché. Après avoir connu des difficultés au chapitre de la stabilité en bouteille de leurs produits, ils ont renouvelé leur équipement d'embouteillage et offrent depuis des produits d'une grande stabilité.

BIÈRES ESSENTIELLES

La maison se spécialise dans la création de bières intégrant des fruits, notamment les fruits régionaux comme la pomme et la canneberge.

La Kingsey, une blanche pâle et voilée, possède un nez intense de blé et envahit le palais avec une douceur de blé derrière laquelle se dissimule une aigreur. En crescendo, ses notes de blé et de vanille se dévoilent avec beaucoup de générosité.

La Buck blonde, une blonde scintillante à la mousse moyennement persistante et au nez discret de malt, ouvre sur une saveur franche de céréale et de malt qui pose une bise veloutée sur notre palais. D'une teinte rosée et au nez de petits fruits rouges, elle présente un bel équilibre entre la douceur de sa pomme et l'aigreur-amertume de sa canneberge. Très soyeuse, elle constitue une belle réussite de bière du terroir originale, sans être une caricature.

La Buck rousse, une pale ale rousse à la mousse moyenne et tenace, offre un pétillement tranquille et un nez retenu de caramel enveloppant en bouche. Elle dépose une bise délicate sur laquelle un voile de houblon très rafraîchissant s'étend, entraînant le malt caramel sur le sentier de nos papilles.

J'avoue avoir un penchant pour la Belle Hélène, une bière veloutée au possible, subtilement relevée de poire. C'est là une véritable bière de soif de grande qualité, malgré son 8 % alc./vol. Et qu'elle est facile à boire!

CHARLEVOIX

MicroBrasserie Charlevoix
et restaurant attaché Le Saint-Pub

OUVERT dès 11 h • visite de la brasserie
sur rendez-vous seulement

restauration complète, avec accent
sur la cuisine régionale

6, rue Paul-René Tremblay
Baie-Saint-Paul (Québec) G3Z 3E4
418 435-3877
www.microbrasserie.com

Le Saint-Pub : 2, rue Racine
418 240-2332

Fondée en 1998 par Frédérick Tremblay, Caroline Bandulet et d'autres actionnaires de la région, la microbrasserie est le rêve de Tremblay. Cette passion l'a conduit à suivre le chemin classique de plusieurs microbrasseurs : brasser d'abord à la maison. Il a vite mis à contribution son savoir professionnel d'informaticien afin de mettre au point des méthodes pour peaufiner ses recettes et son contrôle de qualité. Il a opté pour le retour à ses origines afin de concrétiser son rêve. Sa fascination pour les bières a joué un rôle important dans sa rencontre avec Caroline. Du sang allemand coulant dans ses veines, celle-ci partageait déjà une grande affinité avec Frédérick avant même de le rencontrer ! Ensemble, ils ont surmonté bien des difficultés pour faire de la MicroBrasserie et du Saint-Pub le temple de la bière qu'ils sont devenus. L'année 2008 a été celle de la mise en chantier d'une nouvelle usine de production.

Dès ses premiers brassins, la microbrasserie a été adulée par les connaisseurs. Elle s'est dès lors imposée comme une destination incontournable. Le groupe des premiers actionnaires ne nageait toutefois pas dans la plus grande harmonie. Après plusieurs difficultés administratives, Tremblay a réussi à sauver la brasserie de la faillite et à devenir propriétaire à 100 %. Depuis, la maison est devenue l'une des meilleures microbrasseries du Québec.

À la suite de l'arrivée de Nicolas Marrant, un brasseur français très talentueux et débordant d'imagination, de nouvelles recettes ont été conçues. C'est ainsi qu'a été créée l'excellente Dominus Vobiscum – Que Dieu soit avec vous. Le même vent pétillant d'humour a livré, quelques mois plus tard, Les Vaches folles. En 2007, la célèbre équipe de la brasserie belge d'Achouffe est venue créer une bière exclusive dans les cuves de la MicroBrasserie Charlevoix. La maison a alors développé plusieurs brassins exclusifs haut de gamme au cours de l'année. L'entreprise a amorcé un nouveau tournant en 2008 en annonçant un agrandissement majeur, soit l'établissement d'une unité de production à l'extérieur du Saint-Pub.

Le Saint-Pub est un endroit recherché, au cœur de Baie-Saint-Paul, notamment pour sa terrasse pendant la saison estivale. Il s'agit aussi d'un excellent restaurant où la bière est liée avec des produits du terroir, donnant des résultats orgasmoleptiques.

Toujours en 2008, grâce à la nouvelle unité de production située dans le parc industriel de la ville, les bières de la maison sont désormais offertes en tout temps, partout dans les pubs et les dépanneurs de Charlevoix. Une usine de brassage a été inaugurée en 2009 dans le parc industriel de Baie-Saint-Paul

Le Saint-Pub poursuit quant à lui ses activités de brassage avec les mêmes équipements, en plus de se consacrer à l'élaboration de bières exclusives pour le pub. Bref, une entreprise, deux brasseries.

 BIÈRES ESSENTIELLES

La MicroBrasserie Charlevoix fait partie du club des brasseries qui se distinguent par l'excellence de toute leur production. Ainsi, toutes les bières sont fortement recommandables. La série Dominus Vobiscum est une véritable réussite. La Dominus Vobiscum Blanche, qui ouvre sur un nez fruité évoquant la mangue, la banane et le blé, dévoile une texture soyeuse, dans une minceur qui se déroule délicatement. La Dominus Vobiscum Double, une rousse de style double scotch ale, dégage un nez de caramel et dévoile une délicate aigreur de brûlé en entrée de bouche, laquelle est vite rejointe par un vent de fraîcheur houblonné qui s'étire avec assurance dans un étalement long et velouté.

À l'abri de la Tempête — 3

OUVERT de juin à fin septembre, dès 10 h, et de fin septembre à fin mai, dès 17 h • visite de la brasserie en continu, de 13 h à 17 h, de juin à fin septembre, et sur réservation le reste de l'année

286, chemin Coulombe
L'Étang-du-Nord (Québec) G4T 3V5
418 986-5005
www.alabridelatempete.com

 menu léger

À l'abri de la tempête a été fondée en 2004 par Jean-Sébastien Bernier, Anne-Marie Lachance et d'autres partenaires locaux. Bernier, un passionné du *kite* (un sport de glisse aquatique avec cerf-volant), adorait terminer ses vols en savourant une bonne bière, notamment une qu'il avait lui-même brassée. C'est aux îles de la Madeleine qu'il s'est exilé, en 2000, en compagnie d'Anne-Marie Lachance. Là-bas, il a été littéralement soulevé par les conditions régionales favorables à la pratique du *kite*. Mais dans ses bagages, il trimballait aussi le projet de fonder en ce lieu une microbrasserie. Après plusieurs démarches et recherches, il a finalement déniché à L'Étang-du-Nord une ancienne usine à poissons, en plein cœur de nulle part, exposée à tous les vents. Les mélodies du sympathique duo Jim et Bertrand se sont mises à jouer d'agréables souvenirs dans sa tête. Le titre de l'album *À l'abri de la tempête* s'est imposé pour baptiser la microbrasserie.

Le projet de Bernier était ambitieux et s'inscrivait parfaitement dans la philosophie insulaire, l'objectif étant de produire une bière 100 % îles de la Madeleine. Mais pour ce faire, il devait utiliser une orge cultivée localement ! Dans un coin de pays où cinq générations sont nécessaires pour que quiconque soit considéré comme madelinot, Bernier a dû convaincre un cultivateur de semer l'orge élue. Celle-ci, nommée de façon romantique B1602, est composée de six rangs et peut supporter les vents estivaux en plus d'atteindre rapidement sa maturité. Sa paille courte lui permet de résister aux puissantes rafales qui épicent la vie dans le golfe. Le fermier qui a bien voulu se joindre au projet a également accepté de relever le défi de la produire le plus naturellement possible, sans herbicide ; depuis, il en cultive 18 tonnes annuellement et Bernier malte lui-même son grain. Les premières recettes intégraient environ un quart d'orge des îles. Bernier, s'est aussi mis à employer de la carraghénine qu'il cueille lui-même. Cette algue, utilisée par la majorité des brasseurs, clarifie le moût à la fin de sa cuisson. Le brasseur a choisi de ne pas la traiter, ce qui procure à sa bière une note légèrement salée. Quant au climat des îles, il rend difficile la culture du houblon. Heureusement, la houblonnière locale produit quelques cônes de houblon. En ce qui a trait à la drêche (malt épuisé), elle nourrit un troupeau local de sangliers (des producteurs Les Cochons tout ronds). Déjà, dans les années 1990, Jean-Sébastien Bernier transformait les eaux maskoutaines en bière. À cette époque, il produisait une délicieuse Scottish Ale et une étonnante Two Penny élaborée avec les drêches de la première. Du grand art qu'il a par la suite perfectionné au bistro-brasserie Le Bilboquet et à la Brasserie Aux 4 temps, à Saint-Hyacinthe.

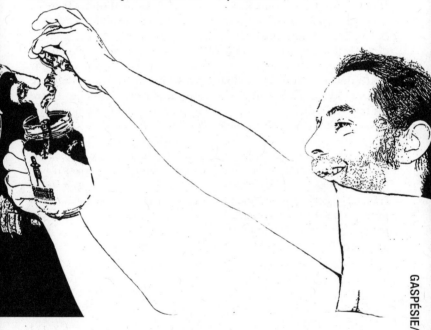

GASPÉSIE/ÎLES-DE-LA-MADELEINE

 BIÈRES ESSENTIELLES 🍺🍺🍺🍺🍺

Jean-Sébastien Bernier fait partie des grands brasseurs du Québec, et tous ses rejetons respectent des normes de qualité élevées. Un passage aux îles serait incomplet sans faire la conversation à la Blanche du couvent en fût, fière de ses notes distinguées de blé et d'agrumes. Parmi les produits embouteillés, la Corne de Brume, une ronde caramélisée à souhait, constitue un incontournable dans le style scotch ale, d'autant plus qu'il s'agit d'une bière qui a le pouvoir de se bonifier avec le temps.

181

LE NAUFRAGEUR

Microbrasserie

 OUVERT dès 15 h

aucune restauration

586, boulevard Perron
Carleton-sur-Mer (Québec) G0C 1J0
418 364-6662

Fondée par Cristelle Latrasse, Philippe Gauthier, Sébastien Hébert et les frères Louis-Franck et Sébastien Valade, la microbrasserie Le Naufrageur est un clin d'œil amusant à la microbrasserie À l'abri de la tempête. Cette dernière protège les bateaux tandis que Le Naufrageur les fait s'échouer…

Les frères Valade fabriquaient de la «bière solide» depuis plus d'une dizaine d'années déjà – du pain – lorsqu'ils ont décidé d'en faire une version liquide. L'expérience de gérer un commerce, jumelée au développement du marché général des microbrasse-

ries partout au Québec, a permis la concrétisation du rêve original en 2008. La qualité des bières a été confiée au maître-brasseur Mathieu Blais.

C'est à l'intérieur d'un ancien théâtre d'été pouvant accueillir plus de 150 personnes que l'équipe a élu domicile. Outre le bar, une petite scène anime parfois l'endroit. L'accueil y est très chaleureux, à l'image de ce que sont les Gaspésiens.

Au chapitre des projets d'avenir de la maison règne celui d'employer de l'orge locale dans les décoctions.

BIÈRES ESSENTIELLES

Je n'ai pas eu le bonheur de visiter la brasserie depuis son ouverture. Les premières bières offertes s'inscrivent dans la lignée devenue classique des bistros-brasseries : une blanche, une désinvolte blonde, une désinvolte rousse et un porter (noir). Plusieurs bières sont nommées en souvenir des navires ayant fait naufrage dans la baie des Chaleurs : La Malauze (blonde désinvolte), La Léone (blanche) et La Colborne (rousse désinvolte), entre autres. Des projets de création de bières plus racées sont au programme à court terme.

GASPÉSIE/ÎLES DE LA MADELEINE

PIT CARIBOU

Microbrasserie

 visite de la brasserie sur réservation seulement

 aucune restauration

27, rue de L'Anse
Percé (Québec) G0C 2L0
418 385-1425
www.pitcaribou.com

Fondée par Francis Joncas et Benoît Couillard. Après avoir fait ses études à l'Université de Sherbrooke et avoir brassé pour son plaisir personnel, Joncas est retourné aux sources, à Saint-Isidore, en Gaspésie, habité par le projet de fonder une microbrasserie. Il a convaincu Couillard, natif des Cantons-de-l'Est, de s'exiler de sa terre natale. Le nom de la microbrasserie a été directement puisé dans les aventures de Séraphin Poudrier, le personnage de Pit Caribou collant bien à la réalité maritime de la région.

L'usine de production a été installée dans un bâtiment situé dans le havre de pêche de L'Anse-à-Beaufils, à Percé. Un ancien bâtiment de pêche adjacent, situé sur le quai et reconverti en centre culturel, a permis l'écoulement de toute la production de la brasserie lors de la première saison estivale : 600 litres de bière par semaine. En raison de cette forte demande, la capacité de brassage a dû être augmentée à 800 litres hebdomadaires. Par ailleurs, le duo est habité par le désir d'intégrer des produits du terroir à leurs recettes, notamment du miel, du sirop d'érable et des produits marins. La première année de fabrication est une année consacrée à l'expérimentation et à la création de bières originales portant une signature régionale. La clientèle visée dans un premier temps est constituée de restaurants, de pubs et de certains groupes ciblés pour des occasions particulières (fêtes de bureau, réunions de famille, etc.).

BIÈRES ESSENTIELLES

La maison propose deux produits de base bien brassés : La Blonde de l'Anse, une blonde légère qui étanche la soif avec efficacité, et une pale ale bien construite, La Bonne Aventure, qui délie un filet de caramel, agréablement enjolivé par la fraîcheur du houblon. En bouche, des petits fruits rouges expriment leur présence, ajoutant une légère pointe d'acidité.

GASPÉSIE/ÎLES-DE-LA-MADELEINE

183

 aucune salle de dégustation, mais l'ancien pub sert toujours • visite de la brasserie sur réservation seulement

681, rue Marion
Joliette (Québec) J6E 8S3
450 760-2945
www.mbalchimiste.com

aucune restauration

D'abord installée dans un petit local du centre-ville qui pouvait accueillir des clients, la microbrasserie L'Alchimiste a dû déménager dans des locaux plus spacieux en 2007. Le pub L'Alchimiste du centre-ville de Joliette est cependant toujours ouvert et propose les produits de la microbrasserie.

Carl Dufour, un jeune entrepreneur de Chibougamau, souhaitait investir dans le marché de la microbrasserie. Il en rêvait depuis une visite chez l'aîné des bistros-brasseries du Québec, la Taverne du Cheval Blanc. Il projetait d'abord de fonder son entreprise dans la grande ville la plus proche : Jonquière ! Après sa formation aux Laboratoires Maska et une expérience bénévole dans différentes microbrasseries, il

décida de river ses cuves dans la région de Montréal. Il a alors trimbalé sa chope à bâbord et à tribord pour finalement l'installer à Joliette. La nature lui rappelait les décors de son enfance et il constata que plusieurs artistes habitent les environs. Pour lui, ceux-ci font preuve d'ouverture d'esprit, une caractéristique favorable qui incite à la découverte de nouveaux produits, notamment la bière. Les Cowboys fringants lui rendaient d'ailleurs fréquemment visite dans ses débuts.

Il a donc ouvert sa petite brasserie tout en y jouant à peu près tous les rôles : brasseur, barman, concierge… Toutefois, il a confié la mise au point de ses recettes à un ange gardien : Victor Lukoshius, un maître-brasseur de la Nouvelle-Angleterre. Lukoshius ajustait ses dosages en fonction des commentaires des clients. En 2006, Yan Rivard, un entrepreneur de Joliette qui est aussi un bon ami de Carl Dufour, est devenu actionnaire de la brasserie. Dès lors, les opérations d'agrandissement et de déménagement se sont amorcées. On a quitté le monde du service sur place pour joindre celui des grandes microbrasseries. Le tandem a visé haut, souhaitant devenir l'une des principales microbrasseries du Québec.

BIÈRES ESSENTIELLES 🍺🛢️🛢️🛢️

La brasserie produit en respectant la loi allemande de la pureté (*Rheinheitsgebot*). Les seuls ingrédients utilisés sont l'eau, le malt, le houblon et les levures. La principale caractéristique des bières de la maison est l'étiquetage de styles qui ne tient absolument pas compte des définitions qui sont généralement acceptées dans le monde des amateurs de bières. Ainsi, la scotch ale de la maison est plutôt une brown ale ! Toutes les bières sont cependant de qualité irréprochable.

LANAUDIÈRE

OUVERT du mercredi au vendredi, dès 16 h, et le samedi, dès 15 h ; fermé du dimanche au mardi • visite de la brasserie sur réservation seulement

643, boulevard de L'Ange-Gardien
L'Assomption (Québec) J5W 1T1
450 713-1060
www.hopfenstark.com

aucune restauration, apportez votre lunch

Cette microbrasserie est la concrétisation du rêve de deux passionnés, Frederick Cormier et Hughes Dumontier.

Les partenaires ont développé leurs talents de manieur de fourquet en brassant à la maison. Les volumes produits dépassant amplement leur propre consommation. Il était donc logique qu'ils transforment leur passe-temps en commerce. Dumontier a travaillé plusieurs années au Dieu du Ciel, l'une des meilleures microbrasseries artisanales du Québec. Cette précieuse expérience lui a permis de s'initier au brassage de première qualité. La maison s'est rapidement imposée comme une brasserie de premier plan et qu'elle est devenue un lieu de pèlerinage essentiel pour les amateurs de bonnes bières du Québec.

La microbrasserie offre un vaste choix de bières bien typées : Ostalgia blonde, Ostalgia rousse, Blanche de l'Ermitage et Postcolonial IPA.

Elle mise sur des matières premières cultivées dans sa région et emploie du miel lanaudois ainsi que de l'orge et des framboises de L'Assomption.

Outre à la microbrasserie, il est possible de savourer les bières, servies en fût, dans divers établissements spécialisés du Québec.

BIÈRES ESSENTIELLES

La maison propose des bières racées, haut de gamme. Le Porter de L'Ancrier constitue notamment une superbe interprétation du style porter de la Baltique. Noire et veloutée, cette bière développe des notes de chocolat grâce à la combinaison de son alcool (qui fait vibrer l'alcomètre à 8 %) et de ses malts torréfiés. La Kamarad Friedrich Russian Imperial Stout subjugue avec son 11 % alc./vol. Il en existe également une version 5 étoiles, affinée dans des fûts de chêne. La maison sert également sur place une autre bière conditionnée en fût de chêne, la Framboise forte, dont les notes fruitées sont bien soulignées par son 8 % alc./vol. Enfin, la Yule est une délicieuse bière de Noël.

LANAUDIÈRE

sur les tables des clients des pubs et est vite devenue un objet de curiosité gustative. Et qui y goûtait l'adoptait. La croissance du marché et celle de la demande étaient impressionnantes ; la maison a par conséquent dû s'équiper rapidement d'une ligne d'embouteillage. Pendant qu'on l'installait, la demande des débits pour une bière blonde microbrassée se faisait aussi pressante. Lorsque la maison a lancé sa Boréale blonde, elle en a profité pour ajouter « rousse » à son produit original. Le mot a vite été adopté par plusieurs microbrasseries et est devenu *ipso facto* un synonyme de « bière microbrassée ». C'est le moment qu'a choisi Molson pour lancer sa propre rousse, confirmant ainsi le rôle de chef de file de la petite entreprise ! La bière désinvolte colorée de la grande brasserie n'a toutefois pas trompé les amateurs de bières, qui l'ont boudée. Pendant ce temps, Les Brasseurs du Nord préparait déjà une bière noire, et une forte…

Les Brasseurs du Nord est vite devenue la deuxième microbrasserie en importance au Québec, sa capacité de production augmentant constamment. Pour satisfaire la demande insistante de ses clients, cafés et bars, elle a également accepté de brasser une blanche.

Laura Urtnowski a de la difficulté à préciser le nombre d'expansions que Les Brasseurs du Nord a connu depuis sa fondation. Depuis la vente des grandes brasseries à des intérêts étrangers, Les Brasseurs du Nord est devenue l'une des plus importantes brasseries authentiquement québécoises.

BIÈRES ESSENTIELLES

La Boréale rousse a été la première à porter le qualificatif « rousse ». Elle est ainsi devenue une référence en la matière. À son nez dominant de caramel écossais s'adjoint un bel équilibre en bouche qui laisse d'abord s'exprimer la douceur, laquelle est vite rattrapée par une morsure de houblon ! Assurément une bière fraîche et fort agréable. La Boréale noire, une stout aux saveurs intenses de torréfaction, possède un puissant nez de café espresso et d'alcool. Ronde et veloutée, elle est agrémentée d'un goût de rôti qui s'exprime peu à peu, sous le confort de notre palais. En finale, une note de cappuccino et de vanille subsiste. La Boréale cuivrée, une inclassable qui flirte avec le style scotch ale, offre un nez frais de malt caramel et de malt. Elle affirme une personnalité de sucre d'orge en entrée de bouche, tandis qu'une fine amertume se dévoile en arrière-plan. L'arrière-goût, long et somptueux, se conclut par une douceur maltée. Enfin, la Boréale blanche se distingue par ses notes bien senties de gingembre qui dominent ses saveurs de blé.

LA DIABLE

Microbrasserie

OUVERT tous les jours, dès 11 h 30 • visite de la brasserie sur réservation seulement, mais on peut voir le brasseur à l'œuvre dans la salle de brassage située au rez-de-chaussée

3005, rue Principale
117, chemin Kandahar
Mont-Tremblant (Québec) J0T 1Z0
819 681-4546

 restauration complète

Fondée en 1995 par André Jasmin et Pierre Poirier, deux comparses qui avaient accepté une retraite anticipée de la pétrolière Shell. Ils souhaitaient alors investir dans une petite brasserie et rêvaient de s'installer dans le projet Intrawest. À l'époque, Mont-Tremblant était déjà un centre de villégiature populaire l'hiver, mais Intrawest le transformait en centre de tourisme de luxe toutes saisons. Le promoteur s'est inspiré des façades du Vieux-Québec pour créer un village d'une grande beauté esthétique. Il a également eu la sagesse de maintenir les structures antiques des chalets et des maisons qui s'y trouvaient. La brasserie a justement été installée dans une maison ancestrale du village. L'ambiance y est toujours unique et très chaleureuse! La Diable est le nom de la rivière qui coule à Mont-Tremblant. Pendant qu'Intrawest remuait sol et pierres au pied de la montagne, le duo savait déjà que l'affluence allait rentabiliser leur investissement, peu importe ce qu'ils allaient brasser. Mais ils ne se sont pas assis sur leurs fûts et les bières fabriquées font partie des meilleures bières produites au Québec.

Le plateau de dégustation est servi avec un napperon présentant chacune des bières, ce qui facilite l'orientation du novice et donne un point de comparaison à l'amateur averti.

 BIÈRES ESSENTIELLES 🍺🍺🍺

La Blizzard, une blanche opalescente très pâle au nez généreux de blé, présente une belle aigreur citronnée en entrée de bouche, le coup de foudre est assuré au contact physique ! Mince, mais soyeuse, sa présence s'allonge avec beaucoup de délicatesse, tandis qu'une bise aigrelette de citron persiste sur la langue. La Diable, une pale ale rousse dont le nez intense de caramel écossais se confirme dès le contact avec les lèvres. Une subtile amertume de houblon se faufile discrètement, sans donner l'impression de vouloir dominer le caramel, mais son naturel s'affirme avec une certaine autorité en finale ! La 7e Ciel, une ale blonde, aguiche avec son nez de céréales. L'enveloppe du grain, pailleuse, domine la saveur du précieux liquide pendant toute la durée de sa présence en bouche. Un fumet discret de houblon s'échappe en finale. L'Extrême Onction, une triple cuivrée à la mousse généreuse et bien collante (superbe dentellière), livre un nez d'alcool vanillé, boisé et complexe où se font sentir quelques vapeurs de houblon. Son arrivée en bouche est très intense alors que l'alcool dresse des nuances de flaveurs qui explosent tout en subtilité. Le houblon s'épanouit en finale, en devenant de plus en plus présent. La Double noire, une stout au nez de café moka intense, agréable et invitant, s'exprime avec beaucoup d'aise sous notre palais. La torréfaction s'amplifie vigoureusement en entrée de bouche, tandis que le moka devient du café français avant de s'évanouir lentement, paresseusement, longuement. Le temps d'un soupir, quelques effluves de houblon s'extirpent de ce brûlé.

LAURENTIDES

193

DIEU DU CIEL !

Microbrasserie

OUVERT tous les jours, dès 15 h

 aucune restauration, apportez votre lunch

259, rue de Villemure
Saint-Jérôme (Québec) J7Z 5J4
450 436-3438
www.micro.dieuduciel.com

Le bistro-brasserie Dieu du Ciel de la rue Laurier, à Montréal, a connu un succès tellement important que la demande de ses bières pour consommation à domicile ne cesse de croître, encore aujourd'hui. À cause des particularités du permis de brassage artisanal, il était impossible aux brasseurs de vendre dans le réseau des dépanneurs. Qu'à cela ne tienne, la brasserie pouvait vendre ses produits aux États-Unis... Mais pour répondre à la demande des amateurs québécois, une microbrasserie a été implantée à Saint-Jérôme. La qualité des bières et la réputation de chacune ont fait en sorte que, dès sa fondation, la brasserie a éprouvé des difficultés à répondre à la demande ! Elle a donc dû rapidement procéder à des agrandissements. Pour plus de renseignements sur l'histoire de la brasserie, consultez le texte dans la section de ce guide sur la région de Montréal (p. 244).

BIÈRES ESSENTIELLES

La Blanche du Paradis, une bière aigrelette aux notes fruitées d'agrumes et d'épices ; la Corne du diable, une version complexe d'une India pale ale présentant une amertume tranchante ; la merveilleuse Dernière Volonté, au nez complexe floral et fruité ; l'Équinoxe du printemps, brassée seulement au printemps, est une merveilleuse scotch ale arrondie d'érable ; la Fumisterie, une pale ale aromatisée au chanvre, présente un bel équilibre entre l'amertume du houblon et celle du chanvre et des saveurs maltées du malt-caramel ; la Péché Mortel, une stout impériale titrant 9,5 % alc./vol., un véritable café espresso alcoolisé. Enfin, l'unique Route des épices, une bière de seigle aromatisée au poivre d'une grande complexité de malt, de céréales, de fruits, de chocolat et de caramel dont le poivre se manifeste surtout en arrière-goût.

LAURENTIDES

MICROBRASSERIE DU LIÈVRE

Microbrasserie

OUVERT aucune salle de dégustation ouverte au public • visite de la brasserie sur réservation seulement • possibilité d'acheter sur place

 aucune restauration

110, boulevard Paquette
Mont-Laurier (Québec) J9L 1J1
819 623-1622
1 888 722-1622

Fondée en 2000 par Cécile et Jean-Paul Sabourin, la microbrasserie a été reprise par leur fils Jonathan en 2004.

Les idées se bousculaient dans l'imagination de l'homme d'affaires Jean-Paul Sabourin. Pragmatique, son épouse tentait tant bien que mal de le raisonner dans ses idées de grandeur. Mais lorsqu'en 1998, une minibrasserie a ouvert ses fûts dans la petite localité de La Minerve, Cécile accepta d'entreprendre le projet d'installer une microbrasserie dans son établissement hôtelier à Mont-Laurier. La microbière n'est pas nouvelle pour elle. Lors de leurs nombreux séjours hivernaux dans le sud des États-Unis, le couple fréquentait des bistros-brasseries locaux. Cécile observait d'un œil favorable l'évolution de ce marché au Québec. Elle savait également que Jonathan, le cadet de ses fils, serait en mesure de prendre la relève dans un avenir rapproché. Déjà, lorsque la décision fut prise de fonder cette entreprise au sein de son motel, fiston a fait l'acquisition d'un équipement professionnel de brassage maison (un brasse-camarade de marque Les Spécialistes d'acier inoxydable). Deux ans après les premières démarches, soit au tournant du siècle, la brasserie a finalement pu transformer de l'eau en bière.

Fidèle à sa jeunesse, Jonathan s'en donnait à cœur joie dans ses premières décoctions. D'un brassin à l'autre, les nuances de saveurs étaient facilement perceptibles. Le jeune brasseur a ainsi acquis une grande expérience. Depuis son ouverture, la brasserie a considérablement amélioré ses bières. Sabourin a innové en créant une excellente Imperial pale ale. Bien enrobé dans le velouté de l'alcool et du caramel, son houblon sautille de fraîcheur en bouche. Voilà une bière qui titre un pourcentage d'alcool élevé, tout en maintenant un grand pouvoir désaltérant.

La fromagerie Le P'tit Train du Nord de Mont-Laurier affine d'ailleurs l'un de ses fromages de style raclette, le Wabassee, avec une bière de la microbrasserie. Il s'agissait traditionnellement de la Brune au miel, mais depuis quelques années, la Ginger Beer l'a remplacée.

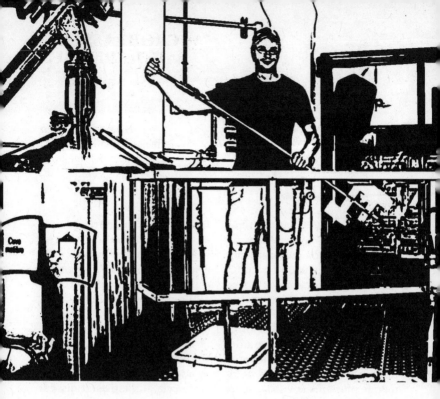

 BIÈRES ESSENTIELLES 🍺🍺🍺🍺

La Ginger Beer, une blonde au gingembre, est issue d'une recette mise au point en collaboration avec la Brasserie du Château, à Lausanne. Avec une entrée de bouche très douce, dans des saveurs maltées et enrobées d'un écrin soyeux, la bière laisse ensuite le gingembre s'exprimer en toute timidité avant qu'il ne prenne confiance et déroule son voile piquant avec délicatesse, rendant cette bière très désaltérante. La Montoise, une blonde scintillante au nez bien net de malt, s'exprime avec beaucoup d'allégresse lorsqu'elle s'introduit en bouche ; le malt s'endort rapidement pour laisser la fraîcheur du houblon s'exprimer. La Frousse est une rousse au nez bien établi de noisettes agréables qui se confirme dès la première gorgée. Mince en bouche, son amertume bien présente de houblon se suspend aux notes de noisettes pour les entraîner dans une danse enlevante et relevée. Un filet de malt et de caramel se joint au duo pour l'envelopper en toute tendresse et terminer sur une finale somptueuse de caramel brûlé. La Brune au miel est une rousse foncée au pétillement faible. Si elle offre un nez timide de fumé et de caramel, elle surgit toutefois intensément en bouche en dévoilant une rondeur veloutée qui répand le caramel légèrement brûlé avec grande générosité, avant que les notes de noix viennent sautiller avec assurance sur le caramel.

MICROBRASSERIE SAINT-ARNOULD

Microbrasserie

OUVERT tous les jours, dès 11 h 30 • visite de la brasserie sur réservation seulement, mais on peut facilement voir les équipements de la fenêtre

 restauration complète

435, rue des Pionniers
Mont-Tremblant (Québec) J8E 1A1
(secteur Saint-Jovite)
819 425-1262
www.saintarnould.com

Fondée en 1996 par les frères Richard et Serge Vidal. Ce dernier a vite pris seul les rennes de la maison. Jusqu'en 2000, la maison ne servait ses bières que dans le restaurant attaché à la maison. Depuis, elles sont également vendues en bouteille. La qualité des produits s'est continuellement améliorée depuis la fondation, à un point tel que plusieurs établissements locaux demandent maintenant à servir des bières Saint-Arnould à leurs clients.

Jeune retraité du Canadien Pacifique, Serge Vidal a tiré profit des nombreuses rationalisations que la compagnie de chemin de fer a apportées à son réseau dans les années 1980. Il a alors été en mesure de recycler un nombre incroyable d'objets et instruments. Ainsi, le bois qui servait de plancher aux wagons est devenu des dessus de table d'une très haute qualité après avoir été plané. L'extérieur de la brasserie, à l'image des anciennes maisons pièce sur pièce, est en fait décoré de cette façon avec des planches recyclées!

De la même manière, le bois de viaduc de chemin de fer, le réfrigérateur Frigidaire en acier inoxydable des *bunkroom* (salons privés des agents) et les équipements de climatisation ont retrouvé une deuxième existence dans ce temple de la bière des Laurentides. Une source coule à l'intérieur de la brasserie : il s'agit de l'eau qui est servie aux tables et qui est utilisée pour le brassage. Plusieurs mets intègrent la bière dans leur préparation.

La Microbrasserie Saint-Arnould est un véritable musée de la bière. Il est possible d'y passer plusieurs heures à contempler les objets, surtout les anciennes bouteilles et canettes, témoins de l'histoire de la bière au Québec.

La brasserie a été achetée par Dominic Doré et Marie-France Pelland. Le premier était un client assidu de l'endroit qui rêvait de s'en porter acquéreur. Il a poursuivi l'amélioration générale de la qualité des bières de la maison, mais les produits qu'il livre possèdent un houblonnage légèrement plus soutenu.

 BIÈRES ESSENTIELLES

La Train du Nord, une blonde mince en bouche qui, dès le nez, met le houblon en vedette alors qu'il se confirme en entrée de bouche, au moment où le malt prend le contrôle. Le houblon bien malté est toutefois continuellement présent, bien que mince en bouche. Excellente bière de soif! La Muchacha, une blonde scintillante, dévoile un nez discret de malt qui appose une bise délicate de malt sur les papilles. C'est là une agréable bière grand public. La Blanche des Anges, avec son nez de blé et sa mousse onctueuse, est toute soyeuse en bouche alors qu'elle laisse s'exprimer le blé pendant toute la durée de son passage. Bien qu'une timide aigreur citronnée se manifeste, la saveur est toujours dominée par le blé. En étalement, le houblon manifeste sa présence en finale et s'exprime avec beaucoup de respect pour le blé-roi. Ce n'est que de manière réservée que le gingembre laisse une grande place au blé. La Vlimeuse, une pale ale rousse au nez de caramel retenu, produit une mousse onctueuse et possède une amertume soutenue de caramel brûlé qui affirme sa présence avec une belle assurance. Cette saveur est vite rejointe par celle du houblon, qui prend le relais et domine l'étalement jusque dans le postgoût. La Rivière Rouge, une bitter rousse foncée à la mousse généreuse, au nez de caramel et à la bouche intense de caramel en entrée de bouche, s'exprime avec beaucoup d'allégresse pendant toute sa présence. Ce n'est qu'en deuxième plan que le caramel écossais se manifeste et contribue à enjoliver le flot de la rivière. En finale, le houblon exprime son existence avec beaucoup de retenue. L'Évêque, à mi-chemin entre une quadruple et un vin d'orge, libère un nez intense d'alcool manifestant sa fierté de se retrouver dans notre bouche ; sa présence en bouche fait sentir des filets de caramel discrètement dissimulés dans les veines de son corps. Son équilibre d'amertume, se situant entre celle de l'alcool et celle du houblon, prolonge le plaisir, tandis que des rubans de caramel se développent au fil des gorgées.

À LA FÛT

Microbrasserie

OUVERT sur réservation seulement

 restauration légère du terroir

670, rue Notre-Dame
Saint-Tite (Québec) G0X 3H0
418 365-4370
www.alafut.com

Cette coopérative brassicole a été fondée par Pierre-Paul Carpentier, Philippe Dumais, Francis Foley et David Gauthier. Les trois premiers possèdent un baccalauréat en génie électrique de l'ÉTS (École de technologie supérieure de l'Université du Québec) et le dernier est bachelier en administration de l'UQAM.

Ces quatre jeunes étudiaient dans la grande ville avant de s'installer dans la région d'origine de l'un d'eux (Carpentier) pour contribuer à son essor. La maison ancestrale qu'occupe À la Fût est l'un des plus anciens bâtiments de la municipalité. Lors du tournage des *Filles de Caleb*, il tenait lieu de magasin général! Son histoire est riche, puisque sa construction remonte à 1865. Le cachet architectural d'époque a été soigneusement préservé.

La microbrasserie est un accident de parcours. Au départ, l'objectif était de développer un système original de fût à domicile. Nommé URBAD pour «unité de refroidissement pour la bière artisanale à domicile», cet appareil numérique était en mesure de contrôler simultanément la pression et la température de la bière, à l'aide d'un système de refroidissement thermoélectrique et d'un contrôle numérique. En utilisant de petits barils de 5 ou 10 litres, soit l'équivalent d'une caisse de 12 ou de 24 bouteilles, le système devait offrir une grande souplesse d'utilisation pour les réceptions d'entreprises et les commerces dont le volume de vente était limité. L'appareil devait également pouvoir être installé dans un véhicule récréatif. Voilà qui s'annonçait prometteur de succès, puisque l'entreprise est située à Saint-Tite, une ville envahie par ce genre de véhicules quand se déroule le Festival western! Les quatre coopérants ont mené de front les deux projets. Le système URBAD est maintenant opérationnel et il est possible d'acheter ou de louer l'appareil à la microbrasserie elle-même ou chez un détaillant spécialisé.

Quant au salon de dégustation de l'endroit, il peut accueillir plus de 60 personnes dans une ambiance décontractée.

Un logiciel de dégustation, lui aussi nommé URBAD, a également été créé par l'équipe. Il s'agit d'un outil permettant d'approfondir et de maîtriser l'art de la dégustation. En plus de présenter le profil technique des bières d'À la Fût, il fournit des conseils concernant la température optimale et la pression idéale de service pour chacune. Des suggestions de mets d'accompagnements sont par ailleurs fournies.

BIÈRES ESSENTIELLES

L'expertise de brassage acquise par les coopérants ne laisse aucun doute quant à ce qui est versé dans notre verre. La plupart des bières respectent les standards élevés de production des bières d'influence britannique (telle la Saint-Rod, une IPA de grand cru) ou slave (notamment À ma Première blonde, une excellente weizen). Plusieurs marques sont également vendues en fûts de 5 et de 10 litres dans les épiceries spécialisées en bières.

GAMBRINUS
Microbrasserie

 OUVERT dès 11 h • visite de la brasserie sur réservation seulement

🍔 restauration complète de type pub

3160, boulevard des Forges
Trois-Rivières (Québec) G8Z 1V6
819 691-3371
www.gambrinus.qc.ca

La brasserie artisanale Gambrinus a été fondée en 1996 par Marc Veillet et Sophie Normandin. Elle a été installée dans une maison rénovée, située en face de l'Université du Québec à Trois-Rivières. Par son emplacement, elle a ainsi rejoint une importante clientèle d'étudiants et de professeurs ouverts aux nouvelles saveurs. Les propriétaires n'ont donc pas eu à faire de compromis sur les saveurs de leurs décoctions!

Une ambiance conviviale se dégage tout autour du bar central. Durant la saison estivale, les clients peuvent déguster une bière sur la terrasse.

Les bières sont majoritairement d'influence britannique. Une carte à huit bières est généralement proposée. On suggère alors deux palettes de dégusta-

tion : l'impaire (les bières 1, 3, 5 et 7) et la paire (les bières 2, 4, 6 et 8). Un bon choix de bières microbrassées est également offert et des pages sont fréquemment ajoutées au carnet de recettes, mettant de l'avant des versions originales de bières classiques. Les brasseurs ne lésinent habituellement pas sur le dosage de houblon. Ainsi, tout style le moindrement houblonné l'est un tantinet plus. La petite salle de brassage est située au deuxième étage.

BIÈRES ESSENTIELLES 🍺🍺🍺🍺

Pionnière du bistro-brassage, Gambrinus jouit d'une grande renommée dans le monde des amateurs de bonnes bières. Parmi les grandes bières concoctées par la maison, la Petite Munich, une viennoise cuivrée qui affirme un nez délicat de caramel se confirmant dès la première gorgée, est digne de mention. Soyeuse en bouche, elle présente une amertume de houblon bien sentie sur l'arrière de la langue. La légendaire Veuve noire, une stout à la bouche veloutée et séduisante, allonge avec beaucoup de somptuosité des saveurs de café et de chocolat. La Scotch Ale, une pale ale impériale, est également superbe. Rousse au nez de caramel et d'alcool, en bouche, elle est mince et fuyante tout en laissant bien le caramel brûlé de sa personnalité s'affirmer. Enfin, l'India Pale Ale, une rousse au nez de caramel et de houblon, s'exprime avec beaucoup d'élégance. Soyeuse en bouche, elle impose délicieusement son rafraîchissant houblon qui caresse le palais avec distinction tandis que son malt caramel effectue des entrechats feutrés.

LES BIÈRES DE LA NOUVELLE-FRANCE

Microbrasserie

OUVERT en saison, tous les jours de 9 h 30 à 21 h ; hors saison, de 9 h 30 à 18 h • visite de la brasserie : consulter l'horaire sur place

restauration complète du plus simple au plus gourmand

90, rang de la Rivière-aux-Écorces
Saint-Alexis-des-Monts
(Québec) J0K 1V0
819 265-4000
www.lesbieresnouvellefrance.com

Dans les années 1990, aux fins de production de la série télévisée *Marguerite Volant*, une seigneurie rurale de la Nouvelle-France a été reconstituée. Les producteurs l'ont aménagée dans les prés, derrière le centre de santé Le Baluchon. Il y avait là un moulin, une forge, un manoir et une chapelle. Le dernier épisode prévoyait une finale spectaculaire au cours de laquelle le domaine devait être incendié, mais les résidants de Saint-Paulin voyaient d'un mauvais œil cette conclusion et ont organisé un mouvement en faveur de la modification du scénario final. Le Baluchon s'est alors porté acquéreur des installations et la décision fut prise d'y construire une brasserie. Marc Lessard s'associa donc à son épouse Martine pour fonder la brasserie, et par la suite, des actionnaires belges s'y sont ajoutés.

L'ingénieux Lessard a dès le départ opté pour la création de recettes qui utilisaient au moins 25 % de grains crus de sa région : de l'épeautre et du sarrasin. Les bières concoctées étaient tissées de nuances gustatives plutôt que d'accentuation de saveurs. Lessard a ensuite entrepris la concrétisation d'un rêve : inventer une bière sans gluten. La mise au point du produit a nécessité trois ans. Il fallait inventer une malterie particulière, une malterie pour le riz – le produit de base qui entre dans la fabrication de ses bières sans gluten. Lessard s'est alors adjoint les services d'experts. La malterie a aussi permis de développer de nouveaux malts avec une grande variété de céréales.

Dès sa mise en marché, La Messagère – bière sans gluten – a remporté un succès imposant partout en Amérique du Nord. Lessard racontait que, lorsqu'il a présenté ses marques auprès d'un représentant de la LCBO (la SAQ ontarienne), celui-ci a accepté d'emblée d'offrir à sa clientèle La Messagère, et cela sans analyse préliminaire.

En 2006, les Lessard ont quitté Saint-Paulin pour s'installer à Saint-Alexis-des-Monts. Ce déménagement devenait essentiel pour assurer la croissance de la brasserie. Les installations brassicoles se trouvent maintenant à l'entrée du village de Saint-Alexis. Le nouvel édifice offre suffisamment d'espace pour permettre la croissance de la brasserie pour plusieurs années. Dans ce nouveau décor, on sert une table qui met en valeur les produits régionaux. Le service évoque l'ambiance chaleureuse et simple qui se dégageait des auberges et des tavernes au temps de la Nouvelle-France.

Toutes les bières de Bières de la Nouvelle-France sont à la bière ce que la baguette est à la boulangerie! Le soin qu'on leur apporte doit être attentionné; elles doivent impérativement être réfrigérées, la chaleur risquant de les faire surir. Chacune d'elles mérite d'être découverte sur place, c'est la façon infaillible de faire

la connaissance de leurs fragiles personnalités! Par ailleurs, la mise au point finale des recettes a favorisé la création de bières légèrement plus sucrées qu'à l'origine. À la différence de plusieurs microbrasseries qui privilégient le sucré de caramel, ici, la nature du sucre est plutôt céréalière: un sucre de grain cru!

L'économusée

Le concept des économusées consiste à interpréter simplement et efficacement la découverte de produits. Celui qui est consacré à la bière la présente donc de façon simple et concise: son histoire, sa fabrication, sa distribution, etc. À Saint-Paulin, l'économusée se trouve à l'entrée de la maison et permet au novice de se familiariser rapidement avec l'objet de contemplation.

BIÈRES ESSENTIELLES

Les Bières de la Nouvelle-France fabriquent des concertos tout en finesse, des bières de soif impeccables et accessibles à un vaste public, brassées selon les règles de l'art. La Messagère mérite cinq étoiles pour avoir permis aux personnes souffrant d'intolérance au gluten d'entrer dans le monde merveilleux de la bière. Parmi les produits de la maison, la Blonde d'épeautre constitue une merveilleuse bière désaltérante. Cette kristall weizen livre un bouquet fruité évoquant la mangue, le fruit de la Passion et les petits fruits rouges.

LES BRASSEURS DE LA MAURICIE

Microbrasserie

 aucun salon de dégustation ouvert au public

aucune restauration

1161, 94e Rue
C.P. 16, Shawinigan (Québec) G9N 6T8
819 852-7777
www.brasseursmauricie.com

Cette brasserie sans équipement de brassage a choisi de faire brasser ses produits par d'autres brasseries. Elle propose deux produits : la Mauricienne et la Saint-Source. La première est brassée par Les Trois Mousquetaires selon une recette élaborée par l'un des actionnaires, un brasseur-maison très dynamique. La deuxième est brassée par Au maître-brasseur. Les actionnaires prévoient brasser eux-mêmes dans un avenir encore indéterminé, quand ils auront construit leur microbrasserie en Mauricie.

 BIÈRES ESSENTIELLES

La Mauricienne, une blonde légère brassée par Les Trois Mousquetaires (Brossard), et la Sainte-Source, une rousse plus mordante brassée par Au Maître-Brasseur.

LES FRÈRES HOUBLON MICROBRASSERIE

Coopérative de travail

 visite de la brasserie sur réservation seulement

 aucune restauration

10180, chemin Sainte-Marguerite
Trois-Rivières (Québec) G9B 6M2
819 380-8307
www.lesfrereshoublon.com

Fondée en 2003 par David Lafrenière, Frédéric Soubrier et Louis-Jean VanDosburg, trois amis qui rêvaient depuis leur adolescence d'avoir leur propre brasserie à Trois-Rivières. L'ingénieux ingénieur Lafrenière a vu à mettre au point un système de brassage original. Pendant ce temps, le troubadour goûteur Soubrier s'est rendu en Europe parfaire ses connaissances en visitant des brasseries, et a poursuivi son apprentissage aux Laboratoires Maska afin de devenir brasseur. VanDosburg, gestionnaire professionnel de recherche à l'UQTR, a pour sa part pris la responsabilité de la paperasse administrative et du plan d'affaires.

Dès que le vent de la rumeur a soufflé sur Trois-Rivières, le maire a «réservé» les services de la brasserie pour qu'elle tienne son lancement officiel à l'hôtel de ville. Yves Lévesque était en effet fier de l'initiative des Frères Houblon et voulait contribuer à leur succès en leur donnant la plus grande visibilité possible. Depuis, c'est la Blanche de Trois-Rivières qui est servie aux dignitaires lors d'occasions spéciales. Mais l'histoire de cette blanche n'est pas de tout repos! Comme l'ouverture officielle avait lieu au début de l'été, il a été décidé que ce serait cette bière qui serait lancée d'abord, car elle offrait un style saison parfait. Seulement voilà, la blanche est capricieuse à brasser et les Frères Houblon ont vite connu des imprévus. Les compères ont dû bosser un peu plus que prévu, mais ne se sont pas découragés et ont en plus proposé plusieurs nouvelles bières, qu'ils offrent maintenant en fût.

BIÈRES ESSENTIELLES

La maison brasse de très bonnes bières, mais elle éprouve toujours de la difficulté à maintenir la stabilité de ses produits embouteillés. Les bières titrant moins de 7 % alc./vol. (Blanche de Trois-Rivières, La Paysanne, La Blonde du Moulin) connaissent des difficultés de stabilité et ont tendance à s'acidifier. La Fontaine du Diable et La Brunante semblent plus stables en bouteille et constituent de très bonnes versions du style double.

PUB BROADWAY

Microbrasserie

 dès 11 h • visite de la brasserie sur réservation seulement

restauration complète

540, avenue Broadway
Shawinigan (Québec) G9N 1M3
819 537-0044
www.broadwaypub.net

Ce pub, situé au cœur de Shawinigan, ajoute des bières maison à sa liste de produits courants (bières importées, bières de microbrasseries et autres produits). Cela symbolise l'importance croissante de la création de bières microbrassées au Québec : c'est comme l'arrivée des comptoirs à sushis dans tous les supermarchés. Ils ne deviennent pas automatiquement des comptoirs raffinés, mais ils offrent aux clients cette option de fraîcheur d'un produit fabriqué localement. Le Pub Broadway est un établissement légendaire du centre-ville de Shawinigan, le lieu de rendez-vous des jeunes. Voilà ce qui a incité son propriétaire, Marc Ménard, à le rajeunir en le dotant d'une piste de danse et d'équipements de brassage !

L'idée a germé dans la chope de ses projets à la suite des discussions avec le groupe du Trou du Diable qui souhaitait le recruter. Il ne s'est pas joint à la coopérative, mais le concept d'intégrer une brasserie à son commerce s'est mis à fermenter. Il savait que les bières microbrassées du pub se vendaient bien. Quand il a rencontré Marc Ducharme, brasseur d'excellente réputation qui a notamment mis son savoir-faire au service du Gambrinus de Trois-Rivières, sa décision était prise. Depuis, la maison ne se contente pas de produire des bières désinvoltes, sous l'imagination du passionné Ducharme elle crée et interprète plusieurs grands styles.

 BIÈRES ESSENTIELLES

La Broadway est le symbole parfait de l'avancement des bières haut de gamme dans tous les marchés. De nombreux amateurs étaient sceptiques à l'égard des bières du Broadway avant son ouverture. Certains affirmaient aussi que cela pourrait nuire à son voisin, le Trou du Diable. Qu'à cela ne tienne ! Les coopérants de ce dernier ont aidé le Broadway à mettre au point ses produits et aujourd'hui la clientèle est entièrement satisfaite des bières qu'elle déguste. Et les deux établissements se portent très bien. À découvrir sur place outre les bières de base brassées selon les règles de l'art : la Sherlock Holmes, une noire à la mousse crémeuse dominée par une agréable torréfaction évoquant le café. Des vaguelettes de chocolat font de plus frétiller son corps.

MAURICIE

LE TROU DU DIABLE

Microbrasserie

OUVERT tous les jours, dès 15 h • visite de la brasserie sur réservation seulement, mais les cuves sont bien visibles du restaurant

restauration complète du terroir • heures d'ouverture de la cuisine : du mercredi au dimanche, de 17 h à 21 h

412, rue Willow
Shawinigan (Québec) G9N 1X2
819 537-9151
www.troududiable.com

Le plaisir des papilles procure à l'occasion une jouissance voluptueuse sur la langue. Cette sensation s'exprime au Trou du Diable dans une ambiance inspirée de l'Art nouveau. En y entrant, le visiteur est littérale-ment aspiré par une toile d'Alfons Mucha. Les élégantes lignes sinueuses des luminaires et de l'encadrement des miroirs dessinent des courbes aguichantes. La table est mise pour émoustiller l'amateur, à qui sont servies de

grandes bières et des plats du terroir digne de l'ambroisie des dieux.

Les premières notes de la symphonie ont d'abord joué dans le cœur d'André Trudel. Il fredonnait les premiers airs à son ami d'enfance, Isaac Tremblay, qui a accepté de gérer ses prestations. Par la suite, Franck Chaumanet, un Français gourmand et gourmet, se laissa séduire par la mélodie. Il jouait déjà du tam-tam avec ses casseroles. Le trio exécuta enfin la grande séduction auprès de Luc Bellerive et de Dany Paquette. Le quintette s'est formé en coopérative. Un entrepreneur local leur proposa un édifice construit sur mesure. Le 8 décembre 2005, la première symphonie s'offrait au public. L'acclamation populaire a été unanime.

L'endroit est ainsi vite devenu un lieu de rendez-vous épicurien regroupant toutes les générations. Lors de notre visite, la clientèle était de tous âges. Les palettes de dégustation foisonnaient, validant l'idée que même si les goûts ne se discutent pas, ils donnent l'occasion de palabrer sur le sens profond de la jouissance des papilles. On ne s'étonne pas de la tenue de soirées de «bières philosophales» tous les deux mardis.

Les pompes servent au moins sept bières en permanence: sept péchés! Il s'agit de quatre bières vénielles (servies en tout temps) et de trois péchés capitaux, variant en fonction des saisons ou de l'imagination du brasseur. Les grandes inspirations sont exécutées et présentées avec doigté: de la blanche allemande à la triple belge, en passant par la stout britannique. On y élabore également une cave en affinant en fûts de chêne certaines cervoises choisies.

En cuisine, le maestro Frank explore avec efficacité les accords mets-bières, en employant des produits du terroir. L'exquisité de l'assiette de cochonnailles provenant des Cochons tout ronds des îles de la Madeleine est digne de mention. Plusieurs autres plats font saliver, notamment l'esturgeon et la truite fumée de Saint-Alexis-des-Monts, le ragoût de gibier à la bière (agneau, cerf et bison), la bavette de bison macérée dans une marinade à la bière et aux herbes, et bien d'autres.

Le trou du diable

À cet endroit, le remous du Saint-Maurice, amplifié par la fonte des neiges, s'engouffre avec vigueur dans une marmite. Les Iroquois le nommaient le «trou des mauvais manitous». Aucune victime n'y a survécu. On le désignait même comme étant la porte de l'enfer. C'est maintenant confirmé, il est possible de survivre au «trou du diable», et ce, en pénétrant dans le paradis des papilles, sans détour par le purgatoire. Un *must* pour tout épicurien! J'y vais régulièrement, ça vaut les trois heures de route.

(suite à la page suivante)

MAURICIE

LE TROU DU DIABLE
(SUITE)

Microbrasserie

BIÈRES ESSENTIELLES 🍺🍺🍺🍺🍺

Le carnet de recettes du Trou du Diable est impressionnant. Tel un grand virtuose, André Trudel joue du fourquet avec un grand talent et une belle fougue. Il interprète les grands styles internationaux tout en créant ses propres symphonies. Trudel semble affectionner les bières de blé d'inspiration allemande portant toute le prénom de Weizgripp. Parmi les déclinaisons de weizen, soulignons les merveilleuses Weizgripp Rauchweizen, Wiezgripp Dunkelweizen et Doppelweizen Bock. La première appose sur nos sens des effluves délicats de fumée aux notes de saumon. En bouche, l'expression complexe d'un fruité sautille sur nos papilles; poire et banane se relaient, survolées d'une brise de clou de girofle. Une bière qui éveille nos sens avec élégance. La deuxième se voile d'une robe brune. Sous son épaisse crinière, la banane et le caramel exultent. Le couple exprime un grand enthousiasme sous notre palais, se mouvant sur les rythmes du clou de girofle. La fraîcheur désaltérante du houblon se lève en finale, en arrière-goût. La Weizgripp Doppelweizen Bock subjugue quant à elle avec ses rondeurs sensuelles dessinées à traits d'alcool. Son onctuosité enveloppe ses bananes, ses figues et ses raisins dans un écrin somptueux. Un bouquet exquis d'épices, de chocolat et de café se développe avec splendeur en arrière-goût.

Trudel maîtrise l'art de la stout en nous soumettant entre autres deux versions de cette fameuse bière noire; la Sang d'encre et l'Impératrice. La première aguiche nos papilles avec ses saveurs bien définies de café et de chocolat. Son amertume de rôti est subtilement enjolivée d'un soupçon de sucre de malt. Cette signature persiste jusque dans l'étalement. La deuxième s'enrichit quant à elle de la rondeur que lui confère une présence plus forte d'alcool. Le chocolat domine alors les notes de torréfaction. On peut y reconnaître un filet fruité de petites baies rouges. En finale, la douceur chocolatée s'éteint lentement. Il faut absolument découvrir la St-André Claymore aux cerises, inclassables, intégrant les qualités d'une scotch ale, d'un vin d'orge et d'un porto somptueux. Le nez explose d'un bouquet composé de malt, de caramel et de fruit rouge évoquant un cocktail de cerises et de framboises. Ronde et généreuse en bouche, son sucré fruité s'allonge gaiement sur les draps opulents de son caramel. Des fruits confits et des dattes s'ajoutent au fil des gorgées. Elle s'éteint lentement, savoureusement, avec plénitude dans un étalement qui s'éternise en postgoût. Du grand art! On en abuse facilement. Laissez vos clefs au vestiaire et prenez le taxi pour le retour.

BEDONDAINE & BEDONS RONDS

Microbrasserie

 OUVERT visite de la brasserie sur réservation seulement, mais les installations sont facilement visibles du pub

255, rue Ostiguy
Chambly (Québec) J3L 2Z7
450 447-5165
www.bedondaine.com

🍔 restauration complète

À l'adolescence, Nicolas Bourgault a affirmé son identité en devenant collectionneur de tout ce qui se rapportait de près ou de loin à la bière. Un jour, il a décidé d'y goûter! Sa passion s'est alors enflammée. Après avoir accumulé 15 000 de ces articles, il décida de faire sa bière à la maison.

Il s'est tout d'abord procuré un premier *kit* de brassage à base de concentré. Un modeste cinq récipients au total. Mais il est vite passé au tout-grain, investissant son prêt étudiant dans un équipement de brassage maison professionnel: le brasse-camarade de la compagnie Spécialistes d'acier inoxydable. Côtoyant les amateurs de l'Ordre de Saint-Arnould, il choisit le surnom «Bedondaine». Celui-ci lui allait si bien qu'il l'a adopté!

Devenu bachelier en sexologie, il pratiquait la profession de travailleur de rue, mais celle-ci l'a éloigné de ses préoccupations quotidiennes: la reproduction de l'espèce… L'espèce microbiologique nommée «levure», bien sûr! Connaissant les secrets intimes de la procréation de cette dernière,

il s'est donc inscrit au cours de brassage des Laboratoires Maska et a immédiatement déniché un emploi de brasseur à la brasserie du Vieux-Montréal. La fabrication, jour après jour, d'une seule bière désinvolte a rapidement évoqué pour lui la routine d'un vieux couple. Lorsque le bistro-brasserie Le Bilboquet de Saint-Hyacinthe lui fait la proposition de devenir conseiller dans sa petite salle de brassage, il a sauté sur l'occasion sans hésiter. Il y a assuré la reproduction d'une impressionnante progéniture pendant quelques années. Dans sa nouvelle brasserie, les noms de certains de ses produits puisent à même son inspiration libidinale: l'Ériction, la Karinitiée et la Sème ta graine, pour ne nommer que celles-là!

Pendant les deux années qu'a nécessité la mise en place de l'établissement, son épouse avait le bedon rond: elle a accouché de deux filles. Le nom du bistro-brasserie a ainsi été complété! L'ambiance accueillante des lieux est très hospitalière et richement décorée d'une partie de la collection du maître-brasseur. La vocation de ce musée convivial consiste à conserver le patrimoine brassicole. Notons également que, chaque deuxième jeudi du mois, la soirée est consacrée aux conteuses et conteurs aguerris : «Les Contes du Bedon Rond». La salle de brassage est bien mise en valeur et le visiteur peut y voir toutes les étapes du brassage. Les fermenteurs portent le nom de ses filles et hébergent chacun 360 litres.

 BIÈRES ESSENTIELLES 🍺🍺🍺🍺🍺

La qualité et la variété des cervoises ont vite fait de ce temple un endroit recherché parmi les amateurs les plus critiques. Le plateau de dégustation propose ce qu'il y a de mieux pour faire connaître les saveurs des cervoises de Bourgault. Le souci d'excellence du maître-brasseur est souligné alors qu'il accompagne son plateau de morceaux de pain et d'un verre d'eau. De plus, la carte détaillée explique l'arbre généalogique de chacune de ses bières. L'éclectisme de Bourgault s'affirme dans des bières qui défient les styles traditionnellement reconnus mais où l'équilibre est toujours présent. On y trouve habituellement une grande richesse dans la diversité des ingrédients utilisés. Ainsi, la Mentheuse combine avec beaucoup de talent le genièvre et la menthe. Sa finale veloutée étire paresseusement le voile de ces baies. On oublie facilement qu'elle titre 7 % alc./vol. Du grand art ! L'Ensorceleuse est également digne de mention. Bourgault a développé cette recette originale pour offrir aux invités à ses noces un souvenir pétillant de bonheur. Cette rousse profonde, titrant 7 % alc./vol., porte bien son nom. Ronde en bouche, elle dépose sur les papilles un baiser fruité d'orange bien enrobé de malt. Plusieurs visites sont nécessaires pour quiconque souhaite apprécier pleinement la variété des produits.

LE BILBOQUET

Microbrasserie

 du mardi au samedi, dès 15 h, et le dimanche et le lundi, dès 20 h • visite de la brasserie sur réservation seulement

restauration légère

1850, rue des Cascades
Saint-Hyacinthe (Québec) J2S 3J3
450 771-6900
www.lebilboquet.qc.ca

Fondé par Luc Demers et Brigitte Favreau en 1991, Le Bilboquet est repris par François Grisé en 1997. Le couple Demers et Favreau souhaitait ardemment ouvrir le premier bistro-brasserie de Saint-Hyacinthe. Le Bilboquet est l'une des plus anciennes brasseries artisanales du Québec. Ils se sont d'abord fait la main en brassant à la maison, puis ont mis au point leurs propres appareils, une façon de faire bien à eux, en fonction des modestes équipements qu'ils ont installés dans un petit coin du Bilboquet. Le petit coin avait beau être exigu, la motivation des brasseurs compensait pour les difficultés de mouvement. Lorsque Grisé a pris les rênes de l'établissement, il s'est adjoint les services de brasseurs motivés et ambitieux qui ont interprété les recettes existantes et qui en ont inventé d'autres. En fait, la brasserie est devenue une véritable école dont sont issus de grands brasseurs québécois! Le brassage a été confié à Jean-Sébastien Bernier en 1996. Celui-ci s'en donna à cœur joie en développant de grands crus. À son départ, alors qu'il allait ouvrir la brasserie À l'abri de la tempête, aux îles de la Madeleine,

c'est entre autres Nicolas Bourgault (Bedondaine & Bedons Ronds) qui a pris la relève. Puis l'une des grandes bières développées au Québec, la célèbre scotch ale MacKroken Flower, issue de l'imagination fébrile de Jan-Philippe Barbeau, y a été créée. Cette bière culte a remporté les honneurs des deux plus importants concours de bières maison au Québec. Plus récemment, c'est Martin Desautels, de La Camarine, à Kamouraska, qui y a fait son apprentissage professionnel.

Quelque temps plus tard, le jeune frère de Grisé s'est joint à lui pour former une nouvelle compagnie. Sous leur direction, la brasserie et l'établissement connaissent toujours une belle croissance. Une demande de permis industriel a été déposée afin que les produits embouteillés puissent être vendus dans le réseau des épiceries. Et malgré tous les changements de brasseurs, la qualité générale des bières est demeurée excellente au fil du temps.

BIÈRES ESSENTIELLES

Le Bilboquet propose d'excellentes bières de base dans les grands styles d'inspiration britannique. La microbrasserie excelle notamment dans les bières noires telles la Métayer brune (un porter très haut de gamme) et la bière noire au café (une complexité de torréfaction irrésistible). Elle offre aussi sa version de la MacKroken Flower, qui ne porte naturellement pas ce nom, car la recette originale appartient à Jan-Philippe Barbeau (Loup rouge, Sorel). Cette double existence est à l'origine de rumeurs qui courent pour savoir laquelle des deux versions serait la meilleure.

MONTÉRÉGIE

LOUP ROUGE

Microbrasserie
Coopérative de travailleurs

 dès 11 h • visite de la brasserie
sur réservation seulement

 restauration légère

78, rue du Roi
Sorel-Tracy (Québec) J3P 4M8
450 551-0660
www.artisanbrasseur.com

Loup rouge est le surnom du chef patriote Wolfred Nelson, qui fut aussi médecin. L'esprit d'entraide et la fierté qui animaient Nelson à l'égard de ses concitoyens ont soulevé d'enthousiasme l'âme et le cœur des membres du trio fondateur : Jan-Philippe Barbeau, Martin Robichaud et Guillaume Gouin. Cette coopérative favorise une grande collaboration avec des partenaires locaux. Voici une entreprise fortement engagée socialement. L'établissement est non seulement un endroit de découvertes gustatives, mais également intellectuelles. On y projette des films de répertoire, des documentaires, on présente des conférences sur des sujets variés, des spectacles… Sans oublier qu'on y sert une sélection musclée de bières.

Le cœur brassicole du Loup rouge se nomme Jan-Philippe Barbeau. Un homme sympathique et souriant. D'abord client du bistro-brasserie Le Bilboquet de Saint-Hyacinthe, il y a ensuite occupé le poste de brasseur. Sa soif de brasser était cependant beaucoup plus grande que celle de boire des clients : il ne brassait pas assez à son goût ! Il est donc devenu brasseur amateur. Il a participé à des concours de brasseurs amateurs. Il a remporté un prix pour la Mac-Kroken Flower, une scotch ale. Le gentilhomme accepte de la brasser dans plusieurs microbrasseries, de sorte que plusieurs détenteurs de marques de bières affirment de nos jours en posséder une version. Au fil des recettes qu'il crée naît le rêve de fonder une coopérative. Il ne se contente pas de brasser, il organise également des visites de brasseries partout au Québec et en Nouvelle-Angleterre.

L'ambiance du pub est très accueillante, on s'y sent à l'aise dès qu'on y entre.

BIÈRES ESSENTIELLES
Le choix de bières comporte des recettes élaborées sur place ainsi qu'une sélection des meilleures bières microbrassées au Québec. À l'instar des spectacles qu'on y présente, le choix des bières est éclectique au possible et très variable d'une semaine à l'autre. Une seule constante : leur très haute qualité. Si la légendaire Mac Kroken Flower est à la carte, il faut absolument se l'offrir.

MONTÉRÉGIE

FERME-BRASSERIE SCHOUNE

Ferme Brasserie

 aucun salon de dégustation • visite de la brasserie sur réservation seulement

 aucune restauration

2075, chemin Sainte-Catherine
Saint-Polycarpe (Québec) J0P 1X0
450 265-3765
www.schoune.com

Fondée par Marcel et Patrice Schoune (père et fils) en 1997, la Ferme Brasserie Schoune se distingue par la production de bières inspirées de la Belgique natale de ses propriétaires. Elle brasse en outre des gueuzes et des lambics qui se caractérisent par une signature gustative très aigre. De plus, la maison fabrique d'autres cervoises d'inspiration belge. Plusieurs intègrent les épices les plus inattendues.

Dès le début, les administrateurs ont su jouer dans le créneau des bières qui «goûtent différent» pour vendre à peu près n'importe quoi. Certaines offraient des saveurs sublimes, dignes des nectars ambrosiens. D'autres tournaient au vinaigre. Un habile stratagème de mise en marché, instauré avec la complicité du partenaire de l'époque, René Huard, a profité du préjugé favorable des amateurs pour jouir de leur sympathie. La maison était alors en mesure de vendre hors de prix les plus mauvaises bières qu'elle brassait. Plus la bière était ratée, plus le prix demandé était élevé! Fort de cette expérience, Huard fonda la brasserie Bièropholie pour poursuivre sa carrière de brasseur. De son côté, la Ferme Brasserie Schoune a mis les bouchées doubles afin de corriger ses problèmes.

La maison a annoncé en 2008 qu'elle était la première microbrasserie québécoise à offrir des bières 100 % du terroir québécois.

De nos jours, la plupart des produits de la maison sont de qualité acceptable, mais le prix qu'on en demande est souvent disproportionné, compte tenu de ce qui se trouve dans les bouteilles. Mon expérience me convainc aussi que la majorité des produits portant la mention «gueuze» ou «lambic» n'en sont pas véritablement, selon les traditions belges; leurs saveurs sont trop souvent âcres de caoutchouc, de soufre ou de diachylon.

BIÈRES ESSENTIELLES

À l'exception des produits portant la mention « gueuze », non recommandables, les saveurs des autres bières sont honnêtes, certaines étant même de grandes bières, comme c'est le cas de la Trip des Schoune.

BRASSERIE SAINT-ANTOINE-ABBÉ

Brasserie, miellerie et galerie d'art

OUVERT tous les jours, dès 11 h

 sans réservation, sauf pour les groupes

3299, route 209
Franklin (Québec) J0S 1E0
450 826-4609
www.brasserie-saint-antoine-abbe.com

Un adage brassicole veut que si Adam avait su le premier de la bière brasser, jamais Ève n'aurait pu avec du jus de pomme le tenter (Marcel Gocar). Saint-Antoine-Abbé est au cœur du royaume de la pomme. C'est dans ce souvenir du paradis perdu que Gérald Hénault a choisi de produire la boisson de l'homme : la bière.

Il a fondé la brasserie Saint-Antoine-Abbé en 2001. Les bières de la maison méritent vraiment d'être découvertes sur place en raison de leur finesse gustative. Le salon de dégustation est ouvert au public sans réservation.

L'établissement est situé dans la cour de la maison natale de Hénault, dans l'ancienne laiterie. Au cours de sa carrière de contremaître des eaux à Valleyfield, en guise de préparation à la retraite, il a bâti un bistro champêtre. Il a lui-même conçu ses équipements de vinification et de brassage, car il souhaitait connaître toutes les composantes de son système. Cela lui permet de contrôler de a à z l'élaboration de ses œuvres. Ses recettes originales de bière incorporent souvent une bonne dose de miel. Sa folie créative et son désir de remercier ses collaborateurs l'ont motivé à créer une sublime bière à l'épinette. Depuis qu'il a pris sa retraite, au printemps dernier, il dispose de tout son temps pour créer des bières sur mesure qui accompagnent les mets de son restaurant. Il intègre aussi à son menu les fruits et les viandes provenant des producteurs voisins. Son entreprise fait d'ailleurs partie du circuit du Paysan de la Montérégie.

Grâce à la participation et à la complicité de sa mère, Thérèse, la maison offre en plus de nombreux produits dérivés comme des moutardes, des gelées et même des tartinades à la bière. Elle propose aussi des desserts somptueux pour consommation sur place. Les saveurs exquises du riche soufflé glacé au cognac et à l'érable qu'elle m'a servi lors de ma visite sont encore bien vivantes sur mes papilles, bien des semaines plus tard.

Deux salons de dégustation attendent le visiteur. Un original, plus modeste, au cœur de la boutique, et un autre, une grande salle qui se transforme en restaurant la fin de semaine et dont les boiseries assurent un accueil chaleureux. La cuisine régionale qu'on y sert est éclectique et les réservations sont fortement recommandées.

Ce lieu champêtre situé à quelques minutes de la ville est entouré de paysages d'une grande beauté et seules des routes secondaires y mènent.

 BIÈRES ESSENTIELLES 🍺🍺🍺

On peut se procurer la plupart des bières de la maison dans les épiceries spécialisées. La merveilleuse bière à l'épinette constitue un étanche-soif hors pair en été. Ses saveurs résineuses évoquant le conifère enrobent la céréale d'une fraîcheur désaltérante inégalée. Les bons choix de bières douces délicatement houblonnées ne manquent pas. La Saint-Antoine-Abbé blonde avance un nez discret de malt et un corps soyeux en bouche. Elle s'allonge en discrétion et conclut avec une légère bise houblonnée. La Bière Blonde au miel, titrant un modeste 3,5 % alc./vol., témoigne du grand talent brassicole d'Hénault. Cette blonde pâle possède un corps mince et velouté sur lequel son houblon, qui par ailleurs saute au nez, danse allègrement. L'amertume de celui-ci, d'une grande finesse, se prélasse allègrement sur nos papilles.

Microbrasserie
Les Trois Mousquetaires

 OUVERT aucun salon de dégustation • achat de bières sur place • visite de la brasserie sur réservation seulement

aucune restauration

3455-A, boulevard Matte
Brossard (Québec) J4Y 2P4
450 619-2372 / 1 866 619-2372
www.lestroismousquetaires.ca

Si pour obtenir trois mousquetaires, il faut quatre partenaires, est-ce que trois associés font deux cavaliers? La brasserie qui porte le titre d'un célèbre récit d'Alexandre Dumas est née de l'association de trois jeunes mécaniciens industriels d'Imperial Tobacco : Daniel Pion, Sylvain Plourde et Sylvain Lavertu. Ces derniers venaient de quitter l'entreprise de Saint-Henri, empochant une indemnité de départ qu'ils souhaitaient investir dans une compagnie qui ferait mousser leurs émoluments.

Buveurs invétérés de grandes bières industrielles, ils ne connaissaient pas grand-chose au brassage. Ils savaient toutefois que le marché était en pleine croissance. C'est à tout hasard qu'ils ont répondu à une offre d'une brasserie à vendre d'Express Broue de Saint-Eustache, parue dans les petites annonces d'un journal. L'entreprise a alors été baptisée Les Trois Mousquetaires. Le groupe décida de déménager la fabrique à Brossard et embaucha ensuite Jonathan Lafortune, un brasseur amateur qui rêvait de devenir brasseur professionnel. Celui-ci plongea papilles premières dans la grande chope du microbrassage et voua une passion contagieuse à la divine boisson. La qualité des bières qu'il concocte depuis lui mérite rapidement une excellente réputation.

Les Trois Mousquetaires est spécialisée dans le brassage de bières d'inspiration allemande. On y produit d'excellentes bières à fermentation basse, aussi nommées lagers : l'Aramis, une lager rousse, et la D'Artagnan, une lager blonde. Ce type de fermentation, plus long et donc plus coûteux, procure des bières plus douces. Les compères brassent notamment une lager blonde titrant 8 % alc./vol. pour la chaîne de restaurants Mangiamo. Ils ont également créé de grandes bières de fermentation haute, de la famille des weizen : la Milady et la merveilleuse Imperial weizen.

Bien installée à Brossard, la cervoiserie a rapidement acquis une excellente réputation pour la qualité de ses produits. Les pubs spécialisés en microbières se font une fierté de servir leurs bières.

Un nombre grandissant de restaurants de la région inscrivent leurs lagers à leur carte. Leurs bouteilles s'écoulent rapidement sur les tablettes des dépanneurs.

Ce succès a obligatoirement poussé le groupe à agrandir la capacité de sa production à deux reprises depuis le déménagement.

BIÈRES ESSENTIELLES 🍺🍺🍺🍺

La maison a su créer de grandes bières de dégustation, notamment l'Imperial weizen et la Baltic Porter. La première (10 % alc./vol.), d'inspiration germanique, a été inventée par Les Trois Mousquetaires. Il n'existe pas d'Imperial weizen en Allemagne. Le terme « impérial » est typiquement britannique. Si un tel style avait existé en Allemagne, on aurait plutôt employé le terme « bock » pour désigner sa force ou, exceptionnellement, le mot « koning » pour désigner l'empire germanique. Ses arômes épicés de clou de girofle et fruités de banane dansent joyeusement avec les effluves d'alcool, de blé et de cassonade. La bière habite le palais par sa texture mousseuse et son goût somptueux. La super désaltérante blonde, une kristall weizen aux notes piquantes, mérite d'être goûtée. La maison a décidé de lancer en 2008 une gamme de bières portant simplement le nom de leurs couleurs. C'est là un choix étonnant pour une brasserie qui s'était distinguée auparavant avec des styles et des noms originaux.

UNIBROUE
Microbrasserie

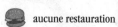 **OUVERT** aucun salon de dégustation •
visite de la brasserie sur réservation
seulement, avec Fourquet Fourchette

aucune restauration

80, rue des Carrières
Chambly (Québec) J3L 2H6
450 658-7658
www.unibroue.com

La création d'Unibroue a été rendue possible grâce à deux des qualités de son fondateur : un talent fou pour les affaires et la philanthropie. Après avoir pris sa retraite de la présidence du groupe Rona, André Dion se l'est coulée douce sur les bords du Richelieu, à Chambly. L'Association des microbrasseries du Québec (alors formée de Brasal, Brasseurs du Nord, GMT, McAuslan et Portneuvoise) lui a demandé conseil afin d'être en mesure de se défendre contre les manœuvres de plus en plus corsées des grandes brasseries. Il accepta le mandat sur une base bénévole. Après avoir visité plusieurs pays, il avait conclu que la meilleure chose à faire était la création d'une compagnie de distribution des bières microbrassées. Il proposa donc un partenariat 50-50. Mais Dion savait aussi déjà qu'il voulait produire une bière blanche au Québec, et pour cela, il a fondé sans attendre la brasserie Broubec. À ce moment-là, non seulement le groupe de petites brasseries a refusé son offre de partenariat, mais le gouvernement lui a en plus refusé son permis de brasseur pour Broubec. Mais avec l'aide de son ami et partenaire Serge Racine, il a réussi à contourner l'obstacle en faisant l'acquisition d'un canard boiteux, la brasserie Massawippi de Lennoxville. Celle-ci et Broubec ont par la suite fusionné avec la compagnie de distribution proposée par Dion : Unibroue.

En 1992, Unibroue s'est associée à la brasserie belge Riva pour mettre au point plusieurs recettes, dont la fameuse Blanche de Chambly. Peu de temps après la mise en marché de cette bière, Robert Charlebois décida d'y investir non seulement du capital, mais aussi de la visibilité, la sienne ! L'année suivante, Unibroue déménageait ses installations à Chambly et connaissait une expansion considérable. La maison a misé sur la culture québécoise, notamment ses légendes. Quant à Charlebois, il a fait rayonner son aura sur l'ensemble de l'industrie et a permis à la communauté brassicole de profiter du vent qu'il soulevait. De nombreux administrateurs de microbrasseries me l'ont confié : «Un grand nombre de personnes croient que mes bières sont *des bières à Charlebois.* »

En 2004, Dion a vendu à son grand rival ontarien, John Sleeman! Les réactions nationalistes de plusieurs consommateurs dénonçant cette vente à des intérêts «étrangers» en a dit long sur le succès du principal actionnaire et fondateur. Mais Sleeman lui avait fait une offre qu'il ne pouvait pas refuser.

La qualité des bières pétillantes de Chambly n'a pas diminué depuis son acquisition par des intérêts «étrangers», alors que le choc de la vente de ce joyau mousse toujours les conversations des amateurs. Unibroue continue de faire la fierté de Sleeman/Sapporo. Quant à Charlebois, il ne touche plus de droits d'auteurs, mais les mélodies onctueuses qu'il a créées demeurent particulièrement agréables sous notre palais. La fin du monde n'est pas arrivée!

BIÈRES ESSENTIELLES

Chef de file de la création de bières haut de gamme au Québec, les produits Unibroue remplissent leurs promesses. Les bières anniversaires (en 2008, c'était la 17 ; en 2009, ce sera la 18, et ainsi de suite) sont habituellement de très grands crus. La plupart des marques étendards de la maison constituent des styles de référence dans leur domaine respectif. La Blanche de Chambly est une blanche exemplaire qui offre sous sa robe pâle le parfum suave de son blé, enjolivé de notes citronnées. La Fin du Monde, une excellente blonde du diable au corps pâle, est coiffée d'une belle mousse onctueuse et dégage au nez un bouquet complexe d'effluves subtilement épicés suggérant la poire, la barbe à papa, la gomme arabique, le miel, les épices et l'alcool. La Maudite, une rouquine difficile à classer, évoque certaines grandes bières trappistes belges. Son nez est gorgé de sucre brun et d'agrumes tandis qu'en entrée de bouche, elle aguiche avec une saveur sucrée, enveloppante. La rondeur de son alcool allonge ses flaveurs tout en intensifiant sa douceur. Et que dire de la merveilleuse Trois-Pistoles, une quadruple vêtue d'un maillot foncé aux reflets rubis, coiffée d'une mousse onctueuse et dont le nez complexe développe des nuances de caramel, de légère torréfaction, de sucre de malt et de praliné, le tout habilement saupoudré d'anis étoilé et soulevé par les vapeurs de son alcool. En bouche, de douces épices se joignent au défilé, rendant plus complexe ce nectar divin. Elle constitue une superbe solution de rechange aux bières trappistes de l'abbaye de Rochefort.

LES 3 BRASSEURS

Microbrasserie

 OUVERT tous les jours, dès 11 h 30 •
visite des brasseries sur réservation
seulement, mais on peut voir les cuves de
brassage dans chacun des établissements

restauration complète

Cinq adresses dans la région
métropolitaine
www.les3brasseurs.com

Les 3 Brasseurs Saint-Denis
1658, rue Saint-Denis
Montréal (Québec) H2X 3K6
514 485-1660
Premier établissement
à Montréal fondé en 2002

Les 3 Brasseurs
Sainte-Catherine
732, rue Sainte-Catherine Ouest
Montréal (Québec) H3B 1B9
514 788-6333

Les 3 Brasseurs Saint-Paul
105, rue Saint-Paul Est
Montréal (Québec) H2Y 1G7
514 788-6100

Les 3 Brasseurs Crescent
1356, rue Sainte-Catherine Ouest
Montréal (Québec) H3G 1P6
514 788-9788

Les 3 Brasseurs Brossard
9316, boulevard Leduc
Quartier DIX30
Brossard (Québec) J4Y 0B3
450 676-7215

LES ③ BRASSEURS
MICRO-BRASSERIE BAR-BISTRO

Ces brasseries sont des franchises de la bannière française du même nom. Celle-ci exploite des franchises dans plusieurs villes, dont Strasbourg, Caen, Lille et Paris. La maison offre des bières de base, dont des interprétations de grands styles. Mes expériences de dégustation dans les établissements français de la célèbre bannière ne font pas remonter de souvenirs très savoureux dans ma mémoire. En général, le livre de recettes du siège social propose des interprétations plutôt fades. Mais quelle n'a pas été ma surprise lorsque j'ai constaté une nette amélioration de ce côté-ci de l'Atlantique! Les bières qu'on y fabrique donnent libre cours à d'excellentes interprétations de bières spéciales. La blanche est excellente, très savoureuse même, tandis que la brune (une belle interprétation du style brown ale) brille au dessert! La capacité limitée de production de la maison, jumelée à la forte affluence, assure une certaine garantie de fraîcheur. Mais les choses vont trop rapidement à l'occasion, car certains brassins n'ont pas le temps d'atteindre la maturité avant de se retrouver dans le verre des clients. L'ambiance des lieux y est bonne et honore la divine boisson.

BIÈRES ESSENTIELLES

La Blanche possède une robe pâle et opalescente, et le parfum fruité qu'elle dégage est adroitement dominé par le citron et bien soutenu par le blé. Ronde et veloutée en bouche, elle délie des saveurs fruitées qui dansent avec beaucoup de délicatesse sur la langue. L'étalement offre de belles saveurs de blé. Bref, une blanche bien réussie! La Blonde est une ale blonde scintillante coiffée d'une mousse moyenne, timide, qui se rétracte rapidement. Les arômes dominants de malt dévoilent toute la splendeur de son sucré en bouche alors que l'écho de son houblon se fait reconnaître dans la bouche du goûteur, bien qu'il soit plutôt discret. La Rousse, dans sa robe rousse, étend une mousse moyenne et répand son nez de noisette bien perceptible. Ses flaveurs subtiles jouent une complexité de nuances très agréables avant de se combiner pour faire l'éloge de la noisette : des céréales jonglent avec des petits fruits rouges, des filets de caramel et des traces de chocolat ; le tout se fond langoureusement dans un étalement allongé par le sucré. La Scotch Ale, une rousse foncée dominée par une belle mousse tenace, affirme la présence de ses nuances de torréfaction, lesquelles sont dévoilées par une odeur agréable de fumé : pain grillé, cacao, noix et noisette. L'amertume de torréfaction, vite rejointe par le fumé, élève l'aboutissement de l'étalement dans des vapeurs complexes et intenses.

L'AMÈRE À BOIRE
ET LE RESTAURANT HOSPODA

OUVERT du lundi au vendredi, dès midi, et le week-end, dès 14 h • visite de la brasserie sur réservation seulement

 restauration complète

2049, rue Saint-Denis
Montréal (Québec) H2X 3K8
514 282-7448
www.amereaboire.com

Fondée en 1998, l'Amère à boire est la première brasserie artisanale spécialisée dans la fermentation basse au Québec. On y prépare également d'excellentes fermentations hautes, dont certaines sont offertes conditionnées en *cask*. L'Amère à boire propose tout un pèlerinage «bière» et plusieurs visites sont nécessaires afin de bien découvrir la noblesse pétillante de ce temple de la bière.

Le maître-brasseur Grégoire Roussel, cuisinier de formation, s'est passionné pour la bière dès qu'il a découvert l'existence des microbrasseries. Il a alors commencé avec des kits de brassage maison instantanés, mais il s'est vite converti au tout-grain. Le résultat l'a toutefois déçu et il a aussitôt cherché à améliorer son produit. Il s'est donc mis à inventer, à bricoler et à fabriquer son propre matériel original. Au cours des mois qui ont suivi, il a créé de nombreuses recettes, les a raffinées et a amélioré sa technique. C'est en portant une attention particulière au rôle de la levure qu'il a décidé de devenir gérant en chef de toutes sortes de petites bestioles microscopiques.

Plus Roussel brasse, plus le monde des levures le fascine. Il en conclut que ces bestioles microscopiques sont au cœur de la réussite. Ses recherches le conduisent au livre *First Steps in Yeast Culture* du Montréalais Pierre Rajotte.

Les premiers brassins proposaient des interprétations britanniques de fermentations hautes. Ce n'est que plusieurs mois après l'ouverture de l'Amère à boire que Roussel mit au point sa fameuse bière de fermentation basse, la Cerná Hora. Depuis, il a créé la plus impressionnante variété de bières de fermentation basse jamais réunie dans une seule brasserie.

L'Amère à boire fait partie des temples incontournables de la bière au Québec. L'établissement est situé au cœur du Quartier latin, à Montréal, sur la rue Saint-Denis, au sud de Sherbrooke. Il s'agit de l'une des rares brasseries artisanales spécialisées dans la fermentation basse en Amérique du Nord. On y brasse aussi d'excellentes fermentations hautes, dont de merveilleuses ales conditionnées en *cask* et de nombreuses bières saison. De grandes interprétations allemandes, anglaises, belges et surtout tchèques doivent être goûtées! Plusieurs visites tout au long de l'année sont néccéssaires afin de bien découvrir ce sanctuaire.

Le menu, concocté par le maître-gourmand René Guindon, contient des assiettes sur mesure pour accompagner les cervoises de l'établissement. Plusieurs mets comportent de la bière dans leurs préparations, notamment certains desserts, comme la superbe crème brûlée à la Stout Impériale. De plus, la majorité des viandes servies (agneau, bœuf, lapin et poulet fermier) proviennent de petits élevages de Petite-Nation en Outaouais. Enfin, deux fromages affinés à la bière par la fromagerie Hamel sont à découvrir : le Mamirolle Fin de Siècle et le Stilton Kozak. Le restaurant Hospoda, situé à l'étage supérieur, permet de se sustenter avec un repas complet. L'accueil de Grégoire et de Guindon ajoute au plaisir de savourer leurs excellentes bières. L'Amère à boire n'est vraiment pas la mer à boire et mérite amplement la visite!

BIÈRES ESSENTIELLES

La sélection de la maison est vaste et respecte toujours des standards élevés de qualité et de style. S'il n'y avait qu'une seule bière à déguster, ce serait la Cerná Hora (prononcez « tchèrna »). Il s'agit d'une svetle authentique. Elle est fabriquée selon une recette et avec une levure provenant des Montagnes noires de Moravie. En bouche, elle offre de grandes rasades de beurre de caramel, inondées de douces caresses maltées, elles-mêmes délicatement enrobées d'un houblon floral d'une grande finesse. En postgoût, la signature du malt-caramel impose la nécessité de prendre une nouvelle gorgée. L'Amère à boire, une best bitter authentique, conditionnée en *cask*, est habillée d'une robe rousse et coiffée d'une mousse onctueuse offrant au nez la fraîcheur champêtre d'un houblon fraîchement cueilli. Ronde et soyeuse en bouche, elle est presque dénuée de carbonatation. Enfin, la finesse de son houblon danse très élégamment avec le caramel de son malt. La Blanche, avec sa robe voilée et sa mousse moyenne, possède un nez d'agrumes, notamment de citron doux, et de blé intense tout à fait explosif et généreux, parfaitement équilibré. Mince et soyeuse en bouche, l'aigreur de ses agrumes désaltère avec beaucoup d'efficacité. Quant au blé, il adoucit le citronné avec un impeccable doigté en l'entraînant dans un goût désaltérant. Le Boucanier, un porter, aguiche avec des odeurs de café et de cacao. En bouche, le café semble se draper de fumé et de caramel. La Stout Impériale joue intensément sur des notes de chocolat, bien affirmées par l'union du rôti et de l'alcool. Ronde et veloutée en bouche, elle libère des flaveurs de café qui s'expriment avec grand éclat. Une aigreur de torréfaction se dévoile au moment de l'avaler tandis que l'alcool enrobe le café et, en étalement, la symphonie vanillée du cacao et du rôti.

AU MAÎTRE-BRASSEUR

Salon de dégustation et microbrasserie

OUVERT dès 15 h

aucune restauration, apportez
votre lunch

4528, rue Louis-B.-Mayer
Laval (Québec) H7P 6E4
514 771-6183
www.aumaitrebrasseur.com

Originaires de la Côte-Nord, Pascal Desbiens et Marie-Claude Brisson ont fondé Au Maître-Brasseur en 2006. Desbiens brassait de la bière chez lui depuis son adolescence et Brisson avait été gestionnaire au Ritz-Carlton à Montréal. La mise en commun de leurs compétences a encapsulé le projet de la brasserie.

Desbiens était bien connu dans le monde de la bière pour ses cours de brassage destinés aux brasseurs débutants et intermédiaires. Jusqu'à l'ouverture de sa brasserie, il les donnait dans son sous-sol, alors converti en véritable picobrasserie. Il transmet maintenant ses connaissances dans la brasserie même. Passionné, explorateur sans frontières, Desbiens a sondé toutes les avenues possibles de la production de la bière. Il a conclu de nombreuses ententes pour le brassage de bières personnalisées avec des entreprises, des journaux, des épiceries, etc. Il a aussi créé une bière spéciale pour la Côte-Nord : la Sainte Adresse.

C'est à un rythme infernal qu'Au Maître-Brasseur produit de nouveaux produits, de nouvelles saveurs, de nouvelles étiquettes… On surfe sur la nouveauté, quoi! Une cinquantaine en deux ans! Plusieurs marques sont issues directement d'une recette unique, c'est-à-dire qu'elles n'ont pas fait l'objet d'une conception ni d'un raffinement de plusieurs brassins. Ce qui donne de temps à autre de grands crus, mais également, à l'occasion, des produits complètement ratés. L'établissement a choisi de ne pas développer d'expertise pour une sélection limitée de produits.

MONTRÉAL/LAVAL

BIÈRES ESSENTIELLES (bouteille)

(sur place)

Les bières proposées sur place ont le grand avantage d'être fraîchement brassées et de ne pas avoir été entreposées. Elles livrent généralement le meilleur d'elles-mêmes. Le salon de dégustation mérite la visite. Les produits embouteillés vendus dans les épiceries sont de qualité inégale.

BENELUX

Microbrasserie

 tous les jours, dès 15 h • visite de la brasserie sur réservation seulement

restauration légère

245, rue Sherbrooke Ouest
Montréal (Québec) H2X 1X7
514 543-9750
www.brasseriebenelux.com

Installée dans une ancienne banque, cette microbrasserie impressionne lorsqu'on y entre, d'abord par la hauteur de son plafond, mais aussi par toute cette tuyauterie laborieuse qui y est exposée et qui se tortille parmi les immenses poutres de béton. On a cherché longtemps un local pour faire naître le projet du quatuor Benoît Mercier, Jean Beaudoin, Hugues Gagnon et Jean-François Mailloux. Ils ne souhaitaient pas river leurs cuves dans un quartier inondé de bars, mais leur local devait malgré tout être situé au centre-ville. Ils ont déniché ce local au carrefour de tous les endroits populaires du centre-ville : entre le Quartier latin, le Mile-End, la rue Prince-Arthur et la Place des Arts. Bref, il est situé dans une sorte de faubourg au centre de toutes les zones à la mode. Le cœur de l'axe du malt!

L'âme du bistro-brasserie a d'abord moussé dans les rêves de Mercier. Dans la jeune trentaine, il rêvait de quitter sa profession de designer graphique depuis son coup de foudre, en 1991, pour les bières belges qu'il a découvertes lors d'un festival en leur honneur, au défunt bistro-brasserie La Cervoise. Pour se faire la main, il est devenu brasseur maison. Il a partagé sa passion avec Jean Beaudoin. Celui-ci est ami avec Hugues Gagnon, propriétaire du restaurant Le Cactus, à Québec. Le trio s'est donc associé pour réaliser le projet de Mercier. C'est à un retour d'Europe que Mailloux s'est joint au groupe.

Les styles de bières sortent directement de la tête de Mercier. Les bières proposées sont surtout d'influence britannique, à l'exception d'une seule qui est d'inspiration belge. Nommée R&D, cette bière libère des saveurs différentes à chaque brassin, car Mercier en varie systématiquement les ingrédients ou l'élaboration.

Le menu du Benelux est minimaliste. Il propose des sandwichs (tartinés par un traiteur) et des hot-dogs européens cuisinés sur place. Il s'agit d'un pain français troué dans lequel on insère une saucisse – excellente, soit dit en passant.

BIÈRES ESSENTIELLES 🍺🍺🍺

La Bock, dans sa robe rousse, est une ambrée qui aguiche notre nez avec un bouquet de fruits, duquel jaillit des effluves d'ananas et d'alcool. Une note délicate de fumé se dévoile en entrée de bouche, pour émettre rapidement son exubérance, puis s'évanouir lentement, laissant le caramel s'exprimer dans toute sa douceur. En finale, le fumé émerge timidement de sa texture soyeuse, ronde et veloutée. Pour sa part, la Blonde se distingue par le fait qu'aucun de ses brassins ne ressemble à un autre! Celle que j'ai goûtée possédait un nez très fruité, tissé de banane et de citron. Elle apposa sur mes papilles une onctuosité longue et veloutée. Ses fruits se sont ensuite mis à danser un tango somptueux jusqu'à la fin de l'étalement.

BIERBRIER

Brasserie

OUVERT visite de la brasserie sur rendez-vous seulement

aucune restauration

370, rue Guy, local G9
Montréal (Québec) H3J 1S6
514 933-7576
www.bierbrier.com

Charles Bierbrier est un homme spontané, chaleureux et souriant, à la poignée de main sincère et joviale. Pétillant d'une fierté contagieuse, il est le président fondateur de la brasserie. Celle-ci ne brasse qu'une seule bière : la Bierbrier. Son auteur la considère lui-même comme une bonne bière, facile, pas trop compliquée. Il s'agit plutôt d'une rousse cuivrée titrant 5 % alc./vol., au nez bien malté et caramélisé et aux saveurs délicatement houblonnées. Ce type, qui était perçu comme révolutionnaire lorsque les premières microbrasseries ont vu le jour, soit dans les années 1980, est maintenant populaire. Cette bière goûteuse considérée «facile» est la mesure de l'évolution du monde de la bière au Québec.

Dans la langue allemande, *bierbrier* signifie «brasseur de bière» ! Après un baccalauréat en administration à l'Université McGill, Bierbrier a fait une maîtrise en administration des affaires à Concordia. Il a rapidement déniché un poste de courtier en valeurs mobilières. Dès le début de sa carrière, Bierbrier savait qu'à sa retraite, il serait brasseur. En attendant la réalisation de son rêve, il se faisait la main en brassant à la maison. Son rêve l'empêchait toutefois de dormir ; il pensait à sa brasserie jour et nuit. Lorsqu'il a fait le compte du nombre de nuits blanches qui le séparait de sa retraite, il a opté pour un somnifère efficace : lancer sa brasserie sans plus attendre. En devenant entrepreneur, il a dû s'occuper de la totalité des rénovations du local qui abritait auparavant une imprimerie. Il a tout fait : brassage, entretien, vente, livraison et administration. Travaillant jour et nuit à la mise sur pied de son entreprise, il a constaté que le somnifère n'avait pas les effets escomptés... Bierbrier a choisi la voie la plus difficile : lancer une brasserie dans un milieu hyper compétitif, plutôt qu'un bistro-brasserie, modèle qui connaissait déjà un grand succès partout au Québec. Son rêve était vaste et ambitieux : produire une bière de la plus haute qualité tout en prenant part activement à sa communauté et en devenant une brasserie dont les Montréalais seraient fiers. Il aime tant Montréal, une grande ville de culture, où la joie de vivre ouvre sur l'amitié.

Lors de la création de son entreprise, il souhaitait tout simplement offrir sa bière en fût aux pubs et aux restaurants. Il a rapidement dû multiplier sa production à la suite du succès remporté. Les clients qui la découvraient dans un débit et qui désiraient se la servir à la maison l'ont forcé à ajouter une embouteilleuse et à s'entourer de deux employés.

Charles Bierbrier n'a toutefois pas forcé la note de sa croissance, souhaitant progresser graduellement. Il n'a jamais planifié le lancement d'un nouveau produit à court terme, préférant mettre en place une solide base opérationnelle grâce aux retombées de sa première bière. Grandir gorgée par gorgée, à une dimension humaine, en respectant des principes de qualité, à l'image de sa bière.

MONTRÉAL/LAVAL

LES BRASSEURS DE MONTRÉAL

Microbrasserie

 OUVERT dès 11 h • visite de la brasserie sur réservation, mais on peut facilement observer à travers les vitres

restauration complète

1483, rue Ottawa
Montréal (Québec) H3C 1S9
514 788-4500
www.brasseursdemontreal.ca

Les Brasseurs de Montréal a ouvert ses portes en 2008. La microbrasserie était le rêve de Marc-André Gauvreau et de Denise Mérineau. Gauvreau faisait partie des pionniers de la production de la bière de dégustation au Québec. Il a travaillé chez Guinness international alors que la célèbre bière irlandaise était encore une curiosité rare au pays. Il a ensuite été employé chez Unibroue, où il a fait partie de l'équipe qui a fortement contribué au développement du marché de la bière de spécialité. Finalement, il a rejoint Les Brasseurs du Nord, toujours dans le développement du marché. Aujourd'hui, sa passion vibre de bonheur alors qu'il possède sa propre maison de transformation de l'eau et qu'il projette d'en faire un centre de formation professionnelle sur le brassage.

L'ambiance du pub respecte le caractère industriel de ce quartier : le plancher est de ciment lissé, le système de ventilation au plafond est bien apparent, les poutres sont dénudées... Un important mur vitré ouvre sur la salle de brassage. Les équipements d'acier inoxydable y sont nettement mis en valeur.

La cuisine de l'endroit est de style traditionnel québécois réinterprété dans une simplicité efficace : pâté chinois, macaroni à la viande, jarret de veau, carbonade de bœuf, *smoked meat*...

 BIÈRES ESSENTIELLES

Les Brasseurs de Montréal produit six bières de base et quelques bières de spécialité au fil des saisons. La Mein Schatzi (d'inspiration allemande), la London Ruby (britannique), la Van Derbull (belge) et la Black Watch (écossaise) sont au nombre des belles réussites.

LES BRASSEURS RJ
Microbrasserie

 OUVERT visite de la brasserie sur réservation seulement

 restauration complète

5585, rue de la Roche
Montréal (Québec) H2J 3K3
514 274-4941
www.brasseursrj.com

En 1995, Roger Jarr a fondé Les Brasseurs de l'Anse. Puis, en 1998, il s'est porté acquéreur de Brasseurs GMT et de La Brasserie du Cheval Blanc. Il s'agissait alors de la première consolidation importante du marché de la microbière au Québec. Les équipements du Cheval Blanc ont été rivés au sein de l'unité sur le Plateau Mont-Royal, tandis que les Brasseurs de l'Anse sont toujours en exploitation à L'Anse-Saint-Jean, au Saguenay. La maison propose une belle diversité de produits de fermentations haute et basse.

Fondés en 1987, Les Brasseurs GMT font partie de la première vague de microbrasseries et se spécialisent dans la fermentation basse. La marque de commerce fétiche de la maison est la Belle Gueule, qui, en version originale, demeure l'une des bières classiques microbrassées au Québec.

La Brasserie le Cheval Blanc, née en 1995 et issue de la taverne du même nom, offrait des interprétations libres et éclectiques de bières d'inspiration belge. Moins de trois ans plus tard, elle a été acquise par les Brasseurs RJ. Les marques portant les étiquettes Cheval Blanc témoignent toujours de cet esprit libre.

À sa fondation, la gestion des Brasseurs de l'Anse a été confiée à Sylvain et Anne Boudreault, tous deux du Saguenay. La maison s'est équipée de matériel de brassage d'inspiration britannique et a offert une bière désinvolte nommée Illégal. Quelque temps plus tard, l'étonnante bière aux bleuets Folie Douce voyait le jour. Finalement, une très bonne rousse, la Royale de l'Anse est brassée en l'honneur d'un roi fou ayant siégé beaucoup plus dans les journaux que sur un trône!

BIÈRES ESSENTIELLES 🍺🍺🍺

La brasserie propose une grande variété de bières, de la plus désinvolte qui n'a rien à envier aux bières des macrobrasseries (la Tremblay, par exemple) à la fine fleur des blondes du diable (comme la Blonde d'Achouffe). La série Cheval Blanc honore l'expertise du maître-brasseur Jérôme Catelli Denys avec ses grands classiques, telles la Coup de Grisou, la Snoreau, la Titanic, la Blanche du Cheval Blanc, etc.

BROUE ALLIANCE

Microbrasserie

 visite de la brasserie sur réservation seulement

aucune restauration

3838, boulevard Leman
Laval (Québec) H7E 1A1
450 661-0281
www.groupegeloso.com
www.bierebowes.com

Broue Alliance fait partie de Groupe Geloso, un groupe très actif dans le monde de l'alimentation, des vins et des alcomalts* Poppers, DJ Trotters, Real Rock, ADN, Sharxx, Rêves de vignes, etc.

Broue Alliance possède trois usines de production : une en Ontario (Northern Breweries), une en Saskatchewan (en partenariat avec Great Western Breweries ; l'ancienne brasserie O'Keefe rachetée par les employés à la suite de la rationalisation après la «fusion» avec Molson), et la dernière au Québec, soit la brasserie Taïga.

La fulgurante ascension du groupe au Québec s'est amorcée en 1965 lorsque Vin Geloso a obtenu le premier permis de fabricant de vin au Québec.

En 1994, le Groupe de Courtage OMNI (ultérieurement intégré au Groupe Geloso) a introduit les bières américaines Stroh et est devenu le troisième plus grand distributeur de bière après Molson et Labatt. À la suite de la perte du contrat avec Stroh en 1996, il a diversifié son implication dans le monde de la bière en se portant acquéreur des Brasseurs Maskoutains de Saint-Hyacinthe. Deux ans plus tard, il a obtenu un deuxième permis de brassage, en prévision de l'ouverture d'une unité à Laval. C'est finalement le rachat de la brasserie Belsh Brasse qui a inauguré le début du brassage du groupe au Québec. La brasserie a été rebaptisée Taïga, du nom de sa bière phare (voir p. 155).

*Alcomalts : Fermentation de sirop de maïs (techniquement, de la bière). Les produits finaux sont dénudés de saveurs. On leur ajoute diverses essences sucrées, et on embouteille le tout dans des formats alléchants pour mieux s'adresser aux jeunes consommateurs. Ces bières dénaturées visent le marché des *coolers*, une grande spécialité de la maison.

BIÈRES ESSENTIELLES

La maison se spécialise dans le brassage de bières désinvoltes, déclinées en plusieurs versions. Elles sont brassées selon les règles de l'art et respectent des standards élevés de fabrication.

BROUE PUB BROUHAHA

Microbrasserie

 OUVERT dès 11 h • visite de la brasserie sur réservation seulement

 restauration légère

5860, avenue de Lorimier
Montréal (Québec) H2G 2N9
514 271-7571
www.mabrasserie.com et
www.brouepubbrouhaha.com

L'expertise et la réputation de Marc Bélanger font de lui un personnage reconnu et hautement respecté dans le monde de la bière microbrassée. Depuis plusieurs années déjà, il possédait ses propres équipements de microbrassage, qui sont en fait les équipements originaux de la MicroBrasserie Charlevoix, conçus par l'expert Pierre Rajotte. Ces appareils ont été rivés pendant quelques mois à la microbrasserie Le Chaudron International. Bélanger a ainsi pu produire quelques bouteilles et développer ses talents dans un cadre industriel. Les excellentes Fleur du Diable et Blanche Soleil sont mémorables. Pendant les travaux d'installation des équipements de brassage dans son nouveau local, Bélanger utilisait les équipements de brassage d'Au Maître-Brasseur, de Laval, pour produire ses bières.

Avec sa carte des bières haut de gamme, en fût et embouteillées, l'endroit constitue un véritable temple de la bière à Montréal. On y trouve un vaste choix de produits provenant des meilleures microbrasseries du Québec, à des prix plus que raisonnables. L'endroit a d'ailleurs été choisi par l'École Mbière, du Mondial de la bière, pour y donner ses cours d'initiation à la dégustation des bières et ceux de la certification de biérologue, ce qui en dit long sur la qualité de ce bistro-brasserie.

BIÈRES ESSENTIELLES

La Blanche Soleil est généreusement fruitée et présente des pointes de citron et de clémentine ; la Saison de Blé, bien maltée et poivrée, rafraîchit à souhait ; la très délicieuse Fleur du Diable est une cuivrée légèrement maltée et bien houblonnée ; la Special B, une quadruple de haute voltige, joue sur les notes de torréfaction enrobées d'alcool ; la Cuvée des Saveurs, une jolie blonde fruitée, dévoile des saveurs d'agrumes et d'abricot, relevées d'épices et de houblon floral.

OUVERT du samedi au jeudi, dès 15 h 30, et le vendredi, dès midi • visite de la brasserie sur réservation seulement

 restauration complète

1219, rue Crescent
Montréal (Québec) H3G 2B1
514 393-9277
www.brutopia.net

Fondé en 1997, Brutopia propose trois bars sur autant d'étages, offrant ainsi différentes ambiances. On y trouve plusieurs petits salons qui offrent des espaces pour discuter plus intimement. Le point en commun de chacune de ces zones est leur atmosphère de pubs britanniques. À l'instar des établissements anglais, leur clientèle éclectique réunit entre autres des étudiants, des travailleurs de métiers et des professionnels.

Les équipements de brassage sont bien mis en valeur en plein cœur de la maison. Le maître-brasseur Chris Downey, un diplômé du Programme de maîtres-brasseurs de l'Université Davis de Californie, use fort bien de sa « maîtrise ès bières d'inspiration britannique ». Il est assisté par John Fairbrother, un brasseur talentueux ayant plusieurs années d'expérience de brassage professionnel.

La cuisine du Brutopia se spécialise dans les sandwiches gastronomiques et les tapas inspirés de la cuisine internationale. Mais elle n'a pas délaissé pour autant les hambourgeois classiques qui font la réputation de ce type d'établissement.

BIÈRES ESSENTIELLES

La maison excelle dans l'interprétation des bières d'influence britannique, dont les suivantes. L'Extra Blonde, une blonde cuivrée et scintillante, livre un parfum complexe de malt, de houblon, de poivre et d'agrumes. Elle fait rapidement glisser en bouche un voile de douceur maltée, suivi sans délai d'une belle amertume houblonnée se dirigeant droit vers l'arrière de la bouche. La Nut Brown Ale est une rousse foncée de laquelle émane un parfum délicat de noix et de houblon qui s'entrelacent, tandis que des effluves vanillés et boisés s'en échappent. Elle se présente en bouche avec un beau jaillissement de noisette, vite balayé par un vent houblonné. En étalement, la noisette revient tendre les bras au houblon, et ensemble, ils sont rejoints par un filet chocolaté. L'India pale ale (IPA), une rousse coiffée d'une mousse moyenne et persistante, dégage un riche parfum de pamplemousse qui domine le bouquet. Après quelques secondes, le caramel s'exprime enfin librement, annonçant que l'amertume houblonnée prévue sera ultérieurement accompagnée d'une douceur apaisante. Dès que le liquide embrasse notre bouche, la généreuse amertume envahit notre palais avec beaucoup d'assurance. Le caramel tient rapidement sa promesse en enrobant généreusement et tendrement le houblon.

LE CHEVAL BLANC

 OUVERT du lundi au samedi, dès 15 h, et le dimanche, dès 17 h

restauration légère

809, rue Ontario Est
Montréal (Québec) H2L 1P1
514 522-0211
www.lechevalblanc.ca

C'est en 1987 que ce bistro-brasserie a été fondé par Jérôme Catelli Denys. Il ne faut pas confondre ses produits avec les bières embouteillées par les Brasseurs RJ et portant la même marque commerce.

Lorsque son oncle est parti boire avec le grand saint Arnould, là-haut, au paradis, en 1981, Jérôme s'est vu léguer la taverne. Sans rénover le lieu, en préservant l'ambiance authentique de cette taverne des années 1920, toute de vert et de zinc vêtue, il s'est toutefois mis à chambarder le sous-sol étroit afin d'y installer tout l'arsenal nécessaire pour transformer l'eau en bière.

Aujourd'hui, Denys est un chef de file du développement du microbrassage au Québec. Discret et de personnalité plutôt modeste, il est toutefois flamboyant par sa contribution au monde du brassage dans la province, car il a été le premier à y développer des recettes belges. Son esprit d'authenticité et sa débrouillardise lui ont également permis de fumer ses premiers malts spéciaux! De plus, c'est à lui qu'a été délivré le permis n°1 de brassage artisanal, c'est-à-dire de bistro-brasserie où les bières ne sont que pour consommation sur place. Mais qu'à cela ne tienne, Denys le futé a trouvé le moyen de vendre sa bière pour consommation à domicile : en transitant par la SAQ (Cap Tourmente et Titanic)! Depuis, la SAQ a développé un créneau spécialement pour les micro-brasseries, mais aucun autre bistro-brasserie n'a plus offert de produits pour consommation à domicile. Indépendant, Denys expérimente et pousse toujours la création des styles là où son imagination débridée le conduit. Il reflète en cela l'esprit indépendant qui se retrouve dans sa clientèle éclectique. En cours de route, il a ouvert en 1995 une microbrasserie portant le même nom. Mais trois ans plus tard, elle avait déjà été absorbée par les Brasseurs RJ...

BIÈRES ESSENTIELLES 🍺🍺🍺🍺

Certes, Denys n'y est plus, mais la maison maintient le cap dans la même direction : éclectique dans la création de nouvelles bières et authentique dans l'interprétation des styles classiques. Le savoir-faire du maître-brasseur s'exprime pleinement dans les bock, doppelbock, scotch ale, triple...

DIEU DU CIEL!

Microbrasserie

OUVERT tous les jours, dès 15 h •
Visite de la brasserie sur réservation
seulement, mais on peut voir facilement
les cuves de l'intérieur

29, rue Laurier Ouest
Montréal (Québec) H2T 2N2
514 490-9555
www.dieuduciel.com

 restauration légère

La sélection de la maison est très vaste et respecte toujours des standards élevés de qualité et de style.

Cette microbrasserie a été fondée en 1998 par Jean-François Gravel, Patricia Lirette et Stéphane Ostiguy. Depuis, Patricia a quitté le navire et un nouveau partenaire s'est joint à l'équipage : Luc Boivin.

L'histoire de Dieu du Ciel! est celle de trois étudiants en microbiologie qui se sont rencontrés à l'Institut Armand-Frappier. L'un d'eux, Gravel, brassait déjà ses bières maison, qu'il avait baptisées « Dieu du Ciel! ». Celles-ci arrosaient le phénomène hebdomadaire nommé « vendredi étudiant » et avaient acquis une réputation enviable. Les deux autres membres du trio, Stéphane Ostiguy et Patricia Lirette, ont par la suite accepté de devenir partenaires du rêve du brasseur et l'aventure a fermenté dans l'imagination des jeunes troubadours. Et quelle fermentation ! Ils ont ainsi rénové de fond en comble le local trouvé sur Laurier, en plus d'y creuser le sous-sol à la pelle pour y installer les équipements. Ceux qu'ils ont choisis sont souples ; ils pourront ainsi brasser un très grand nombre de styles et laisser leur créativité s'en donner à cœur joie !

L'endroit est vite devenu un lieu de rencontre des *aficionados* de la bonne bière à la recherche de convivialité. Tout biérophile pouvait s'y rendre et y trouver un ami qu'il ne connaissait pas encore ! Le personnel était connaissant et pouvait décrire avec précision les produits offerts.

En 2002, la maison a ajouté à sa carte des bières conditionnées en *cask*. En 2003, elle a augmenté son carnet de recettes déjà vaste avec des bières de fermentation basse inspirées de la République tchèque, de la famille des svetles. Depuis ses premières années, elle faisait également affiner des bières judicieusement choisies (en fût et en bouteille), qu'elle libérait au compte-gouttes, notamment lors d'événements spéciaux. L'une de celles-là correspond à l'anniversaire de fondation de la maison, le 11 septembre. Cette date stratégique est à retenir pour aller visiter le bistro-brasserie.

Plusieurs brasseurs se sont relayés pour manier le fourquet chez Dieu du Ciel!, ce qui a permis à des brasseurs maison très habiles, comme Luc Boivin, de mettre leurs talents au service de tous. Ce dernier est d'ailleurs devenu actionnaire de la brasserie par la suite. L'utilisation de plusieurs souches de levures, dans le but de respecter chacun des styles produits, est à souligner.

Pour caractériser l'ensemble de l'œuvre de Dieu du Ciel!, il faut mentionner qu'il s'agit de la brasserie qui, d'une part, offre le plus grand éventail de bières très typées dans des styles poussés à leur zénith et qui, d'autre part, crée des styles originaux d'une grande qualité. La maison a ouvert une unité de production industrielle à Saint-Jérôme en 2008.

BIÈRES ESSENTIELLES 🍺🍺🍺🍺🍺

Nous pourrions consacrer un ouvrage entier à Dieu du Ciel! Ma bière préférée parmi les élixirs paradisiaques de la maison est la Charbonnière, une grande bière fumée (*rauchbier*) rousse qui enflamme le nez d'une vapeur huileuse de fumée et le transporte dans un fumoir gaspésien. En écho, quelques fumets de caramel tentent, bien qu'avec beaucoup de difficulté, d'apaiser les flammes. Dès que le liquide entre en contact avec les lèvres, les arômes fumés envahissent la bouche avec assurance, procurant beaucoup de plaisir. Et c'est seulement à cet instant que le malt et le caramel se développent en finesse afin d'établir un équilibre de saveurs. Notons que les intensités de fumé varient sensiblement en fonction de la recette et de l'âge de la bière bue. La Ciel étoilé mérite également d'être mise en lumière. Cette blanche à l'anis et à la muscade se présente dans une robe pâle aux nuances cuivrées et de laquelle se dégagent des parfums suaves d'anis et de blé. Elle tapisse la bouche d'un voile onctueux, délicatement parfumé d'anis et d'un léger piquant. Le blé s'exprime avec beaucoup de délicatesse, enrobant de tendresse la personnalité

(suite à la page suivante)

de l'anis et de la muscade. Longue et somptueuse en arrière-bouche, elle démontre superbement le pouvoir des blanches! La Cornemuse, une scotch ale, est également un régal. Il s'agit d'une rousse cuivrée au nez vaporeux d'alcool qui entraîne dans son sillage le doux fumet d'un caramel écossais assorti de petits fruits rouges. Sa douce saveur de tartinade de caramel est délicatement enrobée d'alcool et le houblon se fait reconnaître, bien qu'il soit discret derrière tant de confiserie, mais sa présence est bienvenue, car elle ajoute une brise de fraîcheur. Et que dire de la Déesse Nocturne, une stout au nez généreux de café-moka à la rondeur moyenne et crémeuse, doucement dominée par le café dans une somptuosité veloutée, du début à la fin, sans retenue, longuement, éternellement, avec des notes de chocolat dans le café et la crème. En postgoût, l'amertume de café chocolaté s'affirme. La Fumisterie, une pale ale rousse au chanvre, libère un nez généreux de caramel et de malt. En entrée de bouche, elle éveille les papilles avec une généreuse bise de caramel et de sucre de malt, épaisse et douce, préparant ainsi le plancher où vient danser l'amertume, manifestement de chanvre, mais également de houblon. Un équilibre dans l'intensité ainsi que dans la générosité des saveurs s'attarde longuement sur nos papilles. La Nativité Ambrée, une dunkel weizen à la robe rousse voilée, est couronnée d'une auréole de mousse épaisse et persistante. Au nez, ses vapeurs de blé et de clou de girofle forment un bouquet aguichant dans lequel quelques effluves de biscuit se font reconnaître. En bouche, elle est ronde et veloutée, tandis que son blé tisse une toile onctueuse sur laquelle la complexité de sa personnalité s'exprime : flaveurs douces de malt, d'alcool et d'épices, ainsi qu'une légère amertume de houblon se balancent de part et d'autre d'un aigre ruisselet.

Deux bières sont vendues en *cask* ou en fût. Il ne faut pas hésiter à goûter les deux versions côte à côte, lorsque cela est possible : c'est là une expérience éducative importante! La Gaélique en *cask* produit une mousse plus légère, beaucoup plus fruitée, et son houblon s'exprime avec une grande finesse, tandis que sa version en fût est dominée par le caramel qui étale une trame de saveurs douces. La version en fût est d'une douceur de sucre d'orge qui aime bien se mettre en valeur. En fût, son houblon flotte sur le caramel alors que, en *cask*, le houblon domine le paysage, un paysage fruité. Pour ma part, je préfère la version en *cask*, malgré l'excellence du fût. Les nuances subtiles du *cask* offrent un raffinement plus subtil. En ce qui a trait à la Voyageur des Brumes, la générosité de son houblonnage est présente au nez dans les deux versions par l'indice « pamplemousse ». En *cask,* elle est toutefois accompagnée d'un agréable fruité évoquant les raisins secs. En bouche, la version en *cask* est plus moelleuse, tandis que la version en fût est plus croustillante et plus mordante. L'amertume de houblon semble plus facilement perceptible en fût; celle du *cask* est équilibrée par la plus grande présence de malt et de fruit. Encore ici, je préfère le *cask*!

HELM – BRASSEURS GOURMANDS

Microbrasserie

OUVERT dès 11 h • visite de la brasserie sur réservation seulement

restauration complète

273, rue Bernard
Montréal (Québec) H2V 1T5
514 276-0473
www.helm-mtl.ca

Helm est l'acronyme de houblon, eau, levure et malt. La simplicité du nom est à l'image de l'ambiance de la maison : simple comme dans « offrir aux clients une ambiance décontractée ». Cette philosophie se reflète aussi dans la cuisine, qui est toute simple. Notons toutefois que le chef porte une attention particulière à l'élaboration de plusieurs plats cuisinés à la bière. On se situe ici à des années-lumière du spectacle que nous offre la nouvelle cuisine moléculaire. Il n'en va cependant pas ainsi des recettes de bières, qui offrent toute la générosité des styles classiques bien interprétés.

L'Helm fait partie de cette nouvelle génération de bistros-brasseries où la cuisine et les autres boissons tels les cidres et les vins occupent la même importance que la bière qu'on y brasse.

MONTRÉAL/LAVAL

BIÈRES ESSENTIELLES

La maison produit une blanche, une cream ale, une blonde, une rousse, une altbier, une noire et une American pale ale, ce qui devrait satisfaire les amateurs de bières bien houblonnées !

LA BRASSERIE LABATT
(INTERBREWAMBEV)

Brasserie

 aucun salon de dégustation public

50, avenue Labatt
LaSalle (Québec) H8R 3E7
514 366-5050

aucune restauration

Les équipements de brassage appartiennent maintenant au plus important brasseur du monde : Anheuser-Busch InBev.

L'Irlandais John Kinder Labatt est débarqué à London, Ontario, quatre ans avant les insurrections dans le Haut et le Bas-Canada, en 1833. Il a poursuivi ici son métier de fermier, mais son rêve était d'offrir sa bière maison à un large public. Il s'est alors associé au brasseur Samuel Eccles en 1847. Six ans plus tard, il est devenu le seul propriétaire de la brasserie. Misant sur le nouveau chemin de fer de la Great Western Railway, il a permis à sa maison de prendre de l'expansion partout où les rails le menaient : Toronto, Montréal, les Maritimes.

La fameuse médaille qui orne les étiquettes de plusieurs des produits Labatt a été gagnée par une India pale ale en 1876 à la Dominion of Canada Exposition d'Ottawa. Mais où pouvons-nous donc, de nos jours, nous procurer une IPA de Labatt, style très populaire auprès des amateurs de bonnes bières ?

Longtemps restée une entreprise familiale, Labatt s'est incorporée au début du XXᵉ siècle, mais les actions sont demeurées dans la famille, et la corporation est devenue publique en 1945. L'année suivante, elle a fait l'acquisition de la Copland Brewery à Toronto, un premier pas vers des acquisitions qui feront d'elle l'une des plus importantes brasseries au Canada. Dans le ventre de la maison, il y avait alors Lucky Lager Breweries (Colombie-Britannique), Bavarian Brewing Limited (Terre-Neuve), Oland & Sons Limited (Nouveau-Brunswick) et Columbia Brewery (Colombie-Britannique). Cette croissance s'est terminée par sa propre acquisition par la belge Interbrew en 1995.

Labatt a été la première grande brasserie industrielle à avoir misé sur sa panoplie de marques plus goûteuses, telles que la Labatt Classique et la Labatt 50. Depuis son acquisition par le géant belge, ses filiales distribuent des marques haut de gamme brassées en Belgique, comme Hoegaarden et Leffe.

BRASSERIE McAUSLAN

Microbrasserie

OUVERT ouverture de la terrasse : du mercredi au vendredi de 16 h à 21 h, et le week-end, de midi à 21 h, pendant la saison estivale • visite de la brasserie sur réservation seulement

5080, rue Saint-Ambroise
Montréal (Québec) H4C 2G1
514 939-3060
www.mcauslan.com

 aucune restauration

Fondée en 1989 dans le quartier Saint-Henri, à Montréal, par deux administrateurs provenant du monde de l'éducation (Collège Dawson), la maison a profité de leur rigueur professionnelle qui s'est transmise à l'ensemble des bières brassées. La Brasserie McAuslan a par ailleurs été la première microbrasserie à vendre sa bière en bouteille au Québec. Peter McAuslan et Ellen Bounsall ont opté pour l'utilisation du système de brassage de conception britannique Ringwood. Ils ont fait appel au célèbre Allan Pugsley pour mettre au point la recette de la St-Ambroise Pale Ale. Celui-ci avait déjà contribué à la fondation de plusieurs dizaines de brasseries en Amérique du Nord. De l'ensemble des bières réalisées par ses élèves, la St-Ambroise Pale Ale représente l'une des meilleures réussites, sinon la meilleure.

Pendant que Peter assurait l'administration, Ellen était responsable des cuves. Comme elle l'a mentionné dans la revue *BièreMAG* (vol. 1, n°3), elle «était armée d'une passion pour les

détails et d'un souci insatiable de perfection». Elle a peaufiné son art en suivant des cours de brassage et de contrôle de la qualité au Siebel Institute of Brewing de Chicago.

Au mois de novembre 2000, le brasseur néo-brunswickois Moosehead est devenu partenaire minoritaire de McAuslan. Les fonds rendus disponibles par cette transaction permirent la construction d'une nouvelle usine, faisant passer la production annuelle de 30 000 à 200 000 hectolitres. Les nouveaux équipements ont permis à la maison de produire des bières des deux types de fermentation. L'entente prévoyait naturellement le brassage de la Moosehead Lager pour le Québec. Cette association a facilité l'obtention du contrat de brassage de la marque Carslberg. Les Brasseurs RJ s'est porté acquéreur de ces actions en 2008, annonçant une nouvelle consolidation de microbrasseries au Québec.

La brasserie est très engagée socialement, non seulement en termes d'association commerciale, mais également sur une base philanthropique personnelle discrète des deux fondateurs. Fait digne de mention : en 1994, la maison faisait le lancement d'un premier aliment fabriqué avec une bière microbrassée : l'excellente moutarde St-Ambroise. D'autres ont suivi, dont les fromages affinés à la Griffon et à la St-Ambroise ainsi que la moutarde Griffon.

La Terrasse Saint-Ambroise

Située aux abords du canal de Lachine, la brasserie met à la disposition des sportifs qui fréquentent la piste cyclable ce lieu de rencontre unique pendant la saison estivale, lequel donne un point de vue imprenable sur les équipements de brassage de la maison.

BIÈRES ESSENTIELLES 🍺🍺🍺🍺🍺
La qualité générale des bières de la maison est exemplaire. La St-Ambroise Pale Ale blonde est magnifique et la St-Ambroise noire à l'avoine, une stout qui se distingue, est tout à fait sublime !

MOLSON COORS

Brasserie

OUVERT aucun salon de dégustation ouvert au public

 aucune restauration

1555, rue Notre-Dame Est
Montréal (Québec) H2L 2R5
514 521-1786
www.molson.com

Fondée par John Molson en 1786, l'usine de Montréal est la plus ancienne brasserie toujours en exploitation en Amérique du Nord. Molson et Coors ont fusionné en 2005 et deux compagnies distinctes en sont nées : Molson Coors Canada et Molson Coors USA. Cette dernière a fusionné avec SAB Miller en 2008.

John Molson était tout un entrepreneur : il a construit le premier bateau à vapeur de fabrication canadienne. Il a possédé une flotte qui compte plus de 22 embarcations. Aussi, il a été l'un des principaux investisseurs du premier chemin de fer du Canada. De plus, il a été au nombre des principaux actionnaires de la société privée qui a construit le premier théâtre permanent de Montréal, le Théâtre Royal. John Molson fonda enfin la Banque Molson. Cette diversification a longtemps caractérisé la compagnie, mais elle lui a aussi causé certains ennuis financiers.

Molson a étendu son empire brassicole en agrandissant régulièrement ses capacités de production à Montréal et en se portant acquéreur d'unités dans plusieurs provinces : ouverture officielle de la brasserie de Toronto en 1955, achat de Sick's Breweries Limited en 1958, lesquelles comprennent cinq brasseries dans l'Ouest et achat de la Fort Garry Brewery, (1959, Winnipeg). Molson a aussi fait l'acquisition de la Newfoundland Brewery en 1962, puis en 1974, de Formosa Spring Brewery (Ontario), avant de fusionner avec Carling O'Keefe en 1989 et de devenir ainsi la plus grande brasserie du Canada. Pendant une courte période, la maison portera le nom de Molson-O'Keefe. Il faut dire qu'O'Keefe était elle-même l'aboutissement d'une grande vague de fusions, d'achats et de prises de possession ayant absorbé les plus importantes brasseries régionales québécoises des XIXe et XXe siècles. À compter de 1989, Molson a procédé à une série de transactions qui visaient la concentration de ses activités dans le domaine de la bière. Depuis 1999, elle se concentre sur ses activités brassicoles.

Coors a été fondée au Colorado par Adolphus Coors en 1873. Originaire de Barnem, dans l'ancienne Prusse (maintenant Wuppertal), et fuyant les instabilités politiques de l'époque prussienne, Coors s'est installé dans l'ouest des États-Unis. Il a tout d'abord proposé une recette de bière blonde de fermentation basse (à ce moment, les bières populaires étaient plutôt de type anglais, à fermentation haute). Cette recette a fait le succès de tous les immigrants allemands (Anheuser et Buch, Miller, Pabst, etc.). Coors a installé son usine au pied d'une montagne, décidé à ne brasser qu'avec l'eau de la région. Cette décision a fait de la brasserie Coors, en 1933, la plus grande unité de production de bière au monde.

BIÈRES ESSENTIELLES 🍺🍺🍺
La compagnie se distingue par un positionnement dans le grand créneau de la bière désinvolte: Molson Export, Coor's, Molson dry, etc. Ses produits respectent les standards inhérents aux styles.

LE RÉSERVOIR

Microbrasserie

 OUVERT du lundi au vendredi, dès midi, et le week-end, dès 11 h • dégustation de toutes les bières à titre gracieux à quiconque en fait la demande • visite de la brasserie sur réservation seulement

9, rue Duluth Est
Montréal (Québec) H2W 1G7
514 849-7779

restauration complète

Fondée en 2002 par quatre jeunes dans la trentaine : Alain Tremblay, Michel Lecoufle, Mehdi Brunet-Benkritly et Michel Zabitsky. La conscience gustative de l'endroit a jailli des rêves de ces deux derniers. Les éloges ont célébré la cuisine du Réservoir comme une symphonie d'épices. Pour sa part, Zabitsky, fils d'un père polonais et d'une mère tchèque, ne pouvait faire autrement que de répondre à l'appel de la bière. Il a alors visité des brasseries en Europe et en Amérique du Nord. Il s'est même engagé comme stagiaire dans certaines d'entre elles, notamment la prestigieuse Oomegang dans l'État de New York. Il s'est inscrit au cours de brassage de la maison Siebel, à Chicago. Passionné de fermentation, il a également étudié les liens existant entre la fermentation en cuve ouverte et la fermentation en cuve cylindro-conique. Après

ce long cheminement, il était fin prêt à s'associer afin de lancer sa propre brasserie.

Zabitsky se passionne pour la bière depuis belle lurette, mais pour lui, elle demeure une boisson conviviale qui ne doit pas voler la vedette. Il a ainsi adhéré à la tradition britannique des *session beers*. Le style brassé doit être impeccable, ce qui, d'une part, n'exagère aucun volet de sa personnalité et qui, d'autre part, n'accuse aucun défaut. Des bières qui enjolivent le plaisir de boire ou celui d'accompagner un repas. Voilà la mission du Réservoir, un endroit simple et accueillant où le client mange bien et trinque bien, ce qui lui permet de sociabiliser dans la meilleure des ambiances. Bref, le choix de bières de base est bon, interprétant des styles classiques et, à l'occasion, des airs saisonniers, comme la blanche aux cerises ou une bière saison dans la tradition du Hainault en Belgique.

BIÈRES ESSENTIELLES 🍺🍺🍺🍺

Le Réservoir propose un choix de bières de base brassées selon les règles de l'art. Celles-ci soutiennent bien l'esprit de la maison, qui est d'être au service d'une ambiance décontractée et de mets succulents. La carte offre une bitter, une rousse orangée scintillante, bien coiffée de mousse et au nez nettement affirmé de caramel avec, à l'horizon, quelques effluves de houblon. En bouche, elle se présente avec minceur et timidité ; ses douces saveurs de malt évoquent la cuve d'empâtage. L'Ambrée de blé, une pale ale classique à la robe cuivrée, se distingue par la fraîcheur du houblon qui s'exprime avec beaucoup d'éclat. Lorsqu'elle franchit les lèvres, elle se transforme en franche amertume. Celle-ci domine alors le filet somptueux de caramel équilibrant la relation qui s'établit sous notre palais. Quant à la Noire, une mousse onctueuse la coiffe. Au nez bien senti de café-moka, c'est sur la langue qu'elle s'allonge, la couvrant d'une texture étonnamment mince. La douceur de son velouté contraste avec l'aigreur de son malt brûlé, tandis qu'une amertume de torréfaction s'ajoute avec détermination à la valse des saveurs.

LE SAINT-BOCK

Microbrasserie artisanale

 dès 11 h • visite de la brasserie sur réservation seulement

restauration légère

1749, rue Saint-Denis
Montréal (Québec) H2X 3K4
514 680-8052
www.lesaintbock.com

Fondé par Martin Guimond, le Saint-Bock propose un mariage vivifiant de bières maison, de bières microbrassées et de bières importées. Ce bistrobrasserie et pub offre le plus grand choix de bières microbrassées et importées au pays. Il propose également un choix merveilleux de bières brassées sur place : le meilleur des deux mondes quoi! L'institution du quartier latin, nous accueille dans une ambiance chaleureuse. Comment ce directeur des communications a-t-il réussi sa transition vers la réalisation de son rêve d'ouvrir un bistro-brasserie au cœur de

Montréal? L'énergie transmise par son sourire trahit la grandeur de ses ambitions et de sa fierté. Il n'a pas hésité à mettre la main à la pâte dans la rénovation de l'édifice qui abritait à l'époque la célèbre boutique de vélos Quilicot.

Les équipements de brassage et les recettes sont gérés par Dominique Charbonneau, psychologue de formation qui sait comment insuffler à ses rejetons des personnalités fidèles aux styles annoncés. Voilà un brasseur maison de grand talent qui a été en mesure de faire la transition vers le brassage professionnel.

BIÈRES ESSENTIELLES 🍪🍪🍪🍪

Le choix unique de bières brassées sur place et la panoplie impressionnante de bières invitées (16 lignes en fût et plus de 125 marques en bouteille) font de l'endroit un lieu idyllique pour tout amateur de bonnes bières. La maison brasse plusieurs bières de très haut calibre. Mentionnons La Traître, une pale ale qui laisse le houblon exprimer sa délicate amertume voilée d'un subtil drap de caramel. L'amertume persiste longtemps en étalement en fine dentelle. La Genèse s'annonce comme une old ale britannique, mais elle est en fait une excellente scotch ale. Elle applique d'abord un baiser sucré, puis un fumet délicat de fumée enrobée de tendresse s'échappe. Le sucré exprime alors toute sa volupté sur des notes de figue, de datte et de mangue. Une finale délicate soulève la présence discrète du houblon. Notons également la délicieuse blanche La Pénitente, dont le blé et les agrumes sautent au nez. En bouche, la cardamome prend toute son ampleur. Elle évoque le romarin poivré saupoudré de foin. Elle domine de plus en plus au fil des gorgées. Une excellente bière désaltérante. La 13e commandement, quant à elle, constitue un vin d'orge sublime. L'alcool nous accueille avec délicatesse. Ses notes de caramel s'habillent d'un tissu soyeux pendant sa présence sous notre palais. Elle allonge ses saveurs pendant de longues secondes en bouche. Quelques subtiles notes florales marquent leurs présences en fin d'étalement. Du grand art.

MONTRÉAL/LAVAL

VICES ET VERSA

 tous les jours, dès 15 h

restauration légère

6631, boulevard Saint-Laurent
Montréal (Québec) H2S 3C5
514 272-2498
www.vicesetversa.com

Vices et Versa n'est pas une brasserie, mais un bistro qui offre une belle sélection de bières exclusives ainsi que plusieurs marques de microbrasseries situées dans les régions environnantes. La majorité de ces bières étant enfutaillées, la fraîcheur des produits est toujours assurée. Bref, le Vices et Versa est devenu la première vitrine des bières microbrassées de partout au Québec.

Alors que le duo composé de Sébastien Gagnon et Nathalie Magny rêvait d'ouvrir un bistro-brasserie, il a plutôt opté pour conclure une entente, en 2004, avec La Barberie de Québec

pour créer un concept tout à fait original. Celle-ci étant en mesure de concevoir des recettes vraiment originales pour Vices et Versa, il était ainsi possible au bistro d'offrir des bières uniques sans avoir à devenir brasseur. Les énergies ont donc été canalisées dans la rénovation de l'édifice qui allait les abriter, à quelques pas au sud de la Petite Italie, et dans la création d'un concept mettant en valeur les produits du terroir québécois (vins, cidres, hydromels, bières, fromages, etc.). La maison projette de devenir un bistro-brasserie dans les prochaines années.

BIÈRES ESSENTIELLES 🍺🍺🍺🍺🍺

La carte des bières change régulièrement. Seules les trois bières exclusives à Vices et Versa sont offertes en permanence. Il s'agit d'abord de la Extra Stock Ale, une ale blonde cuivrée qui livre une déclaration très houblonnée en bouche, assortie d'une affirmation d'alcool ; le moelleux du malt arrive aussitôt en trombe pour équilibrer et établir une relation profonde. La Rousse Bitter, une rousse aux saveurs très maltées, survolées d'un fruité très agréable qui devient le fil conducteur de la dégustation. La Blanche au miel de bleuets, une blonde légèrement voilée, offre une douceur veloutée de malt qui se prélasse sur la langue, et sur laquelle sautillent des notes aigres de citron qui s'en donnent à cœur joie, dans une grande plénitude. La Claymore, une double délicatement anisée qui flirte les quadruples. La Noire, dénuée de rôti et de torréfaction, dégage un nez anisé qui évoque le voile d'un vague souvenir de Provence ; en bouche elle se fait veloutée tout en affirmant la présence très bien sentie de son mince voile. Des notes prononcées de caramel brûlé s'affirment dès l'arrivée en bouche du joyeux liquide et celles-ci s'allongent avec une belle ingénuité pour laisser un souvenir de leur passage.

BRASSERIE VIEUX-MONTRÉAL

Microbrasserie

OUVERT visite de la brasserie sur réservation seulement

 aucune restauration

6729, avenue de l'Esplanade
Montréal (Québec) H2V 4P9
514 908-2337

Fondée par Paul et Georges Foutonos en 2000, cette brasserie se spécialise dans le brassage de bières de styles désinvoltes, la Vieux-Montréal blonde et la Vieux-Montréal rousse.

Les frères Foutonos se sont lancés dans le monde du microbrassage en 1995 en fondant le Coppenhägen, à Saint-Sauveur. Il s'agit de l'un des premiers établissements fondés sous la guidance de Jamie Gordon, une légende du brassage maison au Québec. Malgré une impressionnante carte des bières, l'entreprise a dû fermer quelques mois plus tard. Le duo est revenu à ses amours gambrinales en 2000, alors qu'il achetait la Brasserie du Bas-Saint-Laurent. Après un an d'exploitation à Cap-Chat, les équipements étaient déménagés à Montréal. Le brassage, la vente et la distribution des bières en bouteille comportant des enjeux considérables, plus particulièrement en ce qui a trait à la stabilité de la qualité du produit. Une embouteilleuse inadéquate protégeait mal le précieux liquide et accélérait son processus de vieillissement. Les frères Foutonos savaient très bien qu'une bière non pasteurisée, embouteillée à l'aide d'un équipement qui laisse passer trop d'oxygène dans le récipient, se dégradait plus rapidement. Ils ont ainsi d'abord investi dans l'installation et le service d'entretien des lignes de fût afin de garantir la plus haute qualité possible de leurs produits.

Les deux frères ne souhaitaient pas révolutionner les grands styles de bières, ils nourrissaient humblement l'ambition d'offrir aux consommateurs des bières de base bien construites, que l'on consomme sans prétention, comme dans le bon vieux temps des tavernes !

 BIÈRES ESSENTIELLES 🍺🍺🍺

La maison brasse deux bières : une blonde et une rousse, deux bières de soif brassées selon les règles de l'art brassicole et accessible à un grand public. Elles ont été lancées en format embouteillé à l'été 2007 et constituent deux bières de soif bien brassées et d'excellente qualité.

MONTRÉAL/LAVAL

BRASSEURS DU TEMPS

Microbrasserie

 OUVERT aucun salon de dégustation ouvert au public

🍔 restauration complète

170, rue Montcalm
Gatineau (Québec) J8X 2M2
819 205-4999
www.brasseursdutemps.com

Fondé par Alain Geoffroy, Dominique Gosselin, Marc Godin et d'autres actionnaires, Brasseurs du temps unissent une vaste expertise du brassage et du monde de la bière. Geoffroy est un membre fondateur de l'Ordre de Saint-Arnould et a accompagné l'auteur de ce livre dans plusieurs de ses périples brassicoles en Europe et en Amérique du Nord. Gosselin est activement engagé dans la fondation de regroupements d'amateurs de bonnes bières (notamment l'Institut de la bière) et a copublié le journal brassicole *Mes carnets de la bière*.

Le projet de fonder une brasserie dans l'Outaouais fermentait dans la tête de Geoffroy depuis qu'il connaissait les bières de dégustation. Sa rencontre avec Gosselin et Godin a allumé l'étincelle pour entreprendre le projet. Le bâtiment retenu pour installer les cuves, le château d'eau un édifice historique de Hull, était fortement convoité par plusieurs groupes. Il avait hébergé l'une des plus anciennes brasseries du Canada, celle du fondateur de la ville : Philemon Wright.

Le concept de la maison, qui n'avait pas encore ouvert ses portes au moment de rédiger ces lignes, prévoit plusieurs volets, mais principalement de mettre le terroir de la région et la gourmandise à l'honneur. L'histoire de la bière au Québec sera également expliquée. On y présentera des conférences et des soirées thématiques sur différents thèmes reliés à la bière. Du côté des produits, en plus d'un service de restauration, Brasseurs du temps offrira de 8 à 12 bières aux styles variables, selon les saisons et l'inspiration du brasseur, Dominique Gosselin.

 BIÈRES ESSENTIELLES
J'ai eu la chance de goûter aux bières expérimentales de la maison avant son ouverture. Les talents indéniables de Gosselin pour le brassage assurent une production de bières variées de la plus haute qualité. Naturellement, je plaide coupable à toute accusation d'avoir un parti pris pour l'équipe !

OUTAOUAIS

ARCHIBALD

Microbrasserie

OUVERT du lundi au vendredi, dès 11 h, et le week-end, dès 7 h 30 • visite de la brasserie sur réservation seulement

restauration complète

1021, boulevard du Lac
Lac-Beauport (Québec) G3B 0X1
418 841-2224
www.archibaldmicrobrasserie.com

À quelques minutes du centre-ville de Québec, Lac-Beauport est une banlieue «plein air» axée sur la nature. Située devant le centre de ski Le Relais, la microbrasserie Archibald cadre parfaitement dans ce décor alpin. L'extérieur est d'un style évoquant les chalets suisses tandis qu'à l'intérieur, les boiseries, l'inox et les pierres assurent une ambiance des plus accueillantes. Un bar trône au centre et plusieurs sections gravitent autour : des îlots intimes, un foyer et une scène. Quant à la terrasse, l'ambiance y est réchauffée grâce à plusieurs foyers alimentés au gaz.

La microbrasserie est l'œuvre de François Nolin, un entrepreneur spécialisé dans la restauration. Il a auparavant fondé le Restaurant Place d'Youville, l'un des plus beaux restaurants de Québec, qu'il a aménagé dans l'ancien YMCA construit en 1879, à une petite marche du Théâtre Capitole. Il est également le créateur de La Pointe des Amériques, un établissement spécialisé dans la pizza gourmet (comme la pizza à l'alligator, au canard de Pékin et au poulet tandoori). Et lorsqu'il a décidé de fonder un restaurant un peu plus au nord, il a simplement investi dans un secteur de pointe en y intégrant une brasserie.

L'Archibald est avant tout un restaurant-pub original doté d'une microbrasserie. L'endroit est très aimé dans la région de Québec, notamment parce que son menu est original (l'ossobuco de veau à l'orange, la côte de cerf gratinée au stilton, la sauce au cassis, le tartare de bœuf, la tartiflette savoyarde n'en sont que quelques exemples), mais surtout parce que son ambiance est animée grâce à des spectacles haut de gamme mettant en vedette plusieurs artistes connus. L'endroit est fortement achalandé.

Dans la conception de l'édifice, tout a été pensé «vert». Ainsi, d'impressionnants dispositifs de récupération de la chaleur et de traitement des matières sont en place. C'est fort probablement la brasserie la plus écologique qui existe. Nolin, de nature assez discrète, est plutôt fier de ses rejetons : des endroits impeccables, conviviaux et axés sur la qualité.

La maison fait livrer de l'eau de source par citerne pour le brassage de ses bières. Très pauvre en minéraux, cette eau contribue à donner des bières plus douces et au houblonnage tissé de finesse. La carte des bières est complète, en ce sens que tous les styles de base sont proposés. Ils ont été créés pour plaire à une vaste clientèle curieuse de découvertes, en tenant compte du besoin de se marier aux plats du restaurant.

BIÈRES ESSENTIELLES 🍺🍺🍺🍺

On y retrouve surtout des bières « grand public » impeccables et quelques bières avec plus de style, notamment La Choutte (un porter) et La Valkyrie (une bock). On ne lésine pas avec la qualité des bières, qui respectent toutes un degré de qualité supérieure.

LA BARBERIE

La Coopérative de travail
des brasseurs de Saint-Roch

OUVERT tous les jours, dès midi • salon de dégustation sur place • visite de la brasserie sur réservation seulement

aucune, grignotines servies de temps à autre ; apportez votre lunch ou faites livrer !

310, rue Saint-Roch
Québec (Québec) G1K 6S2
418 522-4373
www.labarberie.com

Localisée dans Saint-Roch, un quartier populaire de la ville de Québec, La Barberie s'est non seulement imbriquée dans la toile communautaire, mais elle en constitue également un fil solide de fraternité. Le salon de dégustation adjacent à la brasserie est un lieu accueillant et convivial.

Fondée en 1995, par Todd Picard, Mario Alain et Bruno Blais, la Coopérative brassicole de Saint-Roch adopte la raison sociale La Barberie. Pourquoi ? Tout simplement parce que chaque membre du trio porte la barbe. Ils ont inventé alors un matériel de brassage original et peaufinent un concept unique sur mesure permettant de réaliser des bières originales pour plusieurs débits. L'idée était de ne brasser qu'en quantités de 200 litres… En d'autres mots, de ne produire que quatre fûts standards par recette ! Le succès fut tel que la maison a dû offrir le même service pour des produits embouteillés.

Et l'idée a été tellement bien accueillie qu'elle a été reprise par un grand nombre de micro-brasseries.

Le nombre de bières de base produites par La Barberie ne cesse de croître. Ses produits se trouvent en permanence sur la carte du salon de dégustation. À cela s'ajoutent des bières «invité», c'est-à-dire des échantillons limités de bières conçues pour l'un des clients de la maison. La carte comporte toujours huit bières distinctes pouvant être servies à un moment ou à un autre de la journée. Comme les quantités sont limitées, il est possible que, pendant une seule visite, plus d'un fût soit épuisé, mais le choix total de produits pour une visite totalise facilement le double. Bien qu'aucun service de restauration ne soit offert, il est cependant possible de faire livrer des plats ou d'en apporter ! La présence d'une grande variété de bières à la carte fait de cet endroit un lieu idéal pour improviser des dégustations de bières et de fromages, de bières et de charcuterie, ou encore de bières et de chocolats…

Malgré la forte croissance que l'entreprise a connue depuis sa fondation, elle a réussi à préserver l'ambiance fraternelle qu'on y trouve depuis toujours.

BIÈRES ESSENTIELLES 🍺🛢️🛢️🛢️

La Barberie produit des bières parfaites qui respectent les styles annoncés. Le brassage des bières d'inspiration britanniques (pale ale, IPA, stout et porter) est bien maîtrisé. Une grande variété de bières aux fruits est également créée et chacune se distingue généralement par des saveurs aigrelettes plus ou moins prononcées. Les bières embouteillées doivent impérativement être conservées au réfrigérateur, car leur profil de vieillissement est rapide.

Microbrasserie

LE CORSAIRE

Microbrasserie

 OUVERT dès 11 h • visite de la brasserie
sur rendez-vous seulement

🍔 restauration légère

5955, rue Saint-Laurent
Lévis (Québec) G6V 3P5
418 380-2505
www.corsairemicro.com

Située à une petite traversée Québec-Lévis, Le Corsaire offre une vue époustouflante sur Québec, sur le cap Diamant et sur le Château Frontenac. Campée dans un ancien édifice de Postes Canada, la microbrasserie se dissimule derrière une modeste enseigne, cachant bien le trésor qu'on retrouve en franchissant la porte. Les cuves sont visibles derrière les grandes vitres à l'entrée. L'ambiance y est chaleureuse et invitante.

Le Corsaire est le rêve devenu réalité d'un troubadour ayant roulé sa bosse en Europe. La mort dans l'âme après avoir vécu des jours merveilleux en faisant les vendanges en Espagne, Martin Vaillancourt s'est réfugié au Royaume-Uni. Il y a prolongé son séjour de huit mois en occupant un emploi de gérant de pub dans le Surrey. Il y a appris les rudiments du métier de cabaretier au Half Moon. Là, il a découvert un remède qui l'a guéri: les bières conditionnées en *cask*. Il en est devenu inconditionnellement amoureux et a ajouté plusieurs lignes de soutirage au fil du temps.

De retour au pays, il a demandé conseil à Jean Lampron, brasseur à L'Inox. Sa décision fut aussitôt prise: il retournait suivre un cours de maître-brasseur en Angleterre. Son expérience au Half Moon lui a valu un emploi de gérant chez Enterprise Inns, qui lui a non seulement permis de payer ses études là-bas, mais aussi de récolter les fonds nécessaires pour investir plus tard ici. À son retour, avec en poche son diplôme de l'Université de Sunderland, près de Newcastle, dans le nord-est de l'Angleterre, il a aussitôt remplacé Lampron. Celui-ci venait d'entreprendre la création de la Microbrasserie d'Orléans. L'Inox lui a alors donné carte blanche dans son interprétation des recettes maison. Il y a travaillé pendant 18 mois, le temps de mettre en place les fondations du Corsaire.

Dans la concrétisation de ce projet, il s'est associé avec Julie et Gabriel. Il a côtoyé la première à L'Inox. Sa connaissance de la culture du houblon est un atout pour celui qui projette de créer une bière authentique du terroir. Quant au second, il est un torréfacteur professionnel. Il torréfie pour la maison les sept meilleurs cafés au monde, qui naturellement peuvent être dégustés sur place et achetés pour consommation à domicile.

Le livre de recettes de la maison comporte plusieurs interprétations haut de gamme des grands styles internationaux ainsi que plusieurs recettes originales. On privilégie l'emploi d'orge provenant de cultivateurs amis, que l'on fait germer à la Malterie Frontenac. Vaillancourt emploie également une grande variété d'épices, d'herbes et de céréales indigènes (comme le maïs bleu) dans ses recettes. Il n'hésite pas à se passer de houblon, qu'il remplace par des fleurs de bruyère pour sa version du style scotch ale.

Le Corsaire possède un permis industriel, ce qui lui permet de vendre ses produits dans le réseau des dépanneurs et des débits de boisson. Vaillancourt projette d'offrir ses produits soutirés en cannette.

BIÈRES ESSENTIELLES 🍺🍺🍺🍺
La vaste expérience de Vaillancourt, jumelée à sa fierté de brasser des bières qui sortent des sentiers battus, produit des bières haut de gamme, généreuses en saveurs dès les premiers mois de l'ouverture des fûts. Déjà, il fait partie des grands brasseurs du Québec.

267

L'INOX,
MAÎTRES BRASSEURS

Microbrasserie

 tous les jours, dès midi • salon de dégustation • visite de la brasserie sur rendez-vous seulement

restauration légère, type rapide

655, Grande-Allée Est
Québec (Québec) G1R 2K4
418 692-2877
www.inox.qc.ca

Pionnier du microbrassage au Québec, L'Inox a été fondé en 1987 par le trio composé de Pierre Turgeon, André Jean et Roger Roy. Le groupe a choisi de river les cuves de leur nouveau jouet dans un ancien entrepôt du Vieux-Québec. À l'époque, il ne s'agissait pas encore d'un quartier très à la mode, mais l'affluence touristique était devenue grandiose. Le prix du loyer également! Voilà pourquoi L'Inox a déménagé ses cuves dans la haute-ville. Au cours des premières années, c'est Turgeon qui a pris la direction de la conversion de l'eau en bière. Contrairement à plusieurs *aficionados* qui brassaient à gros traits amplifiés, il a plutôt choisi les interprétations nuancées de grands styles de bière, tout en leur donnant une signature québécoise grâce à l'intégration d'ingrédients locaux. L'Inox a servi de tremplin à la fondation de deux autres microbrasseries de la région. Deux maîtres-brasseurs y ont peaufiné leur art : Jean Lampron, de la Microbrasserie

d'Orléans, et Martin Vaillancourt, du Corsaire, à Lévis.

La maison propose en permanence quatre bières de base ainsi qu'une bière saison. À l'occasion, Turgeon effectue une nouvelle pirouette inspirée et sert une bière originale, le temps d'un ou deux brassins, ou encore, il invite un ami à jouer ses propres partitions dans les cuves de la maison. Les bières courantes sont des bières qui s'adressent d'abord à un grand public. Et si l'on en juge par l'évolution des saveurs des produits ces dernières années, de toute évidence, le «grand public» affectionne de plus en plus la présence de saveurs accrues dans ses bières. L'amateur averti y trouvera des bières qui accusent rarement des défauts de fabrication ou de service. L'Inox est probablement la plus sous-estimée des petites brasseries auprès des amateurs de bières. Les produits de L'Inox sont à la bière ce que la musique classique est au rock and roll! Les bières saison de la maison méritent toutes une dégustation.

 BIÈRES ESSENTIELLES 🍺🍺🍺🍺

Les bières de base de L'Inox (Transat, Trois de pique, Dolce Vita et Kermesse) visent un grand public. Les amateurs de bières au goût plus prononcé préféreront les bières plus corsées comme Sortilège et les bières saison. Une mention spéciale doit être accordée à Viking, une bière inclassable servie avec une canneberge ! Résultat d'une longue recherche par le maître-brasseur pour créer une bière authentique qui honorerait la présence scandinave en terre d'Amérique, celle-ci ne comporte pas de houblon !

MICROBRASSERIE D'ORLÉANS ET PUB LE MITAN

Microbrasserie

OUVERT du 15 mai au 1er novembre, tous les jours dès midi ; le reste de l'année, les mercredis, jeudis et vendredis, dès 17 h, et le week-end, dès midi • visite de la brasserie sur réservation seulement, mais les installations sont bien visibles par les grandes fenêtres

3885, chemin Royal
Sainte-Famille, île d'Orléans
(Québec) G0A 3P0
418 829-0408
www.microorleans.com

 restauration complète

Jean Lampron faisait la navette entre son domicile à l'île d'Orléans et son emploi de brasseur à L'Inox depuis une dizaine d'années déjà, mais auprès des cuves de la célèbre brasserie du Vieux-Québec, il rêvait de ne plus avoir à traverser le pont suspendu pour se rendre pratiquer le métier qu'il adorait. Embauché plusieurs années auparavant comme serveur, Lampron a eu l'occasion de faire la connaissance de la clientèle et de ses besoins. Il a ainsi constaté que les produits alcoolisés de l'île étaient en demande : liqueur de cassis, vin, cidre. Il ne lui en a pas fallu davantage pour construire un pont entre son rêve et son besoin de transformer l'eau en bière et il ajouta la bière aux boissons alcoolisées de cette île mythique, qui a d'ailleurs déjà porté le nom de Bacchus.

Au départ, il souhaitait fonder une ferme brassicole. L'idée originale était de faire pousser l'orge sur place et de la malter. Ce projet de bière 100 % de l'île a été rejeté par la Commission de protection du territoire agricole. Il s'est alors associé à son beau-père, François Dufresne, et ensemble, ils achetèrent l'ancienne boucherie Prémont, à Sainte-Famille, une maison bicentenaire. Le logement à l'étage a été transformé en pub, tandis que le sous-sol est devenu la brasserie.

Du style anglais du Pub le Mitan, où boiseries et cuivres sont à l'honneur, se dégage une ambiance chaleureuse et accueillante. La terrasse partiellement couverte est campée dans un cadre pittoresque. Sa vue sur le fleuve et la côte de Beaupré est séduisante.

L'eau de brassage de la maison est puisée à une profondeur de 76 mètres (250 pieds), au cœur du roc de Sainte-Famille. C'est une eau particulièrement riche en minéraux, notamment le calcaire, et qui, bien que d'une grande dureté, est dénuée de fer : c'est la combinaison idéale pour élaborer les bières de style anglais. Ces caractéristiques font ressortir le goût du houblon.

BIÈRES ESSENTIELLES 🛢🛢🛢🛢

Lampron maîtrise l'art du brassage des styles britanniques et excelle aussi dans l'élaboration des blanches. Il se distingue par ailleurs en mettant en valeur les produits saisonniers de l'île en offrant des bières qui les intègrent. Ainsi, temps des fraises rime avec bière aux fraises, temps des framboises avec bière aux framboises, et ainsi de suite.

4328, Saint-Félix (coin Chaudière)
Cap-Rouge (Québec) G1Y 1X7
418 653-2783
www.depdelarive.com

En regroupant presque inconditionnellement la plupart
des bières brassées par les petites brasseries, les dépanneurs
spécialisés offrent un réseau de
distribution essentiel. Ils constituent la colonne vertébrale du
développement de ce marché
en assurant une accessibilité aux
produits, d'une rive à l'autre, du
golfe du Saint-Laurent à la rivière
des Outaouais. Ils sont présents
dans toutes les régions du Québec. L'un d'eux contribue même
directement au développement du
marché microbrassicole. Danny
Chabot, du Dépanneur de la
Rive, fut l'un des premiers à se
faire un point d'honneur d'offrir
l'ensemble des bières microbrassées au Québec. Reconnaissant
le potentiel de développement
de certaines petites brasseries,
il a même poussé l'aide jusqu'à
garantir l'achat d'importantes
quantités de caisses afin de faciliter des financements bancaires.
Il a ainsi exercé une influence
dans la croissance de plusieurs
microbrasseries.

LES BRASSEURS DE L'ANSE

Microbrasserie

 visite de la brasserie sur réservation seulement

 aucune restauration

182, route 170
L'Anse-Saint-Jean (Québec) G0V 1J0
418 272-3045
1 800 399-3045

Fondée en 1995 par Raymond Jarre et fusionnée au groupe des Brasseurs RJ en 1998, cette microbrasserie enfutaille des marques du groupe, notamment les Belle Gueule destinées au marché de la région du Saguenay et de Québec. La brasserie est pour sa part située sur la route 170, à l'écart du village même. Le détour en vaut la peine, car L'Anse-Saint-Jean est l'un des plus beaux villages du Québec et il mérite une visite au moins une fois dans sa vie.

Il faut applaudir la décision de l'administration de maintenir cette unité en exploitation après la fusion. La mission actuelle en est une de soutien par rapport à l'unité principale de Montréal, mais nous rêvons du jour où elle produira des bières très typées à caractère régional. Raymond Jarre démontrait déjà des qualités de visionnaire à l'époque, lorsqu'il décida d'investir dans ce village et d'y fonder sa microbrasserie. La région compte aujourd'hui sept microbrasseries additionnelles et les bières de dégustation jouissent désormais d'une popularité bien établie. Le marché est assurément prêt pour accueillir une «folie moins douce»…

BIÈRES ESSENTIELLES
Voir Les Brasseurs RJ, page 237.

SAGUENAY

LA CHOUAPE

Microbrasserie

 OUVERT variable selon la saison et les jours

🍔 restauration légère

1164, boulevard Sacré-Cœur
Saint-Félicien (Québec) G8K 2R2
418 613-0622
www.lachouape.com

Cette microbrasserie du terroir a été fondée en 2008 par l'homonyme du premier brasseur de la Nouvelle-France, Louis Hébert ! À l'instar de son célèbre ancêtre, Hébert emploie les matières premières cultivées sur la ferme familiale : l'orge et le houblon. La qualité biologique des orges doit d'ailleurs être soulignée.

Peu à peu, la ferme familiale est devenue une ferme brassicole. Il en a résulté une véritable bière du terroir.

L'orge est présentement maltée à la malterie Frontenac de Thetford Mines, mais le propriétaire a l'intention de développer ses propres capacités de maltage.

SAGUENAY

BIÈRES ESSENTIELLES 🍺🍺🍺🍺🍺
Je n'ai pas eu la chance de visiter l'entreprise, mais à en juger par le projet, il me faudra absolument y faire un passage !

MICROBRASSERIE DU LAC-SAINT-JEAN

Microbrasserie

 tous les jours dès 11 h 30 ; le dimanche dès 10 h • visite de la brasserie sur réservation seulement

 restauration complète

120, rue de la Plage
Saint-Gédéon (Québec) G0W 2P0
418 345-8758
www.microdulac.com

Fondée en 2007 par Annie Saint-Hilaire, Marc Gagnon et Charles Gagnon, et établie en bordure de la Véloroute des bleuets, cette microbrasserie est dirigée par un trio dont l'expérience passionnée à l'égard de la noble boisson est vaste, puisqu'ils ont tous été animateurs dans un club de dégustation, ont fabriqué leurs propres bières et ont visité un grand nombre de brasseries dans la Belgique de leur inspiration.

C'est dans la région du Lac-Saint-Jean qu'ils ont décidé d'enraciner leurs bières en leur donnant des noms évocateurs : Gros Mollets, en référence à la Véloroute ; Vire-Capot, qui fait un clin d'œil à Joseph Girard, un politicien qui a changé cinq fois de parti politique ; Boutefeu, évoquant les allumeurs de mèche des bâtons de dynamite, et Belle Gigue.

BIÈRES ESSENTIELLES

Je n'ai pas eu la chance de visiter la maison depuis sa fondation, mais je sais que celle-ci jouit d'une bonne réputation, brassant une gamme modeste de bières qui respectent des normes élevées de qualité.

OUVERT tous les jours, dès 13 h • visite de la brasserie sur réservation seulement

 restauration complète

517, rue Racine
Saguenay (Québec) G7H 1T8
(arrondissement Chicoutimi)
418 545-7272
www.latourabieres.com

Fondée en 2004 par Pascal Paradis, Éric L'Espérance, Carl L'Espérance et d'autres actionnaires, cette microbrasserie a pris naissance dans le cœur d'un groupe de passionnés de bières spéciales nommé «Les Brasseurs du Saguenay», fondé en 2001. Ce groupe a réuni des passionnés qui ont fait vivre l'objet pétillant de leur ferveur en exploitant entre autres deux commerces : une boutique de fabrication de bières et de vin maison, Les Brasseurs Artisans (995, boulevard Talbot), et une épicerie dont le rayon des bières spéciales est des plus complets au Québec, le Marché Centre-Ville (31, rue Jacques-Cartier Ouest). Les Brasseurs Artisans a été l'un des premiers établissements du genre à offrir du moût frais à leurs clients. On préparait ainsi un moût en utilisant des équipements professionnels et le client n'avait plus qu'à inoculer le moût et à gérer la fermentation pour obtenir une bière de la plus haute qualité.

Le brasseur de ces moûts est le pompier forestier Pascal Paradis ; il fait ainsi l'acquisition d'un important bagage de connaissances sur l'art du brassage. Le boutiquier-conseil Carl L'Espérance, pour sa part, nourrissait depuis le départ le rêve de voir ses bières brassées commercialement au sein d'un bistro-brasserie. Rêve que partageait le brasseur Paradis. La mise en vente du légendaire pub/restaurant La Tour de Chicoutimi a favorisé la concrétisation du fameux rêve et en a accéléré la réalisation puisque rapidement les deux compères ont créé une nouvelle compagnie. L'établissement a été transformé afin d'accueillir les cuves tandis qu'Éric, le frère de Carl, s'est joint au duo afin de gérer l'établissement.

Dans le cours de son cheminement brassicole, Pascal Paradis a volontairement choisi de s'éloigner des sentiers battus par les premiers *aficionados* de la bière, qui houblonnaient à souhait leurs élixirs. Paradis a opté pour des brassins de malt et a développé une grande habileté à composer des élixirs maltés. Les saveurs sont moins amplifiées, offrant plutôt une richesse incroyable de nuances alors que l'expressivité de chaque flaveur de céréales se fait délicate et raffinée. Paradis a ainsi redéfini l'interprétation de la plupart des grands styles de bière et a fait en sorte que la Tour à Bières constitue une destination incontournable pour tout amateur de bière.

BIÈRES ESSENTIELLES

Les bières servies sur place représentent un excellent choix de haute qualité qui se distingue par les saveurs maltées faiblement houblonnées. Certaines ne peuvent être passées sous silence… La Blanche du Fjord possède un nez intense de blé et retenu de citron. La Saint-Jean-Baptiste dévoile un corps velouté et un goût franc de malt. La Fabuleuse, une scotch ale flirtant avec les dunkel heffe weizen, émerveille par son allure cuivrée voilée et sa couronne de mousse fugace. Son nez de caramel et de blé se confirme franchement et généreusement au goût, tandis qu'en bouche, elle se révèle longue, somptueuse et douce. La Diluvienne, une pale ale rousse au houblonnage modeste, avance un nez franc de caramel, tout en générosité et en somptuosité qui aguiche et invite à prendre une gorgée. Et là, soudainement, des flaveurs évoquant la fraise subjuguent, tandis qu'une aigreur de caramel brûlé s'exprime lors du passage au gosier. Une mention particulière doit être faite à la Noire de Saint-Antoine, laquelle ne peut être classée, comme l'est tout entier le concerto des Quatre saisons du malt; cette noire au nez intense de café se dévoile en bouche avec une profondeur et une complexité que peu de bières noires possèdent: du fumé, du caramel, de la noisette, du café noir, du cappuccino, du rôti, du pain brûlé… Ces saveurs dansent, sautillent et s'amusent sur l'arrière de la langue, en venant taquiner l'avant de temps à autre avec des chatouillis de caramel.

La maison embouteille ses bières depuis 2006. La stabilité des saveurs est plutôt chancelante et des produits ayant subi une acidification sont fréquemment vendus.

SAGUENAY

277

 tous les jours dès midi • salon de dégustation sur place

restauration complète

2509, rue Saint-Dominique
Saguenay (Québec) G7X 6K1
(arrondissement Jonquière)
418 542-4373

777, boulevard Talbot
Saguenay (Québec) G7H 4B3
418 549-4141
(arrondissement Chicoutimi)
www.lavoiemaltee.com

Fondée en 2002 par Daniel Giguère, Carl Tremblay, Maryse Campeau, Christian Poirier et Alexandre Bergeron, cette microbrasserie a été reprise progressivement par Daniel Giguère.

Daniel Giguère brassait à la maison depuis sa tendre adolescence. Il s'en donnait à cœur joie dans la façon d'interpréter les grands styles de bières. Il a non seulement acquis une grande maîtrise du brassage, mais il a aussi fait grandir son désir intense de partager les résultats de son imagination avec ses copains d'abord, puis avec des amis qu'il ne connaissait pas encore. De son côté, Carl Tremblay roulait déjà sa bosse dans les pubs de la région. Il savait gérer un débit et découvrait l'attrait majestueux de ces nectars colorés qui gagnaient en popularité partout au Québec. Le rêve d'offrir ces nouvelles bières s'est transformé en projet de bistro-brasserie lorsqu'il l'a partagé avec Giguère. Ensemble, ils ont alors décidé de fonder la première brasserie artisanale du fjord.

À l'instar de Dieu du Ciel!, à Montréal, la Voie maltée possède une politique brassicole éclectique et ambitieuse par les normes élevées de qualité que son brasseur s'est données dans son interprétation de grands styles de bières. Giguère, aujourd'hui seul propriétaire, poursuit son œuvre qui est d'offrir aux gens du fjord des bières haut de gamme. Le succès remporté par son établissement de Jonquière l'a incité à en ouvrir un deuxième dans l'arrondissement Chicoutimi.

La maison détient maintenant un permis l'autorisant à vendre ses bières pour consommation à domicile.

BIÈRES ESSENTIELLES

Le généreux choix de bières de la maison en fait une destination essentielle pour les grands amateurs. Il est intéressant, très intéressant même, de comparer les marques produites dans les deux microbrasseries sœurs. Ici aussi, plusieurs bières méritent qu'on leur porte une attention particulière, notamment les suivantes. La Libertine, une ale blonde qui s'inscrit aussi bien dans le style pilsner ; en plus d'être mince en bouche, elle est très désaltérante. La Muse, une blanche classique veloutée en bouche qui se distingue et se reconnaît par la présence de ses agrumes ; la texture soyeuse du blé équilibre la présence du citrus. La Courtisane, une pale ale à l'azote qui flirte avec les scotch ales, possède un nez velouté et généreux de caramel doux ; elle explose de caramel en bouche, s'exprimant longuement, somptueusement et soyeusement lorsque le houblon vient s'affirmer. Le caramel lui déroule honorablement le tapis rouge, mais l'utilise avantageusement pour se mettre encore en valeur. L'Ambiguë, une rousse de seigle qui fait de l'œil aux dunkel weizen, dégage un nez délicat de caramel et de houblon tout en retenue, mais bien présent. Dès l'entrée en bouche, le piquant de son seigle explose et s'amuse espièglement sur nos papilles jusque dans l'étalement et signe même le postgoût. Quant au caramel, il offre une délicate bise sucrée particulièrement agréable, rehaussée par le seigle. La Fleur du Malt est une rousse-rubis dont la mousse produit une belle dentelle. Son nez de caramel brûlé se confirme en entrée de bouche, puis elle se replie en transformant sa personnalité au fil des gorgées en un caramel doux qui s'efface lentement à la faveur du retour du caramel brûlé.

SAGUENAY

279

PETIT LEXIQUE DE LA DÉGUSTATION

l est possible de décrire les bières en utilisant un minimum de termes. Toutes les bières peuvent être présentées à partir de deux repères : la couleur et les perceptions en bouche. La structure de base de l'ensemble des bières comporte au moins l'une de ces saveurs de base : sucrée, acide ou amère, chacune accompagnée d'une texture. Il suffit de décrire ce que nous percevons. En y ajoutant les repères gustatifs temporels (goût, arrière-goût et postgoût), nous pouvons présenter avec beaucoup de précision les bières goûtées. Ce lexique regroupe les définitions les plus fréquentes, certains synonymes utiles ainsi que les mots «savants» employés par les mordus de la dégustation afin que le lecteur soit en mesure de traduire leurs mots.

Acide : se dit d'une bière qui provoque une sensation de saveurs sur les deux côtés de la langue ; les principaux types d'acidités retrouvés dans la bière sont : acétique (vinaigre – un défaut), citrique (citron-orange), lactique (yogourt – un défaut) et malique (pomme).

Âcre : amertume prononcée révélée par une sensation désagréable en bouche.

Agrumes : flaveur qui évoque les agrumes aigres, généralement le citron ou l'orange.

Aigre : légère acidité perçue sur les deux côtés de la langue.

Ale : terme employé par plusieurs auteurs comme synonyme de «fermentation haute» afin d'établir une grande famille de bières. Le mot *ale*, d'origine anglaise, désigne plusieurs bières d'influence britannique.

Allumette brûlée (sulfurée) : contamination du moût par des bactéries. Ce goût se trouve à l'occasion dans les bières refermentées.

Amère : se dit d'une bière qui provoque une sensation de saveurs sur l'arrière de la langue. Les deux principales sources d'amertume dans la bière sont les résines du houblon et le rôti des céréales torréfiées.

Arômes : odeurs dégagées par la bière et perçues par l'odorat lorsque la bière est dans le verre ou, en rétro-olfaction, lorsqu'elle est présente en bouche ou qu'elle vient d'être avalée. Synonymes : bouquet, effluves, essences, fragrances, fumet, fumée, odeurs, parfums, vapeurs.

Arrière-goût : saveurs perçues par la langue dans les secondes suivant celles où le liquide a été avalé. Sa durée varie d'une seconde (bières sèches – très rares) à une dizaine de secondes. À la fin de l'arrière-goût, il reste le souvenir d'une saveur précise : c'est le postgoût.

Banane : flaveur qui provient habituellement de certaines souches de levures. Ce parfum se trouve surtout dans le style weizen.

Beurre de caramel (diacétyle) : flaveur habituellement causée par une fermentation rapide. Se trouve généralement dans les styles brown ale, bitter et pale ale, ainsi que dans plusieurs bières de bistros-brasseries.

Brûlé (saveur de) : utilisation de grains ou de malts rôtis dans le brassin. Se trouve habituellement dans le style stout.

Caoutchouc (flaveur de) (oxydation) : infection bactérienne assez rare, mais réelle, qui survient dans certaines petites brasseries où les procédures de fermentation laissent à désirer.

Caramel : saveur qui évoque le caramel. Provient habituellement de l'emploi d'un malt caramélisé, tandis que son degré de sucre varie selon le type de malt employé.

Carton (flaveur de) (oxydation) : contact prolongé avec l'oxygène, ou entreposage à une température supérieure à 18 °C pendant plus de trois mois.

Chocolat (flaveur de) : utilisation de malts spéciaux légèrement torréfiés dans le brassage et combinés à un taux élevé d'alcool. Cette flaveur peut même, bien que rarement, être entraînée par l'utilisation de cacao dans la bière.

Chou cuit (flaveur de): refroidissement trop lent du moût. Présent surtout dans les bières blondes de fermentation basse, principalement dans le style lager blonde.

Citron (flaveur de): présence de ferments lactiques lors de la fermentation. De plus en plus causée par la présence d'un quartier de citron dans le goulot de la bouteille au moment du service.

Clou de girofle (flaveur de): habituellement reliée à une souche de levure.

Coup de lumière: voir «Mouffette».

Diacétyle: voir «Beurre de caramel».

Douce: se dit d'une bière légèrement sucrée ou d'une bière fade ne comportant pas de saveurs prononcées.

DMS: voir «Maïs sucré».

Épices: diverses épices entrent désormais dans la composition de plusieurs bières. Il s'agit d'une procédure qui était couramment utilisée dans le brassage jusqu'au Moyen Âge, mais qui a été mise de côté lors de l'introduction du houblon par les moines. Cet héritage est maintenant repris un peu partout dans le monde.

Ester: composés aromatiques moléculaires formés pendant la fermentation de la bière alors que l'alcool se combine aux autres molécules de la bière.

Étalement: étape principale de la perception gustative de la bière. Il se compose du goût, de l'arrière-goût et du postgoût.

Fermentation: les fermentations basse (à froid) et haute (à température ambiante) sont généralement retenues comme critères afin d'établir les grandes familles de bières. Elles sont très utiles sur une base technique, mais les familles établies ne sont pas d'une grande aide, «gustativement» parlant. La fermentation basse est synonyme de lager, tandis que la haute est souvent nommée, de façon abusive, ale.

Finale: voir «Postgoût».

Flaveur: sensation provoquée conjointement par l'odeur et le goût.

Foin (flaveur de): herbeuse, se rencontre chez certaines bières blanches. Varie selon la variété et la proportion de blé utilisé.

Fromage: certains houblons, notamment d'origine anglaise, procurent une flaveur de fromage.

Fruits (flaveur de): il faut savoir distinguer les fruits qui sont ajoutés lors du brassage et les esters qui sont formés par des associations de molécules durant la fermentation. Une bière aux cerises qui sent la cerise n'évoque pas un ester, mais le parfum du fruit lui-même. Plusieurs gueuzes ont un intense arôme de pommes, mais n'utilisent pas ce fruit comme matière première. Il s'agit alors d'un ester.

Fumé (flaveur de): utilisation de malt fumé (malt à whisky, par exemple) ou de pierres chauffées au bois dans l'infusion de la maische. Cette particularité est habituellement indiquée sur l'étiquette.

Goût: la perception au sens strict des saveurs de base en bouche perçues par les papilles. Quatre saveurs de base se distinguent: le sucré (à l'avant de la langue), le salé (les côtés frontaux de la langue), l'acide (les côtés de la langue sur toute sa longueur) et l'amer (l'arrière de la langue).

Houblonnée (flaveur): saveur provoquée par les huiles aromatiques du houblon. Les ales des États de l'ouest des États-Unis sont très houblonnées. Les svetles de la République tchèque (la Pilsner Urquell, notamment) le sont aussi.

Lager: mot d'origine allemande signifiant «entreposer», en référence à la période de fermentation plus longue des bières à fermentation basse. Il désigne aussi cette famille de bières.

Lard (acide gras) (flaveur de): température de fermentation trop élevée causant l'autolyse de la levure.

Maische: mélange de malt concassé et d'eau. La cuisson qui suit liquéfie les substances solubles contenues dans le malt.

Maïs sucré (flaveur de) (DMS): fréquemment occasionnée par une ébullition trop courte du moût. À l'occasion, mais rarement, il s'agit d'une infection bactérienne survenue lors de la fermentation.

Médicaments (flaveur de) (phénolique): habituellement causée par une infection bactérienne ou des levures sauvages.

Mélasse (flaveur de) : signe de l'utilisation de concentrés de moût ou d'une fermentation incomplète.

Métallique : goût d'exposition à un métal que certains houblons ou encore l'azote peuvent donner.

Miel (flaveur de) : goût témoignant de l'utilisation de certains miels dans le moût.

Mince : se dit d'une bière dont la texture est semblable à celle de l'eau (par comparaison à une bière ronde, dont la texture est plus épaisse).

Moisi (flaveur de) (flaveur faisandée) : goût provoqué à l'occasion dans des bières vieillies dans des fûts de bois déficients, ou lorsque les bouchons de liège sont en mauvais état. Il peut également s'agir de l'autolyse de levure.

Mouffette (coup de lumière) : photolyse des acides alpha du houblon causée par un contact avec la lumière. Flaveur se trouvant habituellement dans des bières houblonnées et pâles embouteillées dans une bouteille verte ou translucide. Toute bière blonde consommée à une terrasse peut rapidement les développer dans le verre même!

Œufs pourris (flaveur d') (sulfure) : associée à certaines souches de levures ou à une température de fermentation très élevée. Diminue avec le vieillissement.

Orange (flaveur d') : écorces d'orange séchées (douces ou amères [curaçao]) infusées dans le moût. Surtout présente dans le style blanche et autres variations sur des airs belges.

Oxydation : arôme de légumes pourris ou cuits. Voir «Carton».

Pain : flaveur qui évoque le pain et dont les levures sont habituellement à l'origine.

Pamplemousse : flaveur d'une grande amertume occasionnée par certains types de houblon. Se trouve surtout dans les pale ales américaines.

Phénolique : voir «Médicaments».

Pomme verte (flaveur de) (acétaldéhyde) : sous-produit de la fermentation, habituellement des ferments sauvages. Se rencontre surtout dans le style gueuze lambic.

Postgoût: goût résiduel en toute fin d'arrière-goût alors que les papilles ne ressentent rien. Il s'agit de ce petit goût qui reste après avoir goûté. On peut aussi dire «la finale».

Réglisse (flaveur de): habituellement entraînée par l'utilisation d'une petite quantité de réglisse, occasionnellement dans les styles porter et stout.

Ronde: se dit d'une bière plutôt épaisse. Pensons à la texture de l'huile comparée à celle de l'eau (mince).

Rôti: saveur évoquant le café noir ou le pain brûlé. Provient de l'emploi de céréales torréfiées. Elle dissimule souvent une légère aigreur.

Savon (flaveur de) (caprylique): présence d'acide gras, voir «Lard».

Solvant: flaveur de certains alcools souvent causée par des températures de fermentation élevées.

Sucrée: se dit d'une bière sucrée, dont la perception est marquée à l'avant de la langue.

Sulfuré: voir «Allumette brûlée» et «Œufs pourris».

Texture: se rapporte à la sensation procurée par la présence de la bière en bouche. Elle varie de mince (texture semblable à l'eau) à ronde (texture semblable à l'huile). Elle peut également être veloutée (texture évoquant un mince filet soyeux).

Vanille (flaveur de) (aldéhyde): provient habituellement du bois des barriques de vieillissement chez certaines bières artisanales.

Veloutée: se dit d'une bière dont la texture évoque un mince filet soyeux.

REMERCIEMENTS

Merci Alain ;-)

J e me suis aventuré sur les sentiers pétillants de la bière il y a plus de 25 ans pour le simple plaisir de sa découverte, et aussi pour me donner une raison de visiter l'Europe. Le fils de la cousine de la tante à mon père, Alain Di Benedetto, a été le fidèle complice de mes premières gorgées en Belgique, en Allemagne, en France et au Luxembourg. Ta complicité m'a permis d'ouvrir les portes de ce monde fabuleux et de nourrir ma curiosité. Merci Alain.

J'ai commencé à écrire il y a une vingtaine d'années pour le plaisir de partager ma passion avec les amateurs. Un passionné ayant déjà voyagé beaucoup plus que moi, pour les mêmes raisons, m'a offert ses conseils afin de faire de mon premier ouvrage, *Le Guide de la bonne bière*, un livre rigoureux. Alain Fisette m'a en effet donné le goût d'en savoir plus. D'en savoir plus, certes! Mais de savoir mieux. Ta rigueur et ta générosité m'ont incité à fixer la barre de la qualité vraiment très haut. Merci Alain.

Après la publication de mon premier livre, je fus aspiré par le tourbillon de la révolution microbrassicole. Ça explosait de partout, des deux côtés de l'Atlantique. Le monde fabuleux de la bière de dégustation s'enflammait. Le besoin de mieux connaître amplifiait la quête de savoir des amateurs. Alain Geoffroy m'a accompagné dans la plupart de mes voyages brassicoles nationaux et internationaux. Ses questions et ses observations ont guidé mes inquisitions. Sans parler de son rôle déterminant lorsque j'interviewais les maîtres-brasseurs : c'est lui noircissait le cahier de notes pendant que je posais mes questions. Les interminables conversations qui suivaient nos visites me permettaient de mieux synthétiser ma pensée et de concevoir un modèle analytique cohérent. Et que dire de la merveilleuse aventure de rédiger deux ouvrages ensemble? De superbes souvenirs de pèlerins en quête de la vérité spirituelle de la bière. Ton inconditionnelle complicité et ta généreuse disponibilité m'ont permis de faire ce tour du monde de la bière, mais aussi d'écrire mes ouvrages brassicoles. Merci Alain.

Merci Line, tout simplement merci.

Note : Les microbrasseries sont identifiées en gras et les bières citées dans le livre, en italique.

CRÉDITS PHOTOGRAPHIQUES

Cet ouvrage a été composé en ITC Garamond
et achevé d'imprimer sur les presses de Marquis imprimeur
au Québec, en avril 2009

certifié   procédé sans chlore   100 % post-consommation   archives permanentes   énergie biogaz

Imprimé sur du papier 100 % postconsommation, traité sans chlore,
accrédité Éco-Logo et fait à partir de biogaz.